权威·前沿·原创

皮书系列为
"十二五""十三五"国家重点图书出版规划项目

大数据蓝皮书

BLUE BOOK OF
BIG DATA

中国大数据发展报告
No.2

ANNUAL REPORT ON DEVELOPMENT OF BIG DATA IN CHINA
No.2

主　　编/连玉明
执行主编/张　涛　宋希贤

社会科学文献出版社
SOCIAL SCIENCES ACADEMIC PRESS (CHINA)

图书在版编目(CIP)数据

中国大数据发展报告. No. 2 / 连玉明主编. --北京：
社会科学文献出版社，2018.5
（大数据蓝皮书）
ISBN 978 - 7 - 5201 - 2720 - 2

Ⅰ.①中… Ⅱ.①连… Ⅲ.①数据管理 - 研究报告 -
中国 Ⅳ.①F279.23

中国版本图书馆 CIP 数据核字（2018）第 083284 号

大数据蓝皮书
中国大数据发展报告 No.2

| 主　　编 / 连玉明
| 执行主编 / 张　涛　宋希贤

| 出 版 人 / 谢寿光
| 项目统筹 / 郑庆寰
| 责任编辑 / 郑庆寰

| 出　　版 / 社会科学文献出版社·皮书出版分社 (010) 59367127
　　　　　　 地址：北京市北三环中路甲 29 号院华龙大厦　邮编：100029
　　　　　　 网址：www.ssap.com.cn
| 发　　行 / 市场营销中心 (010) 59367081　59367018
| 印　　装 / 三河市龙林印务有限公司

| 规　　格 / 开　本：787mm × 1092mm　1/16
　　　　　　 印　张：23　字　数：346 千字
| 版　　次 / 2018 年 5 月第 1 版　2018 年 5 月第 1 次印刷
| 书　　号 / ISBN 978 - 7 - 5201 - 2720 - 2
| 定　　价 / 99.00 元

皮书序列号 / PSN B - 2017 - 620 - 1/1

本书如有印装质量问题，请与读者服务中心（010 - 59367028）联系

▲ 版权所有 翻印必究

大数据战略重点实验室重点研究项目
基于大数据的城市科学研究北京市重点实验室重点研究项目
北京国际城市文化交流基金会智库工程出版基金资助项目
北京市哲学社会科学规划办公室出版资助项目

大数据战略重点实验室成立于 2015 年 4 月，是贵阳市人民政府和北京市科学技术委员会共建的跨学科、专业性、国际化、开放型研究平台，是中国大数据发展新型高端智库。

大数据战略重点实验室依托北京国际城市发展研究院和贵阳创新驱动发展战略研究院建立了大数据战略重点实验室北京研发中心和贵阳研发中心，建立了贵州省块数据理论与应用创新研究基地、贵州省城市空间决策大数据应用创新研究基地和贵州省文化大数据创新研究基地，并建立了中央党校研究基地、全国科学技术名词审定委员会研究基地、浙江大学研究基地、中国政法大学研究基地和中国（绵阳）科技城研究基地，构建了"两中心、三平台、五基地"的研究新体系和区域协同创新新格局。

大数据战略重点实验室研究出版的《块数据：大数据时代真正到来的标志》《块数据2.0：大数据时代的范式革命》《块数据3.0：秩序互联网与主权区块链》《块数据4.0：人工智能时代的激活数据学》是大数据发展理论和实践的重大创新成果，在国内外具有较大影响。

大数据战略重点实验室中央党校研究基地是贵阳市人民政府与中共中央党校中国干部学习网共建的跨区域协同创新研究平台。它充分发挥中央党校的战略优势、政策优势、人才优势、理论优势和京筑创新驱动区域合作平台优势，共建公共政策大数据分析北京市重点实验室，开发公共政策大数据智库服务平台，研究大数据与公共政策重大课题。通过5年的努力，将建设成为国内一流水平和较大国际影响力的公共政策大数据新型战略智库。

大数据战略重点实验室全国科学技术名词审定委员会研究基地是贵阳市人民政府与全国科学技术名词审定委员会共建的跨区域协同创新研究平台。它充分发挥首都科技创新资源优势和京筑创新驱动区域合作平台优势，依托全国科学技术名词审定委员会组建大数据战略咨询委员会，指导贵阳大数据发展理论研究和实践应用，编纂出版《大数据百科全书》，开发大数据百科网络共享服务平台，推进大数据新名词的审定、发布和应用。通过5年的努力，将建设成为国内一流水平和较大国际影响力的大数据百科研究中心。

大数据战略重点实验室浙江大学研究基地是贵阳市人民政府与浙江大学互联网金融研究院共建的跨区域协同创新研究平台。它充分发挥浙江大学学科、专业、人才优势，共建大数据金融风险防控重点实验室，开发推广大数据金融风险防控系统，研究大数据金融风险防控领域的重大课题，开展大数据金融和互联网金融培训。通过5年的努力，将建设成为国内一流水平和较大国际影响力的大数据金融风险防控理论研究中心、应用创新平台和人才培养基地。

大数据战略重点实验室中国政法大学研究基地是贵阳市人民政府与中国政法大学共建的跨区域协同创新研究平台。它充分发挥中国政法大学的理论研究和学术创新优势，为国家大数据综合试验区建设提供法律智库服务，共建"中国政法大学数权法研究中心"，通过理论创新和应用创新抢占数权法理论研究和应用研究制高点，共同研究开发"证据图谱"项目，构建法律大数据系统，积极开展运用大数据推动诉讼制度改革的理论创新和应用创新研究，委托开展大数据地方立法及其大数据法律研究、培训和咨询服务。通过5年的努力，将建设成为国内一流水平和较大国际影响力的大数据立法及大数据法律研究新型战略智库。

大数据战略重点实验室中国（绵阳）科技城研究基地是贵阳市人民政府与绵阳市人民政府共建的跨区域协同创新研究平台。它充分发挥中国（绵阳）科技城的科技创新优势和军民融合基础要素优势，实现国家大数据（贵州）综合试验区和成德绵国家全面创新改革试验区两个国家级试验区的高位对接。主要任务是共建军民融合大数据工程技术研究中心，共创国家军民融合大数据创新中心，开发应用军民融合大数据应用创新平台，共同举办军民融合创新论坛，共同培养大数据专业人才。通过5年的努力，将建设成为国际领先和国内一流的具有军民融合特点的大数据战略智库、大数据工程研究中心、大数据创新中心、大数据应用创新平台和大数据人才培养基地。

大数据蓝皮书编委会

总 顾 问	陈 刚　闫傲霜　李再勇
编委会主任	陈 晏
编委会副主任	李岳德　聂雪松　徐 昊　连玉明
主 编	连玉明
执 行 主 编	张 涛　宋希贤
副 主 编	朱颖慧　武建忠　宋 青　胡海荣
核心研究人员	连玉明　朱颖慧　武建忠　张 涛　宋 青
	胡海荣　宋希贤　朱盼盼　陈盈瑾　王 琨
	赵灵灵　张一格　龙荣远　张龙翔　梅 杰
	邹 涛　黄 倩　翟 斌　杨官华　王倩茹
	郑 婷　陈 威　沈旭东　萧 伟
学 术 秘 书	李瑞香　江 岸

主编简介

连玉明 教授、工学博士。北京国际城市发展研究院院长，全国政协委员，北京市朝阳区政协副主席。

连玉明教授是我国著名城市专家，兼任北京市人民政府专家咨询委员会委员、北京市社会科学界联合会副主席、基于大数据的城市科学研究北京市重点实验室主任、京津冀协同发展研究基地首席专家。研究领域为城市学、决策学和社会学。主要代表作有《城市的觉醒》《首都战略定位》《重新认识世界城市》等多部专著。

2013~2017年，连玉明教授在贵阳市挂职市长助理，兼任贵州大学贵阳创新驱动发展战略研究院院长、大数据战略重点实验室主任，主攻大数据战略研究。主要研究成果为《块数据：大数据时代真正到来的标志》《块数据2.0：大数据时代的范式革命》《块数据3.0：秩序互联网与主权区块链》《块数据4.0：人工智能时代的激活数据学》《块数据5.0：数据社会学的理论和方法》等。

摘　要

大数据是信息化发展的新阶段，随着信息技术同生产生活的交汇融合，互联网快速普及，全球数据呈现爆发式增长、海量集聚的特点，对经济发展、社会治理、国家管理、人民生活都产生了重大影响。2017 年 12 月 8 日，中共中央政治局就实施国家大数据战略进行第二次集体学习时，结合我国实际对实施国家大数据战略、加快建设数字中国做出部署和要求。建设数字中国，已成为实施国家大数据战略的核心目标和重塑国家竞争优势的重要标志。《中国大数据发展报告 No.2》对数字中国的建设与展望、大数据发展指数优化与评估、数据权保护与立法、大数据应用与实践进行了探讨和分析，从理论与实践的角度探索数字中国建设路径。

本书的第一部分是总报告，该报告认为中国已经进入大数据创新突破与应用落地的发展上升期。2017 年以来，大数据政策法规环境得到优化，政务数据开放共享取得突破，新行业、新业态、新模式不断涌现，基础设施水平不断提升，技术创新取得进步，人才队伍建设取得初步进展，为实施国家大数据战略提供了良好开局。未来，还需要加快发展数字经济、数字政府、数字社会"三位一体"的综合体系，进一步建设数字中国，更好地服务于我国经济社会发展和人民生活改善，重塑国家竞争优势。

第二部分是指数评价篇，充分考虑大数据发展所面临的新的发展环境和要求，在大数据政用、商用、民用三个评价维度不变的基础上进行了继承和优化，提出大数据发展指数2.0，对省域和重点城市的大数据动态和静态发展情况进行全面评估和系统分析，对区域大数据发展提出对策建议。

除此之外，政策法规篇研究了国家大数据战略、重点城市大数据发展及区域大数据产业布局的政策体系、建设路径和发展机制，讨论了数权、数权

制度和数权法的立法设想，探讨了大数据标准体系的构成和应用。综合篇梳理了激活数据学的理论和实践体系、《大数据百科全书》的理论框架与研究方法、大数据与实体经济融合发展的对策、跨境数据流动监管的国际经验与借鉴。案例篇聚焦于贵阳、杭州、佛山禅城、江西鹰潭、北京西城区西长安街街道等地方的大数据实践，系统归纳了运用大数据助力以审判为中心的刑事诉讼制度改革、"城市大脑"建设、区块链技术的政务应用、窄带物联网试点建设、街道大数据社会治理创新模式等案例，为地方大数据发展提供可复制、可借鉴、可推广的有益经验。

关键词： 国家大数据战略　数字中国　大数据发展指数　数权法

中国大数据发展十大趋势

一 政务大数据应用开发将获得有力支撑

大数据的价值在于应用,而获取足够数量的数据是进行有效分析应用的前提。作为一直阻碍大数据发展的一个重要瓶颈,政府信息开放共享在过去的一年取得了重大突破。2018年1月,国家发改委宣布了政务信息系统整合共享工作最新进展,已有71个部门、31个地方政府实现了与国家共享交换平台的对接,建立了数据共享"大通道",构建了涵盖47万项目录的数据资源体系,打通了40余个国务院部门垂直信息系统,共享了超600个数据项,推动重点领域数据基于共享网站提供查询核验服务。展望2018,随着政府部门数据向社会有效开放,将会带动大数据政务应用和商业应用的大量涌现,充分释放其经济和社会公共服务价值。同时,国家有关部委还将组织实施相关试点重点工程,重点支持各地区开展政务信息系统整合共享应用示范工作,整合形成各自地区统一的数据共享交换平台,推进在医疗、交通、金融、物流、环境保护等领域的大数据采集处理、分析挖掘,促进大数据创新应用。

二 信息消费升级将持续释放内需潜力

中国将很快迈入高等收入国家行列,在整体消费升级的过程中,信息消费在居民消费结构的比重不断上升,内容不断丰富。2017年7月,国务院出台了《关于进一步扩大和升级信息消费持续释放内需潜力的指导意见》,

对进一步扩大和升级信息消费进行了周密部署。国家如此重视信息消费的扩大升级，其实有着相当深远的意义。一般来说，新的消费热点出现往往意味着新的产业的出现和成长。2015年，我国信息消费规模超过3.2万亿元，带动相关行业新增产出超过1.2万亿元，已经成为国家新的支柱产业之一。有数据表明，信息消费每增加1元，将带动GDP增长3.38元。根据相关预测，到2020年，我国的信息消费规模预计将达到6万亿元，年均增长11%以上，并拉动相关领域产出达到15万亿元。

三 中西部农村信息基础设施建设将迎来爆发期

虽然我国已经拥有世界上规模最大的网民群体，其中网民数量超过7亿，移动电话用户突破13亿，但在电脑、宽带、智能手机普及率等方面仍处于全球中等水平，特别是农村地区信息基础设施较为薄弱，造成整体差距较大。2017年11月28日，国家发改委印发的《关于组织实施2018年新一代信息基础设施建设工程的通知》提出，为加快推进"宽带中国"战略实施，有效支撑数字中国建设，发布了包括"百兆乡村"示范及配套支撑工程在内的三大重点工程，其中"百兆乡村"的重点偏向了中西部地区。展望未来几年，中西部农村信息基础设施建设将迎来爆发期。届时，区域内行政村将全部实现光纤通达，农村宽带接入能力达到12Mbps，农村光纤到户用户占比大于50%。

四 数字丝绸之路将成为"一带一路"建设的制高点

建设数字丝绸之路，是我们党和国家深刻把握以数据为关键要素的数字经济新趋势，是结合"一带一路"建设，充分发挥数字化在经济社会发展中的基础性、战略性和先导性作用的重要举措。作为打造丝绸之路经济带的重要抓手，数字丝绸之路建设将促进沿线各国在交通、商贸、金融、文化科技和医疗卫生等领域合作的便利化，推动人口红利快速迈向信息红利，共同分享数字经济的发展成果。数据显示，"一带一路"沿线国家"B2C 电子商务发展"指标平均值为 49.0%，略高于世界平均值的 47.2%。该指标由联合国贸易与发展会议发布，反映了开展消费端的电子商务的便捷度。从这一指标看，"一带一路"沿线国家电子商务正在进入快速发展期。展望未来，在中国与沿线国家政策稳定，国际形势稳定的情况下，在未来两年内，中国与沿线国家的贸易将会保持 10%～15% 的增速；而到了 2020 年，随着全球 5G 时代的到来，数字丝绸之路将迎来爆发式的发展，增速将超过 20%；到 2022 年，中国与沿线国家的进出口总额将会达到 18 万亿元。

五　人口红利将转变为网民红利，成为支撑应用驱动创新的最大因素

随着我国步入老龄化社会，以往在经济发展中扮演重要角色的"人口红利"逐渐消失。然而在信息技术快速普及的背景下，我国网民规模不断扩大，网民红利更加凸显。目前中国网民数量超过 7 亿，移动电话用户突破 13 亿，均居全球第一。我国大型数据中心跨地区经营互联网数据中心业务的企业已达到 295 家。与世界各国相比，中国已是世界上产生和积累数据体量最大、类型最丰富的国家之一。预计到 2020 年，全球的数据总量将达到 40ZB，中国的数据量将占全球数据总量的 20%，成为世界第一大数据资源大国。庞大的数字资源与用户市场，使得中国企业在应用驱动创新方面更具优势，大量新应用和新服务将层出不穷并迅速普及。

六　大数据分析方法有望取得革命性突破

从 AlphaGo Master 到 AlphaGo Zero，人类见识到人工智能的强大。机器学习继续成为大数据智能分析的核心技术；人工智能和脑科学相结合，成为大数据分析领域的热点。云计算为大数据提供弹性可扩展的基础设施支撑环境以及数据服务的高效模式，大数据则为云计算提供新的商业价值。展望

2018年，将是大数据与其他技术融合发展的一年。人工智能变得越来越智能化，信息基础设施越来越紧密地和云计算结合起来。大数据分析有望出现革命性的新方法，从前的很多算法和基础理论可能会产生理论级别的突破。

七 数据控制权争夺战或将成为常态

2017年以来，国内外企业间围绕数据控制权爆发的纠纷频频发生，如菜鸟和顺丰互相称对方切断了彼此的数据接口；腾讯指出华为通过荣耀Magic手机利用人工智能收集腾讯数据和用户隐私；微博与今日头条因抓取自媒体账号内容纠纷而相互封杀。这些事件的实质都是双方在争夺核心用户产生的数据时所发生的矛盾，即使纠纷暂时消解，但深层次隐私、权属、规则之间的矛盾仍客观存在。展望未来，在大数据发展过程中，数据争夺将以更加复杂多样的形式展开，争夺强度也将日益激烈。如何以合理的制度规则促进有效率的数据竞争，需要在法律与经济两个维度之间找到准确的坐标点。

八 运用大数据技术增强意识形态治理能力引起关注

大数据时代的到来对人们的认知、交流产生了重大影响，尤其是对意识形态治理工作产生了深远影响。2018年3月17日，英国《卫报》爆出英国的数据分析公司剑桥分析非法获取了Facebook的5000万用户信息，通过针对性投放信息和广告，在美国大选中为特朗普服务；同时据暗访报道中称，其业务已在中国起步，但未涉及政治领域。这些都提醒我们，当大数据技术被利用至政治和意识形态的渗透和操纵中，将对国家政治生态与意识形态安全产生重大挑战。展望未来，建立现代化的数据媒介体系迫在眉睫，政府要最大限度减少对西方国家数据平台的依赖，提高对文化风险因素的感知、预测、防范能力，从而切实探索意识形态安全治理的思路、方法和路径，有效抵御西方意识形态渗透，不断推动主流意识形态治理能力的提升。

九 数据安全与量子计算机的关联影响将愈演愈烈

众所周知,量子计算机的问世将颠覆当下网络空间秩序,现行的公钥密码体制可以被这项新技术轻易攻破,数据安全博弈再次上升至新维度。就在2018年3月6日,谷歌宣布推出一款72个量子比特的通用量子计算机,其错误率低至1%,与9个量子比特的量子计算机持平。此前,IBM也曝光了"量子霸权"级别(50个量子比特)原型机的内部构造。在国内,中科院联合阿里云也打造出11个量子比特超导量子计算的云平台,这是继IBM后全球第二家向公众提供10个量子比特以上超导量子计算云服务的系统。展望2018年,"量子霸权"的争夺战将愈演愈烈,以此为代表的新一轮重大科技成为世界强国必争的战略制高点,这需要数据安全专家和工作者们加快研制更安全的抗量子计算密码算法,进一步为个人、组织乃至国家的数据安全提供必要保障。

十 中国企业将有计划按步骤地推进数字化转型

如今,越来越多的企业将"数字"视为核心资源、资产和财富,纷纷选择数字化转型以抢占新的制高点。据调研机构IDC针对2000位跨国企业CEO的调查表明,到2018年,全球1000强企业中的67%、中国1000强企业中的50%都将把数字化转型作为企业的战略核心。展望未来,数字化转型将是传统企业尤其是中小企业必须跨越的生死关隘,具体将从以下三点突破:一是"转换",从传统的信息技术承载的数字转变成"新一代IT技术"的数字,实现技术应用的升级;二是"融合",从实体状态的过程转变成信息系统中的数字、从物理形态的数字转变成虚拟形态的数字,打通全方位、全过程、全领域的数据实时流动与共享,实现信息技术与业务管理的真正融合;三是"重构",适应大数据时代的需要,在基于数字化实现精准运营的基础上,加快传统业态下的设计、研发、生产、运营、管理、商业等的变革与重构。

目 录

Ⅰ 总报告

B.1 数字中国建设与展望 …………………………………………… 001
  一 数字中国的战略布局 ……………………………………… 002
  二 数字经济：数据驱动型创新体系 ………………………… 008
  三 数字政府：开放数据与数据开放 ………………………… 013
  四 数字社会：后工业文明的社会重构 ……………………… 017
  五 我国推进实施国家大数据战略应把握的重点问题 ……… 021

Ⅱ 指数评价篇

B.2 大数据发展指数2.0 ……………………………………………… 024
B.3 2017年中国省域大数据发展指数分析报告 …………………… 037
B.4 2017年中国重点城市大数据发展指数分析报告 ……………… 052

Ⅲ 政策法规篇

B.5 实施国家大数据战略的政策研究 ……………………………… 067
B.6 重点城市大数据发展政策比较研究 …………………………… 085

B.7 我国区域大数据产业规划布局研究 …………………………… 100
B.8 大数据标准体系建设研究 ……………………………………… 121
B.9 数权、数权制度与数权法 ……………………………………… 135

Ⅳ 综合篇

B.10 激活数据学与大数据解决方案 ………………………………… 158
B.11 《大数据百科全书》的理论框架与研究方法 ………………… 178
B.12 大数据与实体经济融合发展的对策研究 ……………………… 193
B.13 美俄欧盟跨境数据流动监管的国际借鉴 ……………………… 209

Ⅴ 案例篇

B.14 贵阳市运用大数据助力以审判为中心的刑事诉讼制度
　　 改革探索 ………………………………………………………… 225
B.15 "城市大脑"的杭州模式 ……………………………………… 240
B.16 佛山禅城：区块链技术的政务应用 …………………………… 255
B.17 鹰潭市窄带物联网试点城市建设实践 ………………………… 272
B.18 北京西长安街街道大数据社会治理创新模式 ………………… 289

Ⅵ 附录

B.19 大数据发展总览 ………………………………………………… 304
B.20 大数据大事记 …………………………………………………… 315

Abstract ………………………………………………………………… 330
Contents ………………………………………………………………… 332

总报告

General Report

B.1 数字中国建设与展望

摘　要： 数据是主导未来的基础性战略资源与创新引擎。随着信息技术同生产生活的交汇融合和互联网的快速普及，全球数据呈现爆发式增长、海量集聚的特点，并进一步对经济发展、国家管理和社会民生产生重大影响。新历史机遇不容有失，我国已超前部署实施国家大数据战略，并进入大数据创新突破与应用落地的发展上升期。下一步应围绕数字经济、数字政府与数字社会三大重点，加快建设数字中国，更好地服务于我国经济社会发展和人民生活改善，重新确立国家竞争优势。

关键词： 国家大数据战略　数字经济　数字政府　数字社会

一 数字中国的战略布局

（一）建设数字中国是实施国家大数据战略的核心目标

大数据，是一项技术，是一种思维，更是一个时代，凝聚了新一代产业革命浪潮中涌现的新机遇和新挑战，成为时代发展关键新要素。如今，"谁掌握了数据，谁就掌握了主动权"已是全球共识。在这一背景下，建设数字中国，已成为实施国家大数据战略的核心目标和重塑国家竞争优势的重要标志。

近年来，发达国家不断升级国家大数据发展战略。美国自2012年起分四轮先后发布了《大数据研究和发展计划》《"数据－知识－行动"计划》《大数据：把握机遇，维护价值》《联邦大数据研发战略计划》等战略文本，形成了从发展战略、法律框架到行动计划的完整布局。英国政府在2013年和2015年分别发布《英国数据能力发展战略》和《英国2015~2018数字经济战略》之后，于2017年3月又出台《英国数字经济战略》，从连接、技能、数字化商业、宏观经济、网络空间、数字化政府和数据七大方面，对英国数字化转型进行了全面而详尽的规划。2016年3月，德国发布"数字战略2025"，该战略是继2014年公布的《数字议程（2014—2017）》之后，首次就数字化发展做出的系统安排，涉及数字基础设施扩建、促进数字化投资与创新、发展智能互联等内容。此外，欧盟及其成员已经制定并公布的大数据发展战略，主要包括数据价值链战略计划、资助"大数据"和"开放数据"领域的研究和创新活动、实施开放数据政策、促进公共资助科研实验成果和数据的使用及再利用等。

与此同时，新兴经济体不甘落后，纷纷加入全球大数据战略竞争之中。2016年4月，泰国发布了一项为期20年的"数字泰国"发展计划，包括数字基础、数字融入和全面转型几个阶段，希望在10年内转变为一个发达国家和全球数字化的领导者。2016年12月，俄罗斯总统普京向联邦议会发表年度国情咨文，提出将推进俄罗斯向数字经济转变的政策。墨西哥提出《国家数字化战略（2013年）》，旨在使墨西哥成为"拉丁美洲的领先数字化国家"。

面对日新月异的全球大数据战略竞争态势，党中央国务院审时度势、精心谋划，不断完善顶层设计和决策体系，加强统筹协调，围绕国家大数据战略做出实施创新驱动发展战略、网络强国战略、"互联网+"行动、《中国制造2025》等一系列重大决策，开启了数字中国建设的新征程。

早在2015年第二届世界互联网大会上，习近平就曾指出，中国正在实施"互联网+"行动，推进数字中国建设。2016年3月发布的"十三五"规划纲要正式将"数字中国"上升为国家战略。2016年7月发布的《国家信息化发展战略纲要》指出，建设数字国家已经成为全球共识，未来加快建设数字中国是信息化发展的重中之重。2016年12月，国务院印发的《"十三五"国家信息化规划》明确提出了发展目标，即到2020年"数字中国"建设取得显著成效。2017年10月，党的十九大报告进一步明确，加快建设创新型国家，为建设数字中国提供有力支撑。2017年12月8日，中共中央政治局就实施国家大数据战略进行第二次集体学习时，结合我国实际对实施国家大数据战略、加快建设数字中国做出部署要求。毫无疑问，随着国家战略层面的系统性前瞻设计，数字中国将加速落地，未来几年，将是数字红利充分释放的扩展阶段。

（二）国家大数据战略实施的进展与问题

在国家政策支持下，中国已经进入大数据创新突破与应用落地的发展上升期，大数据战略实施取得多方面进展。

一是政策法规环境得到优化。2017年，有关机构出台了一批指导和规范大数据发展的政策法规文件，加强了国家政策统筹和法治规范。政策规划方面，《大数据产业发展规划（2016—2020年）》《关于推进水利大数据发展的指导意见》《检察大数据行动指南（2017—2020）》先后公布。法律法规方面，主要包括《中华人民共和国网络安全法》《电信和互联网用户个人信息保护规定》《电话用户真实身份信息登记规定（部令第25号）》《最高人民法院、最高人民检察院关于办理侵犯个人信息刑事案件适用法律若干问题的解释》等文件。

二是政务数据开放共享取得突破。2018年1月，国家发改委宣布全国政务信息系统整合共享工作取得突破，实现了71个部门、31个地方政府与国家共享交换平台的对接；构建了涵盖47万项目录的数据资源体系，其中，可共享目录占90%，可开放目录占45%；打通了40余个国务院部门垂直信息系统，共享了超600个数据项，推动重点领域数据基于共享网站提供查询核验服务，初步实现16个重点领域的"数据通""业务通"。此外，部分地方政府通过规范政府数据开放渠道、流程以及相关方责任义务，鼓励企业和个人进行开发利用，大大改善了政务数据共享开放的进程和效果。例如，浙江杭州推出的"城市大脑"项目里，政府将公共交通数据向企业开放，阿里巴巴牵头的13个企业群体利用这些数据进行合作开发。正式上线的杭州"城市大脑"对城市交通流量进行智能化调控，该项目于2017年10月9日在杭州萧山通过了初步测试，结果显示道路车辆通行速度得到了显著改善，平均提升了3~5个百分点，而部分路段则能提升11个百分点。此外，据《中国地方政府数据开放共享平台报告》，汉、沪、筑三地平台开放数据集的数量均已超过1000个，涉及财税金融、经贸物流、交通出行等14个大类，对"大城市病"的解决改善提供了可借鉴的经验。

三是新行业、新业态、新模式不断涌现。截至2017年12月，中国网民规模达7.72亿，普及率达到55.8%，超过全球平均水平4.1个百分点。庞大的网民规模和市场空间，为大数据应用开发提供了巨大的发展空间，在短时间内就可以聚合起上千万甚至过亿规模的用户数据，通过对这些海量数据的分析挖掘，为新行业、新业态、新模式的出现提供了有力支撑。同时，大数据也在与各领域加速融合，驱动传统行业不断转型升级。据中国信息通信研究院发布的《中国大数据发展调查报告》，早在2015年就已有32%的受访企业实现了大数据的应用，还有24%的企业正在部署平台建设。大数据应用正在从互联网等热点行业领域向诸如农业生产、工业制造、资源开发、环境治理等传统领域渗透。

四是基础设施水平不断提升。优化完善国家信息基础设施体系，是实现国家大数据战略快速持续发展的前提和基础。2016年7月发布的《国家信息化发展战略纲要》提供了明确的方向指引，提出将推动陆、海、天、空立体覆盖的国家信息基础设施体系的建立和完善。2017年1月，国家发改委和工信部联合印发《信息基础设施重大工程建设三年行动方案》，将信息基础设施定义为新时期我国经济社会发展的战略性公共基础设施。截至2017年末，全国固定宽带用户达到3.49亿户，其中光纤接入用户总数达到2.94亿户，占固定宽带用户的比重进一步上升，光纤宽带加快普及。在全部用户中，70.0%的用户上网速率达到以及超过50Mbps，38.9%的用户上网速率达到以及超过100Mbps。此外，移动互联网用户达到11.3亿户，其中4G用户总数达到9.97亿户。全年移动互联网接入流量累计达246亿Gbits，同比增长162.7%。

五是技术创新取得进步。大数据核心技术是我们最大的短板，并牵涉自主研发、产业发展与数据安全等诸多领域话语权的争夺。因此，推动大数据技术产业创新发展，是实施国家大数据战略的基石。在国家部委层面，国家发改委组织实施大数据领域创新能力专项建设，科技部发布云计算和大数据重点专项，为大数据领域基础研究和应用创新提供了有力的支撑。在企业层面，阿里巴巴、华为、百度、腾讯等企业已开始布局云计算、物联网、人工智能、智慧城市等80多个细分领域，产出了一定的科研、经济和社会价值。以人工智能领域为例，2016年，中国在该领域相关专利申请数达30115项。截至2017年6月，中国拥有人工智能企业592家，占全球总数的23.3%。

六是人才队伍建设取得进展。人才是国家大数据战略顺利实施的关键要素。面对大数据发展过程中的人才缺口，着力构建完善多层级全方位的人才培养和评价体系。2016~2018年，教育部分三批次公布了获准开设"数据科学与大数据技术"的高校名单，包括北京大学、对外经济贸易大学、中国人民大学、北京邮电大学等，三年间获批的高校数量由3所已经增加至283所。

在看到大数据战略实施所取得的成效时，也同时要注意到我国所面临的挑战。

一是数据共享开发程度仍然较低。尽管各级政府及部门在数据开放共享方面出台了相当数量的计划和方案，但由于种种原因，不少基础性和关键性数据仍然无法被有效利用。据媒体报道，截至2016年底，广东省全省87个省直部门有6988类数据资源、62332项信息项，居全国各省（区、市）首位。但各部门提出的共享需求仅3649类，省级编目共享仅477类，数据资源尚未得到充分开发，利用效率低下。另据《中国地方政府数据开放平台报告》，截至2017年4月，全国19个地方政府数据开放平台的8398个开放数据中仍有约25%的机器可读性较差。

二是相关领域法制建设还不完善。数据权是伴随大数据蓬勃发展而进入人们视野的一种新的权利客体。数据并非民法意义上的"物"（即非物权客体），既不是物理上的"实体物"，也不是知识产权所表述的"无形物"。由于数据管理法规不健全，数据产权立法滞后，缺乏推动各个部门数据交换和共享的制度、规范和标准，使得数据权属的法律权责不明确，数据产权认定和保护存在盲点，在数据流通和利用过程中产生了一系列的问题。

三是地区大数据发展过程中存在过度竞争倾向。数据显示，截至2016年底，我国规划在建的数据中心数量为437个，规划装机规模约1000万台服务器；同时在用数据中心已达到1641个，总体装机规模达到995.2万台；并且在用的数据中心利用率并不高，其总体上架率仅有50.69%，同时超大型数据中心的上架率为29.01%，部分西部省份上架率低于30%。[①] 此外，从地方政府出台的大数据发展规划来看，约有90%的地区都提出了要建大数据中心，重复建设和定位不清晰的问题客观存在。

四是技术创新滞后，行业应用不深入。我国发展大数据具有较为强劲的

---

① 工业和信息化部通信发展司：《全国数据中心应用发展指引（2017）》，2018。

应用市场优势，但在大数据底层技术的创新开发方面相对滞后。正如《大数据产业发展规划（2016—2020年）》所指出，我国在新型计算平台、分布式计算架构、大数据处理、分析和呈现方面与国外仍存在较大差距，对开源技术和相关生态系统影响力弱。同时，目前还存在大数据应用领域不广泛、应用程度不深等问题。有研究显示，互联网、金融和电信三大领域是目前大数据应用渗透程度最高的三个领域，在各自总规模中所占比重超过70%；其次是健康医疗领域和交通领域，新增大数据应用数量较大但行业规模占比相对较小；另外在其他众多领域大数据的应用仍处于浅层次的信息化层面，需要填补的空间巨大。

五是安全形势日益严峻。在2017年3月开展的打击整治黑客攻击破坏和网络侵犯公民个人信息犯罪专项行动中，仅4个月就侦破了1800多起案件，抓获4800多名犯罪嫌疑人，查获500多亿条各类公民个人信息。此外，在2017年中，世界部分国家爆出的安全事件提醒我们，国家关键基础设施仍然是数据安全的一大软肋。一些国家的电力系统、银行系统及医院系统、地铁系统等都遭遇了大规模网络攻击。作为国际银行同业间的结算系统，SWIFT（环球同业银行金融电信协会）用户成为网络罪犯的攻击对象，网络罪犯入侵该组织内部，向顾客发送诈骗性资金转账请求，窃取银行资金。孟加拉国央行、乌克兰国内银行、厄瓜多尔银行等几十家银行都遭遇了类似攻击，造成高达数亿美元的经济损失。这些事件也给我国各系统各领域的数据安全敲响了警钟。

（三）构建三位一体的数字中国综合体系

数字中国是实施国家大数据战略的主要目标，是一个包括数字经济、数字政府、数字社会"三位一体"的综合体系。三者分别是大数据战略在经济发展、政府治理和社会运行领域的应用与表现，各自之间相互联系、相互依存、互为前提。

数字经济是以数据为关键要素的经济活动。大数据在经济活动中的大量应用融合发展，为传统领域进一步节约成本和提高生产效率提供途径。针对大量数据的分析挖掘可以提供新的创新空间，创造形成新技术、新产业、新业态和新模式。大数据分析融进经济活动运营及管理决策中，可以帮助经济体和组织获得更加快捷、更具洞察力、更具前瞻性的决策和运营能力。

数字政府的重要特点是公开透明，通过数据资源的开放共享可以实现决策公开、执行公开、管理公开、服务公开和结果公开，推动条块体制改革增强政府执行力。通过加强政民互动，开辟了解群众、贴近群众、为群众排忧解难的新途径，和发扬人民民主、接受人民监督的新渠道，进而提升政府公信力。同时，围绕政府治理的主要方面，通过构建大数据应用的核心场景，可以深化技术创新和应用创新，最终助推法治政府、创新政府、廉洁政府和服务型政府建设，促进治理体系与治理能力现代化。

数字社会建设的出发点和落脚点是以人民为中心，通过对大数据等新兴信息技术的运用，推动公共服务内容及方式更加智能化、个性化，服务范围更趋普惠包容，大幅提升服务均等化水平。去中心化、多元参与是数字社会的重要特征，协同治理是其核心，多元参与、侧重协调的生态式治理将取代传统的集中单向、侧重控制的封闭式管理。

二 数字经济：数据驱动型创新体系

2008年金融危机以来，全球经济一直无法走出疲软低迷的大困境，而数字经济在几年间异军突起，被认为是解救危机、经济复兴的新动力和新引擎。各国政府密集出台专项政策推动数字经济发展，并取得了初步成果。我国政府也对发展数字经济高度重视，习近平曾先后在G20杭州峰会、世界经济论坛、党的十九大等重要场合多次指示，要把握好数字经济带来的机遇，做大做强数字经济。

2017年12月9日，习近平在中共中央政治局第二次集体学习时提出，要构建以数据为关键要素的数字经济。同时，他还强调了要以数据为纽带促进产学研深度融合，形成数据驱动型创新体系和发展模式。面向正来临的历史机遇，需要决策者和管理者抓好数据的基础资源作用和创新引擎作用，深刻把握数字时代下创新活动在动机、边界、能力、模式等方面的新趋势与新规律，加快形成以创新为主要引领和支撑的数字经济，进一步推动现代化经济体系的建设进程。

（一）创新动机：从经济获利到战略获益

创新动机是创新活动的出发点与内驱要素。数据带动了创新活动的资源变化和市场变化，进而促使国家与企业的创新动机由经济获利向战略获利转变，由短期成长向持续成长转变。

在国家层面，政府已不再单纯地将 GDP 作为发展的唯一衡量标准，并开始着重部署面向未来的战略行动，以抢占国际竞争格局的制高点。如在 2015 年 5 月，国务院印发《中国制造 2025》，提出新一代信息技术与制造业深度融合，正在引发影响深远的产业变革，形成新的生产方式、产业形态、商业模式和经济增长点，并同时布局完善以企业为主体、市场为导向、政产学研用相结合的制造业创新体系。围绕产业链部署创新链，围绕创新链配置资源链，加强关键核心技术攻关，加速科技成果产业化，提高关键环节和重点领域的创新能力。

在社会层面，企业也纷纷开始关注科技创新的前沿领域，并投资建设面向未来的研发部门和项目。2017 年 10 月 11 日，阿里巴巴宣布成立全球研究院"达摩院"（DAMO），计划在未来三年内投入 1000 亿元以支持技术研发事业，其研究涵盖量子计算、机器学习、基础算法、网络安全等领域，旨在为人类未来三十年科技创新储备基础能力。

不同于以往短期和以获利为目的创新活动，着眼于长期的创新则更加注重数据资源的获得、潜力市场的占有、用户群的维持、人才吸纳和社会责任承担。而从实践情况来看，新技术、新产品和新服务的研发离不开数据的支撑，也只有采集、挖掘及应用好这一资源，创新活动的规模和效率才能得到进一步提升。受此影响，创新主体也纷纷选择透过利用数据资源以布局抢占细分市场、优化研发投入与风险、协同建设开放的创新体系，而不再过度关注或直接或短期的经济获利。

（二）创新边界：更加开放、模糊和可渗透

目前，创新的组织边界正向更加开放、模糊和可渗透等特点变化。数据不同于其他生产要素，具有可复制和共享、无限增长和供给、价值密度低而总量高的特点，它要求创新主体之间产生更高总量、类型和频次的交流，结成更为透明和复杂的组织关系。

从主体范围来看，不仅是行业内部的政府机构、社会智库、高等学校、科研院所间共同协作成为常态，同时跨领域的创新主体，甚至是创新体系外部的社群用户也均不同程度地参与创新活动。如维基百科、百度百科的用户成为直接的价值创造者，而平台本身并没有产生直观的价值；再如众包平台和众创大赛中，社会成员的思维积聚碰撞，促使一些复杂的、非体例的痛点和问题在短时间内解决变得可能；还有很多用户群并不直接参与创新，而是作为评价者，根据其反馈效果来决定创新的价值。

从组织形式来看，创新主体的组织方式正从以往的单一形式向多形式的耦合模式转变。现如今创新活动不仅只是依赖内部所组建的研发机构，还衍生了通过公开邀请征集的众创、通过与消费者顾客协作、构建研发联盟、购买服务、合资等众多形式。相比于过去，这些或纵向或横向的新型组织形式在创新活动中更为游刃有余，通过数据价值链进行价值创造、价值传递和价值转换。如在海尔打造的开放创新平台HOPE中，社群用户可以分享使用来自世界的知识、资源和人脉，通过集聚效应激活和助推了一系列创新项目。

组织边界的变化，要求创新主体以新的形态参与利用数据进行价值再造的活动，这样不仅能有效提高其内部及外部创新资源的获取量，具备价值性、稀缺性、难以模仿性和难以替代性的异质性资源；同时还可以帮助创新主体探索出新的发展模式，进一步释放规模效应与网络效应。

（三）创新能力：从知识性能力到数据性能力

大数据深刻改变了人类的思维模式和研究范式，促使科研方法和学科体系产生了新变化，对研发人员能力素养的要求由以知识性能力为主转变为以数据性能力为核心。

从研究方法来看，传统的科学思维是由"目标"或"模型"驱动的，方法论往往是"基于知识"的，即从"大量实践（数据）"中总结和提炼出一般性知识（定理、模式、模型、函数等）之后，用知识去解决（或解释）问题。因此，传统的问题解决思路是"问题—数据—知识—问题"，即根据问题找"知识"，并用"知识"解决"问题"。大数据时代出现了另一种思维模式，即数据驱动型决策，其思路是"问题—数据—问题"。关联性在一定程度上取代了因果性，在整个问题解决过程中，不进行复杂的知识和理论分析，直接通过对海量数据的关联分析找到解决答案，不需要经过"数据"转换成"知识"这一步骤。

从具体的创新能力来看，传统的创新能力往往是以知识为中心，如发明、吸收、变革、连接等，这些能力均围绕企业、组织内部或外部的资源而展开，在原有的知识基础上进行调用、组合与重构，从而实现创新。当创新的主要资源由知识变为数据时，其主体所必需的能力素养也转变成围绕数据获取、分析和应用的能力，具体包括以下五种。

一是数据采集能力，即能够掌握数据的获取方法，从适当的渠道获取所需要的数据；二是数据储存能力，能够以相应格式对不同特点的数据进行保存，并善于连接大规模、高容量的服务器存储数据；三是关联分析能力，能够使用关联、回归、归类、社交网络、自然演化等分析方法，找出数据间逻辑关系并将结果以最优化的表现形式呈现；四是数据激活能力，能够发掘抽象化数据、暗数据的潜在价值，更为精准地预判并搜集全面的数据资源；五是数据预测能力，能够使用科学的理论和方法建立数据预测模型，利用数据进行更为准确的监测、预测、预警。

大数据时代，创新主体仅凭基于知识的传统能力来处理海量的信息和技术，不仅成本高昂而且风险巨大，因而数据处理能力更能代表和引领新的生产力与生产方式，如AlphaGo通过短期学习就能够战胜围棋冠军，未来人与算法的结合将能够帮助研发者从已知和未知的数据中探出更多可能性，发挥出"1＋1＞2"的优势。

（四）创新模式：线性创新链、非线性创新链与循环创新链

创新的动机、边界和能力的转变，进一步带动了整个创新系统及创新链的变革，并为产业链、信息链、金融链、政策链的协同发展提供了源源不断的驱动力。

从概念来看，创新链是指以创新主体及其关系为核心，以创新平台为支撑，各创新主体为了共同的目标相互协同开展创新活动的链式结构。据英国经济学家克里斯托夫·弗里曼（Christopher Freeman）研究，以日本为代表的后发型发达经济体，在其追赶阶段往往选择了以科技创新为引领的赶超路径。技术创新、应用创新、组织创新和制度创新工作的全面推广，带动了经济体系的活跃增长，使我国逐渐进入制造强国和经济大国的行列。

创新链涵盖了研发、生产、分配、交换、消费等各个环节，且能够将这些环节有机链接成一个整体，从而放大了创新活动的产出效果，并进而辐射带动政策、产业、文化等系统链的发展。时至今日，数据作为资源和纽带，极大程度地促进了创新链中知识与信息等关键要素的多向流动，以及各流程间关系的交叉与重构，创新链本身也由以往的线性结构演化为非线性和循环性的新形态。

在非线性创新链中，不同于传统的线性创新链，其流程并非按照"前期研发—中期示范—后期推广"的形式单向展开，而是进行了交流与反馈机制的重混，各环节不经过上下环节进行相互反馈和影响。如市场需求代替技术革新先一步引导产品的研究开发，再比如遇到市场利润不明朗的潜力技术，可直接给予政策和资金支持，减少创新失败的概率。在循环性创新链中，数据促使各环节的边界开放与融合，以创造性破坏的形式将原有的链条序位重混为新的流程。如创新链内的科学认知、技术研究、产品研发、市场转化等节点两两交互，融合形成硬科学、系统工程、个性化服务、软科学四类子循环体系。

创新链的打散与重组，促使创新活动呈现出模糊、非线性、可变性的新特点，一方面使得活动成效难以预期，为创新政策和产业政策的制定增加了难度；另一方面加速了系统内要素的融合贯通，为创新活动带来了更多的产品变革、组织变革和模式变革，扩大了主体的创新竞争力。

三 数字政府：开放数据与数据开放

数字政府是一种管理水平同现代科学技术（特别是互联网、大数据、人工智能等新一代信息技术）相匹配的新型公共治理方式，同时也是同数字文明时代公众基本服务需求和权利诉求相适应的公共治理形态。数字政府建设可以从两方面来理解：第一，对政府内部，通过数据开放共享，突破各部门各地区的数据孤岛与利益藩篱，推动条块体制改革，构建高效的办事网络，有效节约办事成本；第二，政府对外通过开放数据战略的实施，有效调动社会力量对数据资源的开发和利用，创造数据价值、释放数据活力。

与传统治理模式相比，数字政府呈现出一系列新的转变与特征，即由封闭转为开放、由单向转为协同、由权力治理转为数据治理。总结归纳当前世界各国建设数字政府的构想和实践，可以发现，打造数字政府，需要加快政务数据资源的开放共享，丰富和完善新技术在公共服务领域的场景应用，以数据治理倒逼政府改革，通过深化改革最终推进治理体系与治理能力的现代化进程。

（一）数据开放共享：统一标准、联通平台和保障安全

实现政府数据开放共享，是建设数字政府最紧迫的任务之一。自2009年美国率先上线国家开放数据以来，越来越多的国家跟进投入开放政府数据的浪潮中。目前，美国已经先后提出了《开放政府指令》《政府信息开放和可机读的总统行政命令》《开放政府合作伙伴——美国第二次开放政府国家行动方案》等，要求所有联邦政府机构都应在公开的网站发布此前的内部电子数据集。日本则在《创建最尖端IT国家宣言》中提出，要让任何人在任何时间、任何地点，都可以通过一站式电子政务门户访问公共部门数据，享受公共服务。中国也在2015年发布的《促进大数据发展行动纲要》中提

出在2018年前建成统一的数据开放平台，2020年逐步实现交通、医疗、卫生、环境、气象、企业登记管理等领域数据向全社会开放。

为有效推进政府数据的开放共享，需要进一步完善政府数据开放清单，构建统一的数据标准体系，联通各个部门和地区的数据平台，同时在数据开放共享的过程中保障数据安全。梳理政府数据开放清单，是政府各领域数字资源整合的起点。应在充分保障国家机密、商业秘密和个人隐私不受侵犯的前提下，综合考量数据的特质、应用场景、权属等要素，分门别类编制开放清单，严格划定无条件、有条件及不予开放的范围边界。此外，特别是交通、医疗、文化、科技、气象等有益于促进民生发展的数据，政府可考虑向社会优先开放。

统一数据标准体系，是实现政府数据有效联通的重要环节。政府应加强大数据标准化的顶层设计，尽快出台相关建设指南，开展关键技术、工程和行业领域标准的研制工作。建立完善包括数据、技术、平台、管理、安全及应用的大数据标准体系，并选择在重点企业、行业、地区先行探索试验和示范工作。推动标准化工作的国际化进程，加强国家间的组织交流，鼓励和引导产学研充分参与国际标准化的工作与活动，扩大国际影响力并进一步获取关键标准的主导权。

构建集中的数据开放平台建设，是实现政府数据有效联通的物理基础。在加快构建国家政府数据统一开放平台的工作中，运营者关键要利用好平台的集聚优势，将所开放的数据汇总起来统一管理和维护；提升平台内开放的数据质量，为社会公众提供完整、原始、可机读、高价值的数据资源；打破数据孤岛，促进各个部门之间的交流融合，实现各类数据最大限度的开发利用；有效运用相关存储、分析、可视化等技术，优化平台数据处理功能，并尝试为访问者提供个性化、多元化、交互式的功能和服务，提升用户体验。

有效管控数据开放过程中的风险，是政府数据开放可持续进行的保障。数据的开放和流通中存在着隐私泄露、原始身份数据丢失、黑客攻击、数据窃取等隐患，因此要加快建立并完善相关安全管理制度与保障系统，并优化平台的保护和监管。一方面要充分运用数字加密、身份认证、入侵监测等技术,进一步保障物理、数据链路、网络、传输和应用等各个层面的事前安全防护;另一方面还应强化对数据资源建设的审计监督,建立健全事后的安全应急处理机制与灾难恢复机制。

(二)构建应用场景:管理精细化、服务精准化和治理精致化

建设数字政府的关键是应用,即通过融合大数据、人工智能、物联网等新技术,把"数字化"应用于政府治理与公共服务的业务场景中,创造新型的政府管理与服务模式,提升管理精细化、服务精准化和治理精致化水平。

推动互联网、大数据、人工智能在市场监管、城市管理、公共服务、民生保障和社会治理等方面的应用。建立数字政府的核心应用场景,深化技术创新和应用创新,优化资源配置方式,推动单纯的政府监管模式逐步向多元主体协同治理的模式转变,提升管理精细化、服务精准化和治理精致化水平。

针对政府内部的管理,可利用大数据助力政府部门自身的权力清单、责任清单及负面清单的透明化管理,进一步带动政府简政放权、依法行政的改革进程;强化市场监管、违法失信、消费维权等数据的关联融合,健全统一的社会信用体系,提升政府在事中和事后监管水平,增强风险防范能力。

面向社会的公共服务,政府部门和事业单位通过构建统一的行政平台,推进信息公开、促进网上办事、实时受理、部门协同办理、反馈网上统一查询等服务功能,能够切实提高政府办事效率,让企业和群众少跑腿、少进门,规避各类烦琐多余的证明程序。同时,可针对政府数据与社会数据进行充分挖掘并整合,以掌握企业与群众的潜在需求,为企业和个人提供更具便捷性、针对性的服务和指导。如在医疗资源方面,通过建设互联互通的人口健康信息平台,可实现部门、区域间数据的共享,同时实行网上预约分诊、微信挂号、远程医疗、医保联网异地结算等措施,更好地方便患者就医,节约患者的财力和时间,有效解决看病难、看病贵的问题。

此外,特别是在反腐工作中,以大数据为代表的新技术为政府工作提供

了很大支持，如韩国的公共服务（OPEN）系统、印度的BHOOMI系统、日本的电子审计等。在国内，2015年贵阳提出建设"数据铁笼"，该市通过一年左右实现了40个市政府组成部门全覆盖，建立了规范透明的权力体系，并探索出酒驾治理、运输管理、招标核查、信访办结、监督监察等一系列可借鉴、复制和推广的应用场景。

（三）倒逼政府改革：从权力治理向数据治理转变

数据治理倒逼政府改革，关键是要推动政府由经验决策向数据决策转变，由权力治理向数据治理转变，以优化政府的权责结构、公共决策、绩效考核等环节为抓手，切实推动政府改革向纵深发展。

在治理结构方面，公共政治的结构要随着管理内容的转变而调整，即由以往的以事务为中心转变为以数据为中心而展开。现如今，政府已不再是主导数据的唯一机构，企业、智库和其他社会力量也有必要共同加入国家公共数据的建设、维护和使用之中。同时社会治理的规则也需要由权力导向过渡为责任导向，从权力再分配转向责任的再分配，要借助大数据对责任梳理和再分配，各类模糊的问题、任务和责任将得到精准、明晰和可追溯的管理。

在公共决策方面，其模式正由经验决策向数据决策的方式转变。传统公共决策往往依赖于个人的知识素养和实践经验，较多地表现为模糊决策，与实际情况具有一定的差距。大数据促成了公共决策基本方式的升级，即以经验决策向数据驱动决策转化，而支持决策的信息也由小数据变为全数据，分析的重点也由因果关系转变为相关关系。实践证明，相较于传统的决策方式，通过运用大数据、云计算、人工智能等新技术，可以实现基于全域数据的精准分析，一定程度上取代以往的抽样调查、案例调研、专家咨询等手段。

在绩效考核方面，传统的目标评估转变为全景评估。经由建立网络化和系统化综合执法平台，对监管的人事地物进行"全程留痕"，再借以大数据和人工智能等技术对文字、图像、声音、视频等多类型的数据进行综合分析，可进一步增加和提高评估系统的广度、深度、精确度和执行效率。

四 数字社会：后工业文明的社会重构

数据作为一种创新性的力量，正推动人类自农业社会、工业社会之后，迈向更高的社会发展阶段——数字社会。数据所改变的不只是人类的生活方式，还在深层次重构着所有的关系、秩序和文明。推进数字社会的构建，需要携手从构建智慧社会、重构发展理念、创新治理模式和打造数据空间人类命运共同体等方面展开。

（一）智慧社会：服务智能化、社会扁平化和资源社会化

智慧社会的构建有助于推动社会管理及服务水平显著跃升。发展智慧社会，应将以人民为中心作为各项活动的出发点，把新一代信息技术和重大科研成果应用到社会服务与运行之中，通过民生大数据进一步促进资源共享和优化配置，推动社会服务普惠包容，大幅提升服务均等化水平，具体包括以下方面。

一是将云计算、人工智能、5G等新技术更广泛地应用在民生领域。围绕民众广泛关注和亟待解决的教育、就业、社保、医药卫生、住房、交通等实际需求，充分利用信息资源和新的信息技术手段，助推服务的均等化和均质化，更好地满足民众生活需要，提升民众生活在智慧社会中的满意度和幸福感，提高政府服务能力与水平，让社会的智能化真正转化为人的智能。

二是加快构建网上公共服务与管理平台、城市数据中心、政府公共信息资源交换平台等各种公共服务平台，实现制造、金融、养老服务等社会各个领域的网络化、平台化，并将所有系统打通成为一个全社会共享大数据平台，在此平台之上对社会各领域进行统筹协调，挖掘社会各领域的数据资源潜在应用价值加以运用，催生社会新型服务，增加社会创新深度，为社会智能化政务管理、产业发展和民众生活提供真正的助力。

三是着手研制建立集基础设施、管理服务、生态文明、安全保障等为一体的智慧社会标准体系，并借此强化该体系在各个领域的普及实施，促成横

纵互联、上下贯通的数据系统建设。广泛调动政府、企业和社会组织等多方力量,共同支持信息技术的基础设施、数据格式、安全监管等方面标准的制定和执行。从法律法规、伦理规范、重点政策、知识产权与标准、安全监管与评估、劳动力培训、科学普及等方面提出相关保障措施,对参与者进行综合的评估与考核,确保智慧社会建设质量。

(二)包容发展:从缩小"数字鸿沟"到共享"数字红利"

信息技术是信息革命和数字化时代的原动力,在缩小全球知识差距、促进经济普遍增长、普遍提高生活水平的同时,也不同程度地加剧了各地区各层次间人们的收入和教育水平的落差。受信息技术掌握和运用差距所影响,不同群体在社会中面临的机遇不均等加重,出现"信息落差""知识分隔"等"数字鸿沟"。

近年来,随着政府信息化工作的推进,中国的"数字鸿沟"在显著缩小。数据显示,截至2017年12月,我国互联网普及率已由2000年的1.8%提升至55.8%;网民线下消费使用手机上网支付比例已达到65.5%,特别是农村地区用户的手机上网支付比例由上年的31.7%提升至47.1%;移动宽带网络已基本实现城市县城的连续覆盖,及发达乡镇乡村地区的热点覆盖。①

同时,基于信息技术所赋予的发展包容性,不仅有助于扩大贸易、创造就业、提高公共服务,还能进一步缓解城乡收入差距难题。据世界银行发布的《2016年世界发展报告:数字红利》,中国对农村互联互通的大规模投资开始显示成效,截至2014年底,仅200个淘宝村就集聚了7万多家商户;大部分商户规模不大,平均雇用2.5个员工;大约1/3的店主是女性,1/5的店主以前失业;约1%的店主身体有残疾。

这些成果来之不易,今后政府还应继续加大对落后地区与困难人群的扶持力度,充分借鉴国外近年来在优化基础设施、税收支持、教育培训方面的

---

① 中国互联网络信息中心(CNNIC):第41次《中国互联网络发展状况统计报告》,2017。

政策举措，缩小"数字鸿沟"，进一步让"数字红利"能够更广范围地惠及社会公众。比如欧盟把数字素养提升到国家战略高度，实施"数字素养项目"提升公民利用数字资源、数字工具的能力扩大数字使用需求，提升欧洲数字经济基础普及能力。日本文部科学省已经决定把编程纳为必修课，将于2020年在小学推行，并且分别在2021年和2022年把计划拓展至中学和高校。澳大利亚出台了《国家数字经济战略》，提出要将远程工作水平提高一倍，促使12%的澳大利亚职工实现远程工作，同时采取措施，提高职工的远程工作意识。

（三）协同治理：从政府单向管理转向多元利益体互动

社会发展至新阶段，许多问题仅凭政府部门的单向管理难以从容应对。据全球移动供应商协会（GSA）统计，截至2017年6月，全球移动用户数达到77.2亿，手机成为第一大上网终端；同时社交媒体活跃用户总数为30.28亿，社交媒体的社会动员能力、舆论影响能力与日俱增，加之民粹主义和泛意识形态化倾向抬头的国际环境，均为社会治理带来了更大难度。

因此，如何培育并引导多元主体，对数据、网络空间和虚拟社会进行有效的协同治理已成为最紧迫的课题之一，有必要在以下两个方面展开具体行动。

一方面要以数据为纽带，搭建起全社会协同治理运行的网络机制，充分实现社会各部分的有效衔接。一是构建协同治理主体间的有效沟通与信息传递机制，加强政府与社会组织、企业、个人围绕公共事务的交流与协商，认真贯彻平等和自由的原则，促使各方意见、诉求得以合理表达。二是要构建各类主体间的数据交流共享平台，充分利用好网络空间与技术，加强信息化基础设施建设，完善政府与公民、社会组织信息的传递与反馈。要强化协同治理主体的行为与数据监督，加强政务与事务公开，强化民主监督，科学合理规范协同治理行为，增强社会协同治理有效性。

另一方面要将协同治理理论的实践加快引入网络虚拟社会建设与治理中，形成涵盖政府部门、互联网企业、网络媒体、网络公民及网络民间组织的多元主体合作机制、规范监督机制、资源共享机制、技术支持机制。政府应充分认识到多元主体在网络虚拟空间治理中的作用与价值，充分调动各类主体参与协同的积极性，完善相关法律法规为治理工作提供保障。同时，网络上的媒体、公民和组织也要起到引导监督作用，合理合法地表达利益诉求，维护和营造平等、创新、开放、安全的网络空间。

（四）数字文明：构建网络空间人类命运共同体

构建网络空间人类命运共同体，是中国作为新兴大国，为世界人民贡献出的全球治理方案。数据作为纽带和桥梁，有助于打造信任共同体、价值共同体、文明共同体，进一步推进人类命运共同体与网络空间新秩序的建设。

一是以算法为基础，打造信任共同体。从全人类的共同繁荣着眼，国家、政府、个人之间都长期处在信任危机的内耗中。数字算法的成熟，为这一问题的解决带来了曙光，借助以区块链为代表的一系列新技术可以建立一个公共透明的规则，让不同政治、经济、文化背景的人群取得共识与信任。

二是以网络为平台，搭建价值共同体。在网络中相互依存的国际权力观、共同利益观、可持续发展观和全球治理观，是建设人类命运共同体的价值观基础，同时也与中国所倡导的和谐世界观与全球价值观本质上是一致的。因此可在网络空间中率先展开试验，探索开展政治、安全、发展、文明、生态等多个领域的交流协作，尝试构建解决全球问题的交流机制、共享机制和责任机制。

三是以数据为标准语，探索文明共同体。数据被称为人类的第二母语，它也是人类命运共同体所必需的认知基础。畅想未来，人类命运共同体未尝不会是一种高度模块化的组织系统，系统内的模块彼此独立又密切链接，进一步促成人类形成以数字化为代表的更高等级的心智。在这个大系统内数据成为沟通的纽带，不仅促使人与人、国与国之间文明的融合共生，还为人与自然、人与机器间文明的碰撞带来更多超乎想象的机遇和可能。

五 我国推进实施国家大数据战略应把握的重点问题

实施国家大数据战略,加快建设数字中国,需重点研究和把握以下几个方面的问题。

(一)建立健全大数据领导机制

进一步优化整合现在由国家发改委、工信部、网信办等46个部门建立的促进大数据发展部际联席会议制度,以当前深化党和国家机构改革为契机,建立更高级别的国家大数据战略统筹领导机构,协调各部门各地区大数据发展职能,统筹全国大数据发展。

(二)加快政府数据资源开放共享

统一数据标准,联通数据平台,打破数据壁垒,保障数据安全,实现数据资源开放共享,是建设数字中国的关键。要构建统筹利用、统一接入的政府数据资源共享平台和共享体系,推动跨层级、跨地域、跨系统、跨部门、跨业务的数据资源共享。有序引导社会力量进入,加快公共领域数据与社会数据的对接与整合,逐步实现政府数据集向社会开放。

(三)建立和完善大数据法治体系

适时启动《数权法》立法进程,探索制订《数据安全条例》《数据交易管理条例》《个人数据和隐私保护条例》《数据资源权益保护条例》《大数据应用促进条例》等法规制度,构建多层次的大数据法治体系,明确数据权属,规范各方权利义务,健全大数据市场,促进与维护大数据应用创新。

(四)推动大数据核心关键技术突破

选准突破方向,重点突破与国外存在较大差距的大数据底层基础技术。

集中优势资源,贯通政用产学研,构建数据驱动型创新体系。加快构建自主可控的大数据产业链、价值链和生态系统。

(五)加强数据安全风险防范工作

对国家的重点系统、关键行业、重要领域,加强数据安全风险防范。在涉及国家安全稳定的领域采用安全可靠的产品和服务,提升关键信息基础设施的安全可靠水平。建立数据安全标准体系和安全评估体系,健全大数据环境下防攻击、防泄露、防窃取、防篡改、防非法使用监测预警系统,完善网络安全保密防护体系和重要部门重要数据资源信息安全保密防护体系。建立网上个人信息保护制度,加强对数据滥用、侵犯个人隐私等行为的管理和惩戒。综合构建强有力的大数据安全保障体系,筑牢大数据发展安全底线。

(六)建立和完善大数据监察和技术反腐体系

第一,坚持依法公开、流程公开、过程公开和结果公开,做到行政决策过程全记录、行政许可过程全记录、行政执法过程全记录和市场监管过程全记录,形成层层监督、闭合监督、执行监督和社会监督。第二,从群众关注度高、权力寻租空间大的热点领域着手,明确权力界限、排查风险类别,建立健全科学确权、依法授权、廉洁用权、精准管权、多元督权的权力体系。第三,对跨层级、跨部门、跨行业、跨区域的数据进行数据汇聚整合和关联分析。第四,编制负面清单、权力清单和责任清单,梳理权力运行流程,确保持续改进的流程再造。第五,要强化权力轨迹数据的归集、发掘和关联分析,强化风险预测研判和智能防控,形成权力数据自动采集、自动存储、自动比对、自动激活、自动预警、自动推送的自组织系统,从而提高风险控制的精准化和有效性。第六,实现多元监督的制度保障。

(七)以构建数字丝路为抓手,进一步推进"一带一路"建设

建立沿线数字港,与沿线各国共同构建高速、联动、安全、泛在的新一代信息基础设施。推动成立数字丝路试验区,构建大数据产业链、价值链、

生态链，共同推动以创新为主要引领和支撑的数字经济。寻找合适时机建立"一带一路"区域性互联网金融中心，打造互联网金融超市，把中国的普惠金融模式带到"一带一路"沿线国家。推动"一带一路"网络文化资源中心建立，铺建数字文明之路，助力沿线国家民生改善。在数字丝路建设中加强智库交流与合作。

（八）建立大数据发展评估指标体系

构建大数据发展评估指标体系，系统持续地对全国及各地大数据发展过程中政用、商用、民用领域的建设状况、发展能力、应用水平等进行分析评估，引导各地科学决策、有序发展。

参考文献

国务院：《促进大数据发展行动纲要》，中华人民共和国中央人民政府网站，www.gov.cn，2015。

工业和信息化部：《大数据产业发展规划（2016—2020年）》，中国工业和信息化部网站，www.miit.gov.cn，2016。

大数据战略重点实验室：《重新定义大数据》，机械工业出版社，2017。

大数据战略重点实验室：《块数据3.0：秩序互联网与主权区块链》，中信出版社，2017。

中国信通院：《G20国家数字经济发展研究报告（2017年）》，http：//www.caict.ac.cn/，2017。

陈潭：《大数据战略实施的实践逻辑与行动框架》，《中国中央党校学报》2017年第2期。

中国国际经济交流中心课题组：《如何更好实施国家大数据战略研究》，《全球化》2018年第1期。

王军：《把握时机　做好国家大数据战略》，《中国党政干部论坛》2018年第1期。

指数评价篇

Evaluation of Indexes

B.2
大数据发展指数2.0

摘　要： 大数据发展指数是对地区大数据动态和静态发展情况进行的全面评估。新时代大数据发展面临一些新的发展环境和要求，大数据发展的影响因素不断变化，为适应这种变化，需对指标体系进行修订。大数据发展指数2.0是对大数据发展指数1.0的继承和优化，是一次完善性修改，在大数据政用、商用、民用三个评价维度不变的基础上，对指标设计和评价方法做出了一些创新性修改。

关键词： 大数据发展指数　指标修订　指标类型

大数据发展指数评价体系是对国家大数据战略目标实施情况进行评价的一套体系和框架，也是数字中国建设的重要衡量标准。2017年中国国际大数据产业博览会期间，首部大数据蓝皮书《中国大数据发展报告

No.1》发布了我国31个省域和31个重点城市2016年的大数据发展指数评估结果,并对各地区大数据发展类型进行了划分。大数据发展指数2.0是在此基础上进行的跟踪评价和研究,将对2017年我国大数据发展状况进行客观展示,而此次评价正值党的十九大之后的开局之年,我国经济社会处于深度变革之际,这既是新时代大数据发展评价的重要背景,也是评价过程中应重点关注的问题。

大数据发展指数是对某一地区大数据在不同阶段总体发展水平和质量进行的综合价值判断,是一个包含理论支撑、体系结构、评价方法、结果划分等内容的完整的评价体系。大数据发展指数是建立在数据价值链活动分析基础上,对大数据价值链逐层分解,构建出大数据发展指数评价的指标体系,是对地区大数据价值链活动运行状况的直接反馈。采用加权平均法对大数据发展指数及其分指数进行测算,并进行大数据发展类型划分。

大数据进入快速推进期,为提升政府治理能力,优化公共民生服务,促进经济转型和创新发展做出了积极贡献,成为推动经济社会发展的新动能和新增长点。2017年,大数据概念和投资热度逐渐落实到互联网、大数据、人工智能与实体经济深度融合的产业之中,渗透到互联网金融、人工智能、智慧城市建设等领域,各地方也都在探索大数据与实体经济深度融合的路径,促使大数据及其相关产业迅速发展。

因此,大数据发展评价也将随着大数据产业的深刻变革而有所改变。本报告是连续第二年对全国省域和重点城市大数据发展情况进行系统评价,大数据发展指数2.0延续大数据发展指数1.0的总体框架,并针对大数据发展的新表现、新趋势进行相应的指标修订,是对大数据发展指数1.0的继承和优化。

一 基于数据价值链理论的新时代大数据发展新要求

依据价值链理论将数据价值实现流程描绘成一个价值增值和价值创造的链状结构,形成数据价值链模型。在数据的价值创造与价值传递过程中,数

据将价值链的更多环节转化为战略优势,实现技术、物质、资金、人才、服务等资源的优化配置,最终催生包含基于商业的全产业链、基于社会的全服务链和基于政府的全治理链的多元价值体系,体现为大数据的政用、商用和民用价值(见图1)。

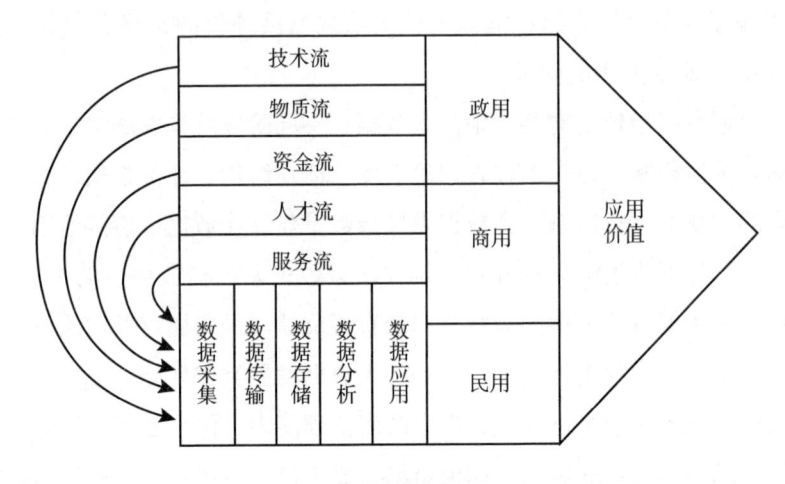

图1 数据价值链模型

大数据的价值在于应用。新时代,党中央、国务院高度重视大数据在经济社会发展中的作用,党的十九大报告提出要推动互联网、大数据、人工智能和实体经济深度融合。2017年12月8日,习近平在中共中央政治局第二次集体学习讲话时强调,审时度势精心谋划超前布局力争主动,实施国家大数据战略。大数据战略为大数据未来的产业发展定下了基调,从战略层面为新时代大数据的发展和应用指明了方向,对中国数字经济发展、政府数据治理水平提升以及建设现代化经济体系等都有积极指导意义。

(一)政用价值新要求:运用大数据提升国家治理现代化水平

随着中国经济转轨和社会转型深入推进,国家治理的空间境遇和历史场景都发生了深刻变革,国家治理问题的复杂性不断彰显。信息化在我国已经发展了20多年,国家在政府信息化方面做了大量工作,各级政府、部门在宏观调控、税收监管、商事管理、信用体系建设、维稳、公共安全等领域都积累了大量数据。大数据作为信息化发展的新阶段，已经成为人类认识复杂系统的新思维、新手段。运用大数据技术整合这些数据资源，可以推进政府管理和社会治理模式创新，为地方数字经济发展、数字中国建设提供基于大数据的实时预测监测、预警、智能分析，为社会管理提供基于大数据的跨平台动态决策支持，全面提升城市的智慧化运行管理和决策水平，进而推进国家治理变革，实现政府决策科学化、社会治理精准化、公共服务高效化，优化国家治理能力现代化建设路径。

（二）商用价值新要求：通过大数据发展和应用构建现代化经济体系

现代化经济体系的关键是构建新时代技术创新体系，推动质量、效率、动力三大变革。数据是国家基础性战略资源，是现代化经济体系构建的关键生产要素，是建设现代产业体系的重要组成部分，是现代经济发展的新动力，充分发掘大数据价值，让大数据成为建设现代化经济体系的重要基石。习近平总书记强调，要坚持数据开放、市场主导，以数据为纽带促进产学研深度融合，形成数据驱动型创新体系和发展模式。构建以数据为关键要素的数字经济，就要着力推动实体经济和数字经济融合发展，实体经济尤其是制造业水平的提高是供给体系质量的主战场。新一代信息通信技术与实体经济深度融合，催生了工业互联网、智能制造、分享经济等新产业、新业态、新模式的"三新"经济体系。

（三）民用价值新要求：运用社会大数据促进保障和改善民生

新一轮信息技术的创新应用为增进民生福祉创造了更大的技术红利，全面改变了人们的生产生活方式，并深刻影响人类社会发展进程。随着大数据技术与传统行业的深度融合与创新发展，健康医疗、治安管理、交通等社会场景也越来越多地应用大数据，数字化、网络化、智能化服务无处不在。用好大数据在保障和改善民生方面的作用，为地区居民提供基于大数据的衣食住行生活服务，这充分符合以人民为中心的发展思想，真正实现让百姓少跑腿、数据多跑路，不断提升公共服务均等化、普惠化、便捷化水平。

二 大数据发展指数修订的必要性及存在的问题

（一）大数据发展指数修订的必要性

1. 大数据发展评估需要

由于我国大数据相关统计体系缺失，大数据的定义和边界尚不清晰，当前难以对我国大数据产业发展取得的成绩、存在的问题、所处的发展阶段等情况进行准确的判断。所以，制定大数据发展指标体系测算大数据发展指数，以剖析各地区大数据发展水平、层次和特点，分析其存在的不足和问题显得非常必要。同时，大数据发展评估对研判应采取的政策措施、推动大数据产业快速发展具有积极作用。因此，大数据发展评估的必要性和重要性是大数据发展指数修订和完善的价值所在。

2. 大数据发展研究阶段决定

大数据近两年由概念转向落地，但仍处于起步发展阶段，行业标准和管理机制尚未成熟。而且大数据发展评价体系刚刚进入研究阶段，由于研究时间有限，加之大数据评价指标变动频繁，对大数据发展指数的首次研究难免有诸多不足之处，这是本次指标修订的原因之一。

3. 大数据快速发展的特点决定

大数据是一个快速发展的产业，在打破信息壁垒，提升国家治理，普惠日常生活等方面持续发力，数据红利开始全面释放，海量数据的生产应用在逐渐深入，从政府数据开放共享到各类便民应用试水，从电子商务到共享经济，大数据发展已经开始由政策推动的政府主导转为商业竞争的市场主导。大数据在技术创新、行业应用、产业环境等方面都表现出了一些新的特点，大数据发展指数指标体系在指标选取和权重设计上应充分体现这些新特点，以多角度比较省市大数据发展的动态情况，实现大数据发展指数评估的意义和价值。

（二）现有指标存在的问题

1. 部分指标在统计上不具有连续性

为了使大数据发展评价指标选取具有针对性，大数据发展指数1.0选取的部分指标采用了观察计数法，以弥补大数据产业界限的模糊性和统计数据的缺失，但该类指标不具有统计上的连续性，难以继续使用，比如"开放平台公开信息数"。为保证指标评价的可操作性，需将该类型指标进行更替。

2. 部分指标不能充分反映大数据发展的新特征

大数据发展日新月异，不断有新的表现特征，对其评价的角度和重要程度都在发生着变化，如政用指数中的"投资热度"指标已经不能体现大数据日渐成熟的产业发展的格局。相较之，在大数据商用过程中，对以数据为驱动力的数字经济发展的评价越来越重要。因而，对评价方面的选择和评估应适应大数据发展的新特征。

3. 部分指标表述欠准确

通过对大数据不断深入地研究，对大数据发展的认识也愈发深刻。反观大数据指数1.0的指标体系构建，对其中不恰当不合理的表述也有了更新的认识，如"服务需求"，原表述为"反映市场对企业大数据的服务需求"，这与民用大数据"保障和改善民生"的内涵要求不符。

三　大数据发展指数指标修订

（一）修订的流程

第一步，充分利用大数据战略重点实验室长期对大数据发展跟踪研究的优势，确定大数据发展指数修订任务。

第二步，对大数据及其相关的政策文件进行系统梳理研究，明确指标修订遵循的方针、政策。

第三步，搜集与信息化、大数据相关的会议报告、专家学术文献，深入研究大数据的理论渊源和实践特点，全面、准确地把握大数据发展评价的角度和方面，初步判断修订内容。

第四步，对基础资料进行整理分析后，对指标体系存在的问题再进行初步研究和调整，拟订指标修订思路。

第五步，在初拟修订指标的基础上，进行集中研究编制，形成指标修订初稿。

第六步，通过研讨会，征询专家意见，对初稿进行多次讨论、修改，形成最终修订测算稿。

（二）修订的依据和原则

1. 遵循国家大数据战略顶层设计导向

大数据已经上升为国家战略，党中央、国务院高度重视大数据产业持续健康发展，各省市也加紧布局大数据产业，国家层面有《促进大数据发展行动纲要》和《大数据产业发展规划（2016—2020年）》等系列政策文件相继发布，地方层面有30多个省市已经制定实施了与大数据相关的政策文件。我国大数据发展的顶层设计不断加强，政策机制日益完善，这为大数据理论体系和评价体系建设提供了越来越多的政策依据。

习近平总书记在第二次集体学习时对我国大数据发展做出了明确判断，即大数据是信息化发展的新阶段。对大数据发展指数进行修订和评价时，要结合大数据作为国家战略的重要地位和作用，充分考虑我国信息化建设的重要因素，遵循国家大数据战略顶层设计导向。

2. 遵循大数据发展指数指标体系构建原则

大数据发展指数指标体系构建遵循代表性、系统性、独立性、动态性和可操作性原则，指标体系修订也应依此原则。

从独立性原则考虑，大数据产业体系和学科体系的不完善，使得各地区和机构对大数据的统计和评价见仁见智，这为构建完整的大数据发展指数指标体系带来了极大困难。虽不求百虑一致，但指标体系构建过程中，要综合考虑各指标内涵，以保证评价准则的合理性和评价方面的独立性。

从动态性原则考虑，为了适应大数据动态发展和评估需求，可根据实际情况对指标体系内容进行增减和修改，对其评价指标进行动态调整和修订。

从可操作性原则考虑，大数据在决策智能化发展过程中起到了重要作用，但大数据价值的挖掘还远远不足。据赛迪智库研究，企业利用的数据不足其获取数据的5%，而可利用于大数据发展评价的大数据指标更是少之又少。因此，为了达到横向评价比较的目的，本次修订仍然主要采取公共机构的统计指标和权威研究机构的综合指标进行评价。

（三）修订的内容及结果

1. 评价角度调整

本次理论指标体系修订除延续大数据发展指数1.0指标体系的核心评价方面之外，还充分考虑了新时代国家大数据发展的现状和趋势及其对经济社会发展的影响，在指标可操作和数据可获取的前提下，对指标和权重进行了修订，以客观分析出我国各地区大数据发展取得的成绩和存在的问题。

根据数据价值链理论，大数据发展评价的维度不变，仍然是对大数据政用、商用、民用三个应用维度进行评价，但对具体的评价角度做了调整。本次修订有一些创新之处，政用指数中，对数据开放的评价不再是大数据发展指数1.0版本中对开放平台数量的关注度，而是适应不断充分发展的大数据产业，注重数据开放的公平性评价，采用了"无障碍平台开放数"作为评价指标。商用指数增加了对地区大数据发展环境的评价，包括创业创新环境、营商环境和网络安全环境，同时，为了体现大数据与实体经济融合发展程度，加入了对地区数字经济发展的评价。另外，在数字经济条件下，数字素养成为人们应具备的重要能力，因此，民用指数增加了地区居民数字能力评价。

修订后的大数据发展指数理论指标体系仍然是由政用指数、商用指数和民用指数3个一级指标和21个二级指标构成。（见表1）

表1　大数据发展指数理论指标体系修订结果

一级指标	二级指标	指标含义
政用指数	发展关注度	反映地区大数据发展受关注的程度
	政策力度	反映地方推进大数据发展的积极性
	试点创新	反映地区大数据发展在国家战略中的地位
	在线政务	反映政府在线服务水平
	数据开放	反映数据开放程度及开放的公平性
商用指数	应用惠及度	反映地区大数据应用惠及的程度
	平台应用	反映大数据商用的成熟度
	双创指数	反映地区创业创新环境
	营商环境	反映地区对新兴产业投资的吸引力
	数字经济	反映数据驱动力的发展情况
	商业普及	反映地区数据化水平
	科技投入	反映大数据发展的科研支撑
	人才基础	反映大数据发展的人才支撑
	相关产业规模	反映大数据相关产业发展情况
	网络安全	反映大数据运行保障能力
民用指数	服务通达度	反映政府利用大数据提供公共服务的能力
	服务需求	反映地区大数据在智慧民生领域的发展情况
	终端普及	反映个人数据采集的便利化
	网络就绪	反映网络信息基础设施的建设情况
	数字能力	反映居民数字素养
	消费能力	反映公众对信息消费的承受能力

2. 代表指标更替

从评价学的观点看，指标是一种具体的、可测量的、行为化的评价准则，是根据可测或客观的要求而确定的评价内容。其本质是对评价目标的细化和具体化，所以，评价指标在体系完整的前提下，必须可量化、可比较，当前部分指标需更换为可获取数据的指标。

省域和重点城市指标体系是在理论指标体系基础上根据各自评价的重点进行指标筛选。在指标选取时兼顾数量指标、质量指标和综合指标。数量指标是指反映大数据发展总规模、总水平或总量的指标，用绝对数表示。质量指标是反映大数据发展相对水平或平均水平的指标，用平均数或相对数表示。综合指标是指一些权威研究机构或大数据平台对大数据发展动态进行持续跟踪的相关指数，是个体指标的概括反映。

鉴于省域和城市大数据发展的侧重点不同，仍然对省域和重点城市具体评价指标进行了差异化区分。总体来说，省域评价注重总体和规模（见表2），重点城市评价注重发展环境和潜力（见表3）。

表2 省域大数据发展评价可操作指标体系修订结果

一级指标	二级指标	代表指标	指标类型
政用指数	发展关注度	"大数据"热度	综合指标
	政策力度	大数据相关政策发布数	数量指标
	试点创新	大数据综合试验区	数量指标
	在线政务	在线服务成熟度	综合指标
	数据开放	政务信息无障碍平台建设单位数	数量指标
商用指数	应用惠及度	APP应用的网民占全国网民的比重	质量指标
	平台应用	电子商务发展指数	综合指标
	数字经济	数字经济发展指数	综合指标
	商业普及	网站数量	数量指标
	科技投入	规模以上工业企业R&D经费占GDP的比重	质量指标
	人才基础	电子及通信设备制造业从业人员平均数	质量指标
	相关产业规模	软件和信息技术服务收入占GDP比重	质量指标
民用指数	服务通达度	便民服务指数	综合指标
	服务需求指数	智慧城市试点数	数量指标
	终端普及	移动电话普及率	质量指标
	网络就绪	互联网普及率	质量指标
	数字能力	消费者数字技能	综合指标
	消费能力	居民交通通信支出占总消费支出的比例	质量指标

省域评价指标体系删除了一个指标，更换了六个指标，增加了三个指标。其中重点修改内容为：政用指数删掉了"投资热度"，商用指数增加了"数字经济"和大数据"商业普及"评价，民用指数增加了消费者"数字能力"评价。省域大数据发展评价可操作指标体系重点补充修订的代表性指标解释如下。

"在线服务成熟度"重点评估网上政务服务提供的"可办性"，衡量政

表3　重点城市大数据发展评价可操作指标体系修订结果

一级指标	二级指标	代表指标	指标类型
政用指数	在线政务	在线政府指数	综合指标
	政策力度	大数据政策发布数	数量指标
	数据开放	移动平台运营能力	综合指标
商用指数	双创指数	双创指数	综合指标
	营商环境	城市营商环境	综合指标
	数字经济	"互联网+"数字经济指数	综合指标
	人才基础	信息传输、计算机服务和软件业从业人员	数量指标
	相关产业规模	信息传输、软件和信息技术服务业增速	质量指标
	网络安全	综合网络安全指数	综合指标
民用指数	服务通达度	智慧民生	综合指标
	终端普及	人均移动电话数	数量指标
	网络就绪	互联网宽带接入率	质量指标
	消费能力	交通和通信类城市居民价格指数	综合指标

务服务在线一体化办理程度。

信息无障碍是包容性信息社会发展的新需求，是指任何人（无论是健全人还是残疾人，无论是年轻人还是老年人）在任何情况下都能平等地、方便地、无障碍地获取信息、利用信息。"政务信息无障碍平台建设单位数"衡量政务信息开放的包容性、公平性程度。

数字经济是指数字技术被广泛应用，信息和商务活动数字化的经济系统。"数字经济发展指数"是对新经济发展的重要衡量，也是对地区经济转型发展的最佳体现。

"便民服务指数"是指运用互联网思想和技术，在公共缴费、公共民生和商业消费领域服务大众的水平。

党的十九大报告首次提出建设智慧社会，以人民为中心建设智慧社会的中心思想。智慧社会强调基于新网络设施、新数据环境、新技术应用的智慧城市建设。因此，"智慧城市试点数"能体现该地区智慧社会推进程度。

数字经济时代，人们对信息和数据的接受能力和消费认知显得尤为重要，"消费者数字技能"可反映居民的受教育水平和认知水平，衡量地区居民对大数据发展的需求和适应程度。

重点城市评价指标体系删除了一个指标，更换了六个指标，增加了四个指标。其中重点修改内容为：政用指数将"发展关注度"更换为"在线政务"，商用指数重点增加了"双创指数"、"营商环境"和"网络安全"三个评价方面。重点城市大数据发展评价可操作指标体系重点补充修订的代表性指标解释如下。

"在线政府指数"反映的是地区政府依法为民服务的能力和水平，主要考察政府如何通过信息技术为公民提供服务及其效率高低。

"移动平台运营能力"是对数据开放质量的评价，同时也侧面反映出政府数据开放的持续性。

"双创"已成创新驱动发展战略的重要载体，李克强总理提出，把新经济指数和双创指数作为决策的重要参考依据。"双创指数"是反映整个社会创新创业情况的综合指标体系，是地区创业创新环境的重要衡量标准。

营商环境是一个国家或地区有效开展国际交流与合作、参与国际竞争的重要依托，是一个国家或地区经济软实力的重要体现。大数据作为新兴产业对营商环境的包容性要求较高，营商环境的优劣可以反映对投资的吸引力。

"信息传输、软件和信息技术服务业增速"是一个质量指标，反映了大数据发展初期阶段产业成长潜力。

网络安全是大数据产业发展的重要保障，"综合网络安全指数"是一个城市网络安全环境的总体衡量。

3. 评价方法微调

大数据发展类型划分是大数据发展指数测算的目的之一，有助于地方找到参考坐标，对促进地方大数据发展具有积极作用。本年度大数据发展类型仍然通过大数据发展总指数和分指数得分情况对省市大数据发展情况进行分类，并划分为全面领先型、相对均衡型、低度均衡型、政用主导型、商用主导型和民用主导型六大类型。不同之处是，本年度借用了聚类分析方法，更科学地划分大数据发展类型。聚类分析方法是定量地研究事物分类问题和地理分区问题的重要方法，其基本原理是根据样本自身属性，用数学方法按照某种相似性和差异性指标，定量地确定样本之间的亲疏关系，并按照这种亲疏关系程度对样本进行聚类。

参考文献

张显龙：《运用大数据保障和改善民生》，新华网，http：//www.xinhuanet.com/tech/2017 - 12/15/c_ 1122113726. htm，2017 年 12 月 15 日。

马一德：《建设现代化经济体系关键是构建新时代技术创新体系》，光明网，http：//theory.gmw.cn/2018 - 02/27/content_ 27824187. htm，2018 年 2 月 27 日。

B.3 2017年中国省域大数据发展指数分析报告

摘　要： 本报告对2017年度31个省（区、市）大数据发展情况的评估是在修订后的大数据发展指数2.0基础上进行的，并与2016年度大数据发展指数评价结果进行了对比。分析结果显示，各地区的大数据发展指数得分有不同程度的提高，但省域间发展差距依然明显。东部地区大数据发展优势突出，广东和北京继续居前两位；西部地区内部差距较大，既有进入总排名前十位的贵州和重庆，也有排名上升最快的宁夏，还有排名垫底的省份；中部地区和东北地区整体表现相对较弱，呈现为一种中低度的均衡态势。从大数据地区发展类型变动情况看，表现为从单方向主导型逐渐向均衡型过渡的变化趋势。

关键词： 省域大数据发展指数　政用　商用　民用

一　总体情况评估

中国省域大数据发展评估是根据大数据发展指数2.0评价指标体系，依据国家官方数据和权威机构数据，从大数据政用、商用、民用三个维度对全国31个省（区、市）进行的综合评估，最终得出各地区2017年大数据发展指数。

（一）总体排名

从本次评价结果来看，广东和北京的大数据发展状况仍然处于领先的地位，其大数据发展指数得分均在60分以上。与2016年相比，新疆、黑龙江、西藏等省份的大数据发展指数排名虽然无明显变化，但在总得分上有一定程度的提高。排名第一的广东总得分为76.29，是发展水平最低的西藏地区总得分的10倍左右，说明现阶段我国省域间大数据发展的差距依然明显（见表1）。

表1　2017年各省份大数据发展指数评价结果

省份	总指数			政用指数			商用指数			民用指数		
	得分	排名	排名变化	得分	排名	排名变化	得分	排名	排名变化	得分	排名	排名变化
广东	76.29	1	0	28.86	1	0	28.69	1	0	18.74	4	-2
北京	62.59	2	0	18.08	4	1	21.10	3	1	23.41	2	-1
浙江	53.70	3	1	10.39	15	-7	19.71	4	-1	23.60	1	2
上海	53.60	4	-1	18.64	3	1	16.30	6	-1	18.66	5	-1
江苏	52.87	5	0	11.45	11	0	22.26	2	0	19.16	3	3
山东	50.43	6	2	15.94	6	8	16.42	5	1	18.07	6	5
贵州	40.24	7	0	25.98	2	0	5.98	21	0	8.28	24	3
天津	38.71	8	4	14.55	9	1	10.11	11	0	14.05	8	2
重庆	38.03	9	-3	17.45	5	-2	9.99	13	4	10.59	14	4
福建	35.03	10	-1	9.37	19	-3	12.55	7	0	13.11	10	-5
河南	34.69	11	-1	14.70	8	-2	10.00	12	-5	9.99	16	12
河北	34.17	12	-1	15.08	7	0	8.54	17	-4	10.55	15	5
四川	33.29	13	0	13.15	10	2	12.52	8	0	7.62	26	-14
湖北	32.93	14	0	9.45	18	-5	11.80	9	1	11.68	11	5
陕西	28.56	15	2	11.08	13	4	9.78	14	1	7.70	25	-12
辽宁	27.16	16	0	5.09	28	-7	8.68	16	-2	13.39	9	-1
山西	27.02	17	5	10.39	16	14	5.87	22	-3	10.76	13	2
安徽	26.84	18	0	6.96	25	-5	11.24	10	2	8.64	22	2
湖南	24.65	19	0	6.29	27	-5	9.26	15	1	9.10	19	2
内蒙古	24.22	20	-5	11.03	14	-5	4.43	27	-3	8.76	21	-9
宁夏	24.20	21	9	4.50	29	-2	5.47	23	5	14.23	7	19
江西	23.24	22	1	10.34	17	2	6.14	20	-2	6.76	28	1
云南	23.04	23	-2	8.09	23	-5	6.56	19	3	8.39	23	-6
海南	23.02	24	-4	9.32	20	4	6.97	18	7	6.73	29	-22
甘肃	22.40	25	0	11.09	12	3	5.38	24	-1	5.93	30	1
青海	21.65	26	0	9.31	21	8	3.57	30	0	8.77	20	-11

续表

省份	总指数			政用指数			商用指数			民用指数		
	得分	排名	排名变化	得分	排名	排名变化	得分	排名	排名变化	得分	排名	排名变化
广西	21.24	27	-3	8.36	22	1	5.32	25	-5	7.56	27	-2
吉林	20.96	28	-1	6.32	26	-1	3.77	28	-3	10.87	12	10
新疆	20.57	29	0	8.06	24	4	2.90	31	-2	9.61	18	1
黑龙江	17.34	30	-2	3.91	30	-4	3.75	29	-2	9.68	17	6
西藏	7.30	31	0	1.34	31	0	4.66	26	5	1.30	31	-1
平均分	32.90			11.44			9.99			11.47		

从整体来看，各地区大数据发展指数排名变化较为稳定，除宁夏外，排名波动幅度均在 0~5 位。变化最大的宁夏排名由 2016 年的 30 名上升到 2017 年的 21 名，总名次提高 9 位，分析发现其政用、商用指数得分均处于中低等水平，但在民用方面的指数得分较高，排名处于第 7 位，从而提升了宁夏在整体大数据发展指数的得分与排名（见图 1）。

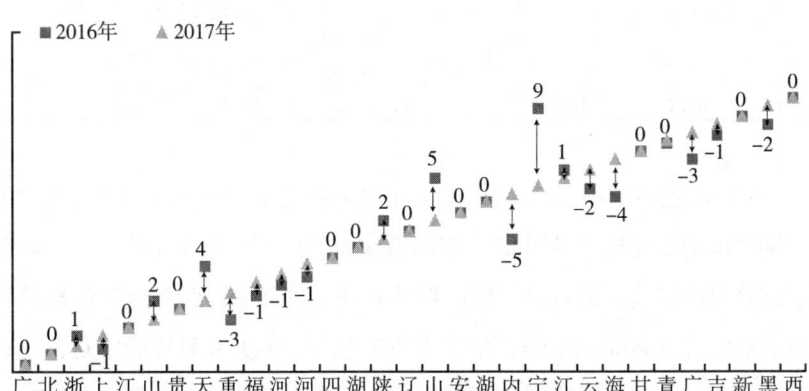

图 1　各省份 2017 年相对于 2016 年大数据发展总指数排名变化情况

（二）整体概况

各地区大数据发展指数的平均得分为 32.90 分，有 14 个省份超过总指数平均值，所占比例达到 45.16%。其中大数据发展指数排名前 10 位的省（区、市）依次是广东、北京、浙江、上海、江苏、山东、贵州、天津、重庆、福建。

从四大区域①划分来看，东部地区大数据发展指数平均得分为48.04，与其他三个地区发展差异化明显，处于领先地位。中部地区和西部地区平均得分差距较小，分别为28.23分和25.40分。东北地区平均得分最低，为21.82分（见表2）。

表2　2017年四大区域大数据发展总指数情况

东部地区		中部地区		西部地区		东北地区	
省份	得分	省份	得分	省份	得分	省份	得分
广东	76.29	河南	34.69	贵州	40.24	辽宁	27.16
北京	62.59	湖北	32.93	重庆	38.03	吉林	20.96
浙江	53.70	山西	27.02	四川	33.29	黑龙江	17.34
上海	53.60	安徽	26.84	陕西	28.56		
江苏	52.87	湖南	24.65	内蒙古	24.22		
山东	50.43	江西	23.24	宁夏	24.20		
天津	38.71			云南	23.04		
福建	35.03			甘肃	22.40		
河北	34.17			青海	21.65		
海南	23.02			广西	21.24		
				新疆	20.57		
				西藏	7.30		
平均分	48.04	平均分	28.23	平均分	25.40	平均分	21.82

与2016年评价结果相比，2017年各地区大数据发展总指数的平均值较上年均有不同程度上的提高（见图2）。东部地区由于广东、北京、浙江、上海等大数据发展情况较好地区的带动，继续保持着领先的优势；西部地区内部差距较大，既有进入总排名前十位的贵州和重庆，也有排名上升最快的宁夏，还有排名垫底的省份；中部地区各省大数据发展指数得分总体处于中等水平，各省份之间发展相对均衡；东北地区大数据发展指数总体得分居于中低等水平，辽宁、吉林、黑龙江三省在民用指数方面相对突出，但整体表现较弱（见图3）。

---

① 为便于比较我们将31个省（区、市）划分为四大区域：东部地区包括：北京、天津、河北、上海、江苏、浙江、福建、山东、广东和海南；中部地区包括：山西、安徽、江西、河南、湖北和湖南；西部地区包括：内蒙古、广西、重庆、四川、贵州、云南、西藏、陕西、甘肃、青海、宁夏和新疆；东北地区包括：辽宁、吉林和黑龙江。

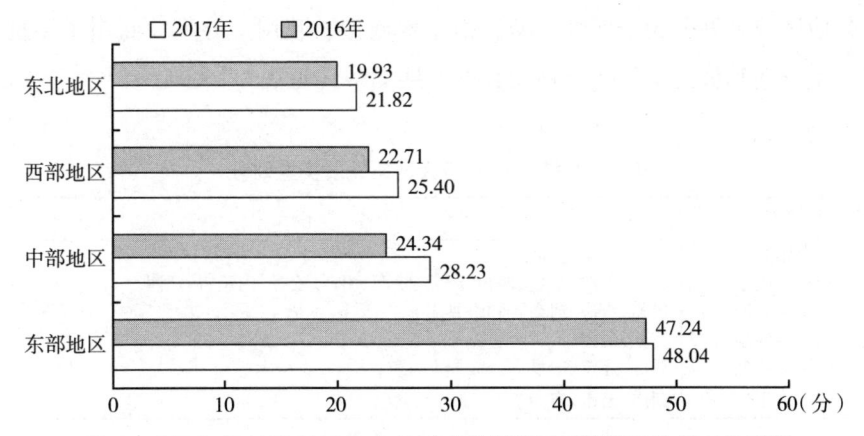

图 2　2017 年相对于 2016 年各地区大数据发展总指数平均值对比情况

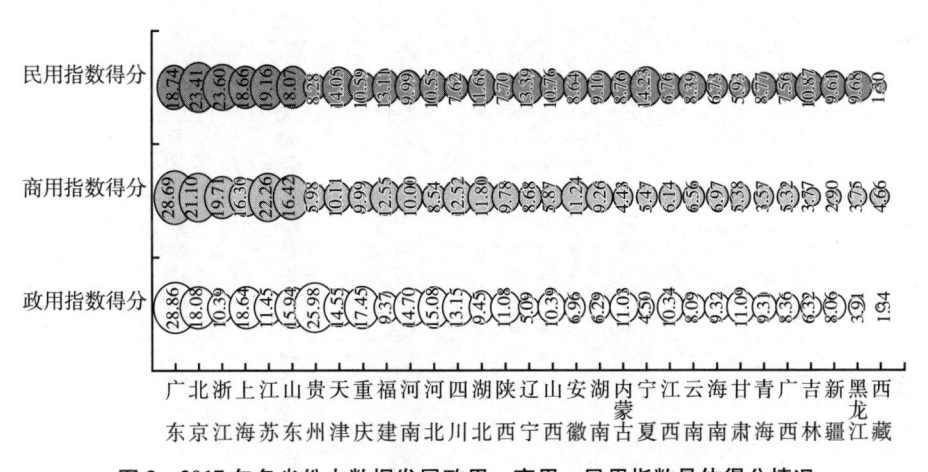

图 3　2017 年各省份大数据发展政用、商用、民用指数具体得分情况

二　大数据发展类型划分

我们对本次大数据发展类型的划分方法在上年度的基础上进行了优化，采用 K 均值聚类算法①，按照各地区政用、商用和民用指数具体得分情况，

---

① K 均值聚类算法是先随机选取 K 个对象作为初始的聚类中心，然后计算每个对象与各个种子聚类中心之间的距离，把每个对象分配给距离它最近的聚类中心。此方法的计算结果能够更加准确地对各省大数据发展类型进行划分。

将各地区分别划分为全面领先型、相对均衡型、政用主导型、商用主导型、民用主导型和低度均衡型六种大数据发展类型（见表3、图4）。

表3 2017年各省份大数据发展类型划分

发展类型	省　份
全面领先型	广东、北京、上海
相对均衡型	山东、天津、福建、四川、湖北、陕西、山西、安徽、内蒙古、江西
政用主导型	贵州、重庆、河南、河北、甘肃
商用主导型	江苏、西藏
民用主导型	浙江、辽宁、宁夏、吉林、黑龙江
低度均衡型	湖南、云南、海南、青海、广西、新疆

图4 2017年各省份大数据发展类型划分

与 2016 年相比，共有 12 个省份发展类型发生变化。广东、北京、上海大数据政用、商用、民用全面发展，在大数据发展中仍处于领先地位；福建、山西由民用主导型发展为相对均衡型，江西则由低度均衡型发展为相对均衡型；在政用主导型中，新增加了甘肃；西藏由民用主导型发展为商用主导型；在民用主导型和低度均衡型中，有些地区变化较大。云南、海南、青海、新疆由民用主导型过渡为低度均衡型，此外，民用主导型增加了浙江、辽宁、宁夏这 3 个地区。

从近两年六大发展类型比例分布对比情况可以看出，均衡型（包括相对均衡型和低度均衡型）省份所占比例上升，单方向发展主导型省份占比明显下降，表现出大数据发展均衡型省份数量增长的态势，说明我国地区大数据发展正从单方向发展主导型向均衡型过渡（见图 5）。

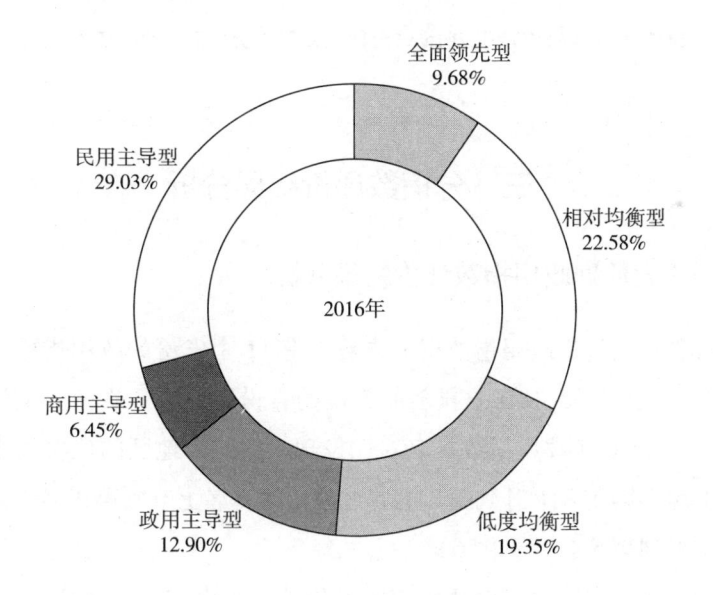

全面领先型 9.68%
相对均衡型 22.58%
低度均衡型 19.35%
政用主导型 12.90%
商用主导型 6.45%
民用主导型 29.03%

2016年

全面领先型
9.68%

民用主导型
16.13%

商用主导型
6.45%

2017年

相对均衡型
32.26%

政用主导型
16.13%

低度均衡型
19.35%

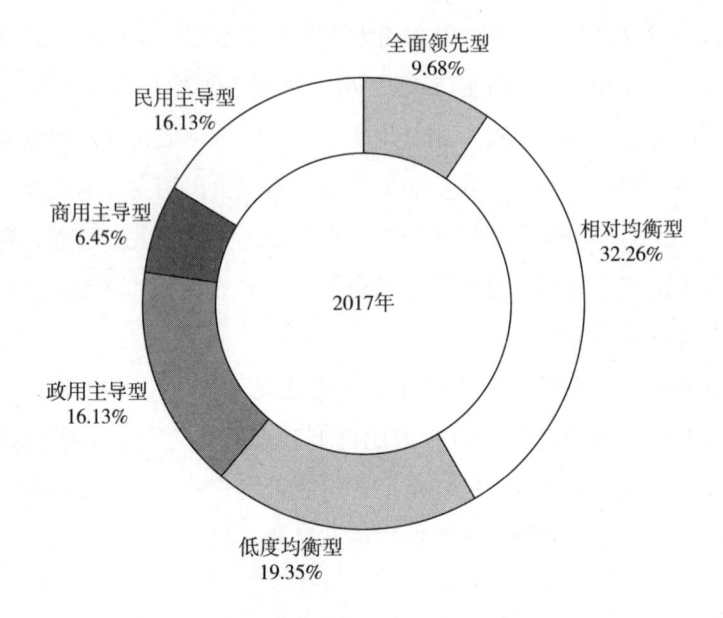

图5 2017年各省份相对于2016年大数据发展六大发展类型比例分布对比情况

三 分指数评价结果分析

（一）大数据政用指数评价结果分析

从各省份大数据政用指数得分来看，有11个省份的政用指数高于均值11.44分，占比为35.48%。排名前5位的省份是广东、贵州、上海、北京和重庆。与2016年政用指数排名对比发现，这5个地区的位次发生了细微变化。上海由第4名上升到第3名，北京由第5名上升到第4名，重庆则由第3名下降到第5名（见图6）。

如图7所示，多数省份政用指数得分排名变化上出现波动，其中山西、山东、青海等省份排名变化较为明显。山西提升名次最多，共上升了14位。通过分析各省份政用指数具体指标得分情况（见图8）发现，山西省的政策力度和在线政务指标得分均处于中上水平，分别为4.8分和4.03分。2017年山西省发布了《山西省大数据发展规划（2017~2020年）》《山西省促进

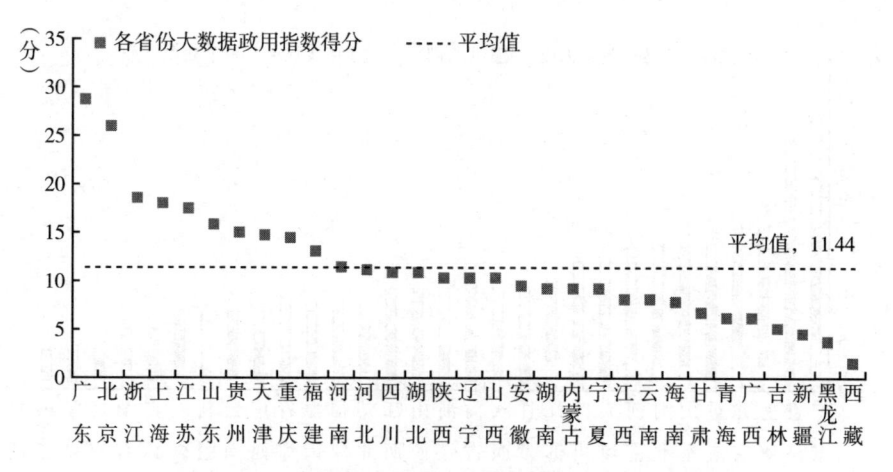

图6 2017年各省份大数据政用指数得分与均值比较

大数据应用的若干政策》等文件加速推进大数据产业的发展。随着利好政策的相继出台，山西省电子政务建设持续推进，信用信息共享平台、公安警务云等大数据应用不断深化，智慧政务服务平台上线运行，这些举措都在不同程度上提高了政府在线服务的水平。

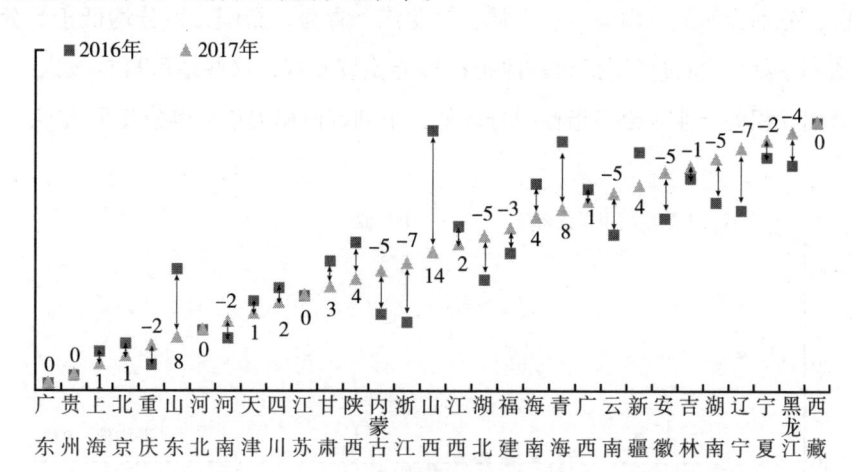

图7 2017年相对于2016年各省份大数据政用指数排名对比情况

（二）大数据商用指数评价结果分析

从各省份大数据商用指数得分来看，有12个省份的商用指数得分高于平

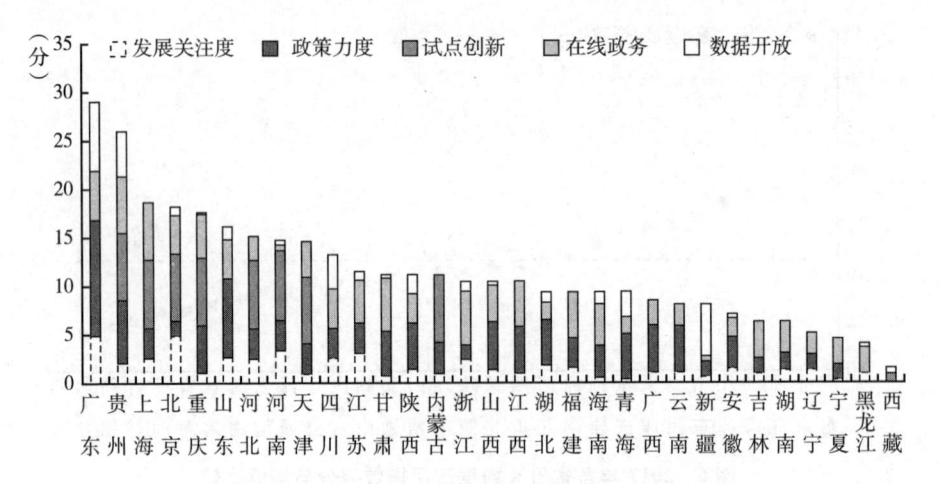

图8　2017年各省份大数据政用指数具体指标得分情况

均值9.99分，占比为38.71%（见图9）。其中商用指数得分排名在前6位的省份，它们的大数据发展指数排名也是排在前6位，分别是广东、江苏、北京、浙江、山东、上海。商用指数得分最低的6个省份主要分布在西部和东北地区，分别为西藏、内蒙古、吉林、黑龙江、青海、新疆，得分均低于5分。如图11所示，通过商用指数具体指标得分比较发现，这些地区科技投入、人才基础、相关产业规模等指标得分较低，个别省份相关指标得分几乎为零。

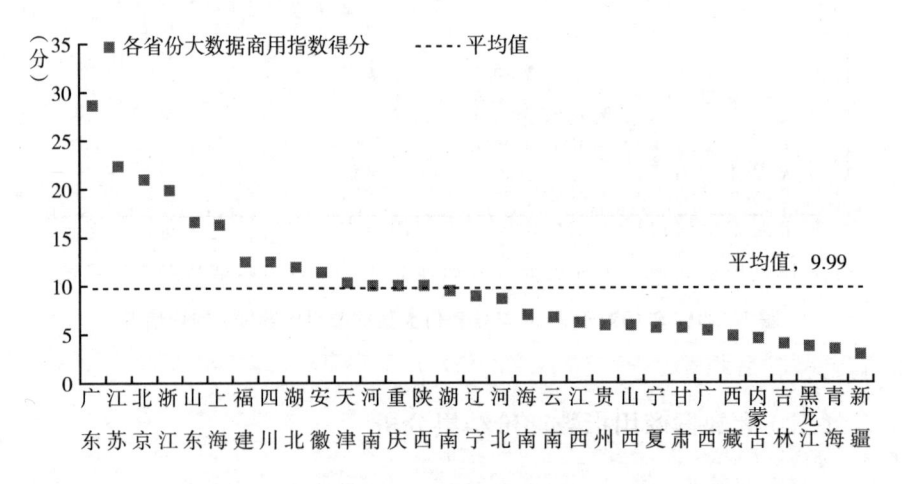

图9　2017年各省份大数据商用指数得分与均值比较

从整体来看，2016~2017 年各省大数据商用指数排名变化情况（见图10）相对平稳，没有出现较大波动，部分地区的排名呈上升趋势。其中海南省由 2016 年的第 25 名上升到 2017 年的第 18 名，提升幅度最大，共上升了 7 个名次。从具体指标得分情况看，海南省虽然在数字经济、科技投入、相关产业规模等指标上表现较弱，但其平台应用指标得分最多，在所有省份中排名第一，这也是海南省名次提升的主要原因之一（见图11）。2017 年

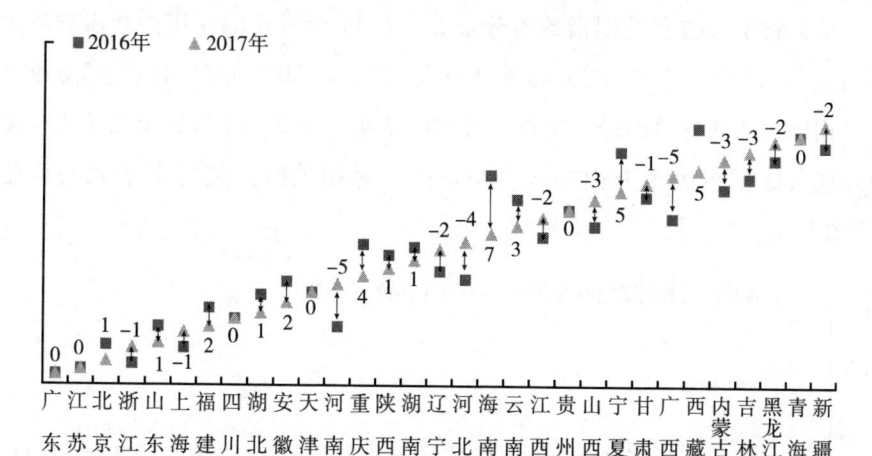

图10　2017 年相对于 2016 年各省份大数据商用指数排名对比情况

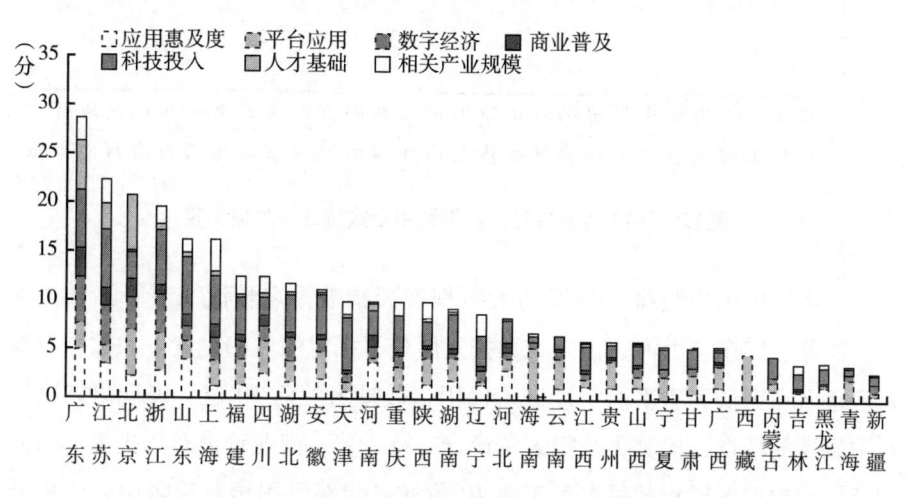

图11　2017 年各省份大数据商用指数具体指标得分情况

海南省开展了电子商务规范发展、创新产业等多项专项行动,充分运用大数据、物联网、人工智能等多种技术,建设了线上业务与线下实体商业融合互通的电商平台,极大程度上提高了当地大数据商用成熟度,推动了大数据在商用方面的发展。

(三)大数据民用指数评价结果分析

从各省份大数据民用指数得分来看,有11个省份的民用指数得分超过平均值11.47分,占比为35.48%(见图12)。与2016年民用指数得分排名情况相比,部分省份的排名出现了较大的变化,主要是本次评价为了更全面地体现大数据在民生方面的改善与保障,对相关指标进行了增减与调整(见图13)。

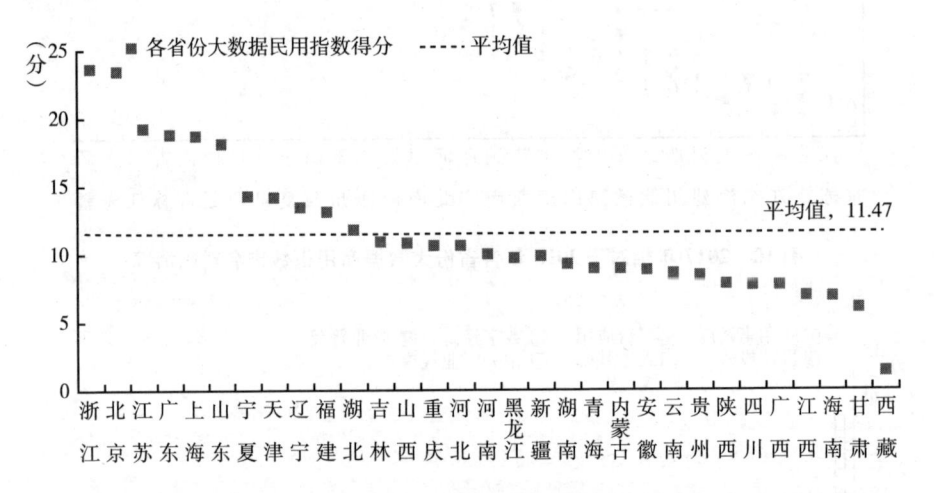

图12 2017年各省份大数据民用指数得分与均值比较

从本次民用指数排名情况与大数据发展指数排名情况来看,浙江、北京、江苏、广东、上海、山东大数据发展处于相对领先的位置。大数据发展指数排名在中低等水平的宁夏进入民用指数排名的前10位,表现出其民用占主导性的特点,但其大数据政策设计有待完善,商业价值有待提高。与此相反,大数据发展指数排名处于前10位的贵州在民用指数排名中处于中低等水平,同样也说明其利用大数据服务于公众的完善度有待增强。

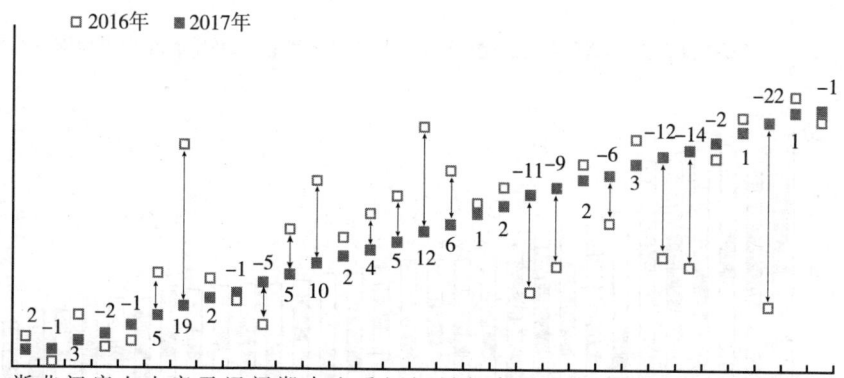

图13　2017年相对于2016年各省份大数据民用指数排名对比情况

从服务通达度上看，浙江居于首位。作为"互联网+政务服务"的先行省份，2017年浙江省一直在刷新政务服务速度，"最多跑一次"改革持续纵深推进，推出的全程电子化登记平台，打破了传统服务手段和方式的束缚，在一定程度上提高了政府办事效率和公共民生服务水平；从消费能力上看，宁夏得分为6分，是分数最高的地区，说明该地区公众对信息消费的承受能力相对较强。近年来，信息消费作为一项新兴消费领域的拓展，涵盖了生产消费、生活消费、管理消费等领域，宁夏在消费能力上的表现突出，不仅促进了当地消费结构优化升级，也为宁夏的信息产业带来了新的增长点（见图14）。

四　对策建议

（一）聚焦弱势指标，实现区域间协调发展

通过本次评价发现，虽然各省份的大数据发展指数有不同程度上的提高，但省域之间大数据发展的差距依然明显。如内蒙古、黑龙江，其数据开放、人才基础、服务通达度等指标得分过低。对于此类地区，要减少差距，实现

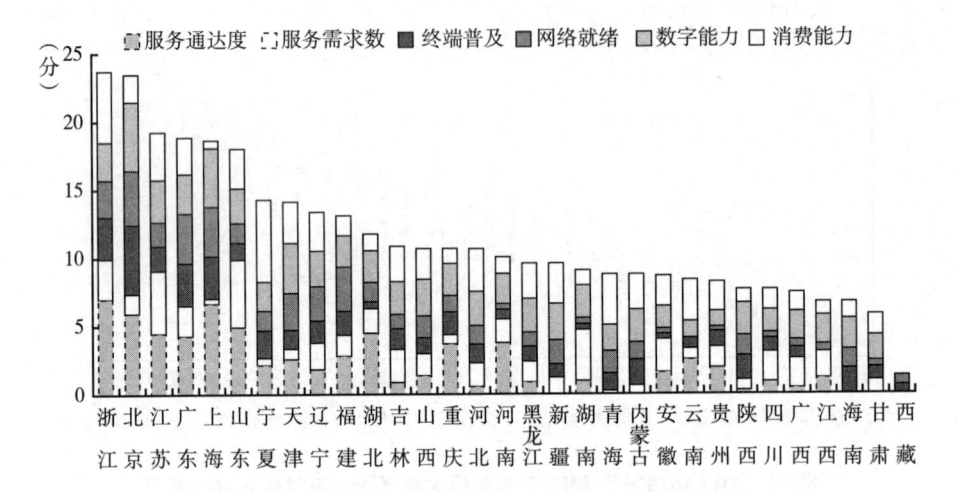

图 14　2017 年各省份大数据民用指数具体指标得分情况

区域间大数据协调发展，可以重点从弱势指标修复入手：一是加快数据开放步伐，建立跨地域、跨系统、跨部门、跨业务的协同管理和服务平台，实现平台共建、数据共用、资源共享和优势互补。二是应建立更加灵活的人力资源管理机制，为应对未来大数据技术对人才的需要，及时转变人才培养模式。

（二）补齐短板，推动全方位均衡发展

对于以单方向发展为主导型的省份来说，在大数据政用、商用以及民用发展方面各自具有一定的优势，但这些省份在这三个领域的发展不协调，可持续能力较弱，需要采取有针对性的对策措施。一是政用主导型，如贵州、重庆、甘肃等，政府政策设计较为完善，应该充分利用其优势去推动大数据产业与相关企业的发展，发掘大数据的商业价值和社会价值，让大数据发展在法治环境下变得更加繁荣。二是商用主导型，这类省份相对较少，主要是江苏和西藏，其大数据在商用发展方面相对突出，这类省份应加大政策扶持力度，提高便民服务质量，以此提升大数据的整体发展。三是民用主导型，如浙江、宁夏，应该加强政府数据共享开放，完善大数据与实体经济深度融合的正向激励机制，实现大数据的均衡发展。

(三)找准突破口,推进大数据开放共享与应用

在本次评价中,我国大数据发展均衡型省份数量虽然有所增加,但部分省份大数据发展仍处于中低度的均衡状态。如湖南、广西、云南等,在指标上突出表现为发展关注度、数据开放指标得分相对较低,说明其数据开放共享力度不足,缺乏有序的数据流通机制。针对这类地区要找准突破口,加快推进数据开放共享。一是各省份可以根据自身条件,考虑通过地方性条例的形式,明确跨部门、跨层级的大数据共享共治法律框架。二是引导企业等社会力量围绕政府开放数据,在医疗、教育、交通等公共服务领域,深度开发各类大数据应用,推进大数据在各领域的场景应用,使大数据的发展真正实现惠及民生。

B.4
2017年中国重点城市大数据发展指数分析报告

摘　要： 本报告对2017年度重点城市大数据发展现状和潜力的评估是在修订后的大数据发展指数2.0基础上进行的，并与2016年度大数据发展指数进行了比较分析。通过分析得出，我国大数据发展仍然处在初级阶段，绝大部分城市属于大数据政用主导、商用主导和低度均衡发展类型，政府的引导作用和发展的不均衡性较为明显，且大数据商用价值对促进城市大数据发展发挥着越来越重要的作用。最后，本报告从大数据政用、商用和民用价值的作用和潜力方面对不同发展阶段的城市给出针对性建议，以期能够为城市在新时代发展大数据提供参考。

关键词： 重点城市大数据发展指数　政用　商用　民用

一　总体情况评估

重点城市大数据发展评估是根据大数据发展指数2.0评价指标体系，依据国家官方数据和权威机构数据，从大数据政用、商用、民用三个维度对全国31个重点城市（不包含4个直辖市和拉萨）进行的综合评估，计算出各城市2017年大数据发展指数。

（一）总体得分情况

各城市总体得分和排名情况如表1所示，2017年31个重点城市大数据发展总指数优于 2016 年，平均得分（32.47）相对于 2016 年（25.98）提升了 25%，有 16 个城市总指数得分处在平均值以上。从差距比较来看，2017 年并没有出现像 2016 年第一名（深圳）一家独大的局面，反而表现出城市间大数据发展差距逐渐缩小的趋势。

表1　2017 年 31 个重点城市大数据发展指数得分情况

城　　市	总指数			政用指数			商用指数			民用指数		
	得分	排名	排名变化	得分	排名	排名变化	得分	排名	排名变化	得分	排名	排名变化
深　圳	73.37	1	0	17.49	7	-6	29.88	1	0	26.00	1	0
广　州	60.09	2	9	20.78	3	7	24.18	2	23	15.13	2	3
武　汉	50.57	3	6	22.33	2	1	14.69	6	18	13.56	3	14
杭　州	49.08	4	-2	15.21	14	-1	21.73	3	0	12.14	4	-2
南　京	45.75	5	-2	18.06	6	0	19.55	5	-3	8.14	10	4
成　都	44.07	6	0	13.76	16	-11	21.41	4	7	8.90	9	2
贵　阳	42.11	7	-3	26.36	1	1	11.81	13	-1	3.94	27	-21
青　岛	41.94	8	0	19.95	4	5	11.33	16	4	10.66	6	2
宁　波	39.94	9	-2	15.68	13	-1	13.97	7	11	10.29	7	-4
厦　门	38.17	10	-5	16.59	10	1	10.66	18	-12	10.92	5	-1
济　南	37.63	11	11	18.28	5	23	12.07	12	-3	7.28	14	1
郑　州	34.54	12	7	13.64	17	13	13.39	9	5	7.51	13	-3
长　沙	34.49	13	0	15.91	12	2	13.44	8	2	5.14	23	-16
哈尔滨	34.45	14	6	16.75	8	10	10.53	21	5	7.17	15	1
西　安	33.20	15	1	12.32	18	2	13.04	10	-5	7.84	11	14
沈　阳	32.65	16	-6	16.65	9	-2	10.65	19	-11	5.35	20	0
福　州	31.77	17	-3	14.98	15	-11	11.64	15	13	5.15	22	-1
石家庄	31.41	18	6	16.17	11	-3	11.28	17	14	3.96	26	3
合　肥	28.86	19	-4	12.03	19	-4	12.27	11	5	4.56	24	-15
海　口	25.18	20	-8	6.85	26	-5	8.19	23	-19	10.14	8	11
南　昌	24.79	21	7	7.74	24	-1	11.78	14	5	5.27	21	10
大　连	24.73	22	-4	8.31	22	-5	10.62	20	-7	5.80	18	-5
南　宁	20.62	23	8	8.35	21	4	6.91	25	5	5.36	19	8
长　春	19.92	24	1	7.51	25	2	9.93	22	-1	2.48	30	-4
呼和浩特	17.88	25	1	8.08	23	-4	5.57	26	3	4.23	25	-7
兰　州	17.76	26	-9	11.30	20	-4	3.22	31	-24	3.24	29	-6

续表

城市	总指数			政用指数			商用指数			民用指数		
	得分	排名	排名变化	得分	排名	排名变化	得分	排名	排名变化	得分	排名	排名变化
乌鲁木齐	16.67	27	0	5.00	28	-1	4.12	30	-7	7.55	12	12
银川	16.51	28	-5	5.30	27	-3	4.78	27	-10	6.43	17	5
太原	15.50	29	-8	4.38	29	-7	4.66	28	-6	6.46	16	-4
昆明	13.42	30	-1	3.61	30	-1	7.42	24	-9	2.39	31	-1
西宁	9.52	31	-1	1.59	31	0	4.18	29	-2	3.75	28	0
平均分	32.47			12.93			11.90			7.64		

从各个城市分指数得分来看，大数据政用仍然占有重要地位，大数据商用作用初显，大数据民用尚未对大数据发展形成较强带动作用（见图1）。从数据来看，深圳、广州、杭州、南京、成都等大数据发展较好的城市，大数据商用指数得分均高于政用指数得分，表明其已经转向由大数据商用带动。贵阳也由于大数据商用的相对不足，排名由上一年度的第4名降到了第7名。这说明在大数据发展的新阶段，商用将形成更强的带动力。

（二）地域分布情况

从总指数得分地域分布情况看，东部沿海地区处于领先地位，大数据发展的不平衡性仍然存在，这种发展的不平衡性总体上还是社会经济等多种因素造成的。但若从各城市总指数排名变化情况看，除深圳、成都、青岛、长沙和乌鲁木齐排名未发生变化外，其他城市都有较明显的变化，总体表现为东、西部城市排名降低，中部城市排名提升。具体来看，武汉、郑州、南昌等中部城市排名有大幅提升，说明中部地区与大数据相关的新兴产业正在崛起，也侧面反映了城市间发展差距缩小，大数据发展的不平衡性在逐步减弱（见图2）。

透过总指数和总排名变化表现出的地域性差异，将31个重点城市按我国东部、中部、西部三大经济带进行划分，东部、中部、西部各经济带城市总指数得分均值分别是40.90、30.39和23.18。对比各经济带分指数排名变

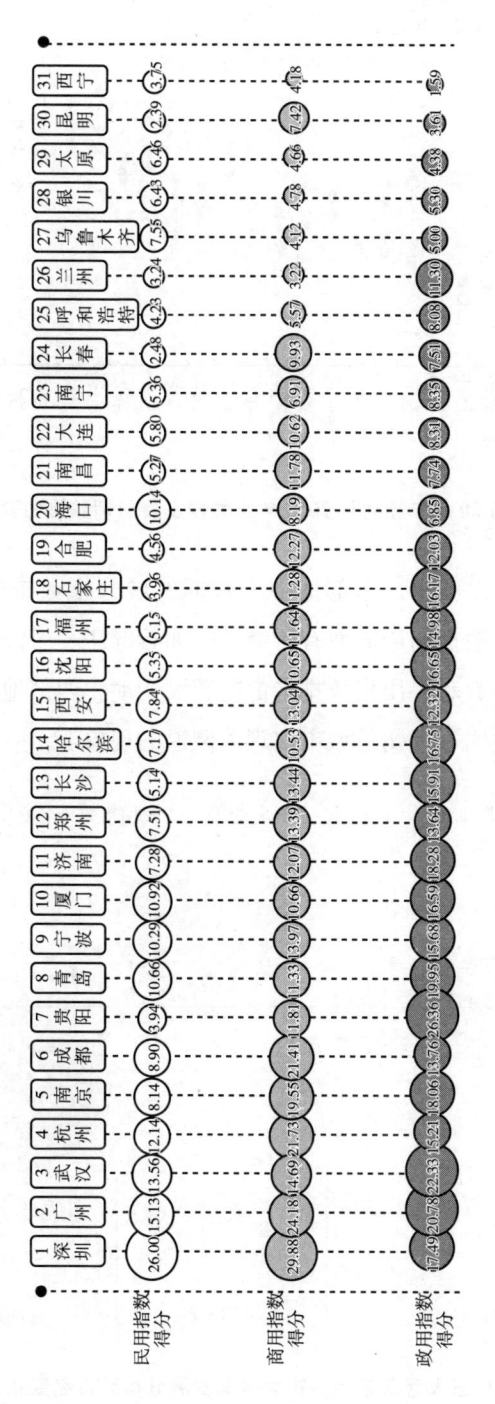

图 1　2017 年 31 个重点城市大数据发展总指数排名及分指数得分情况

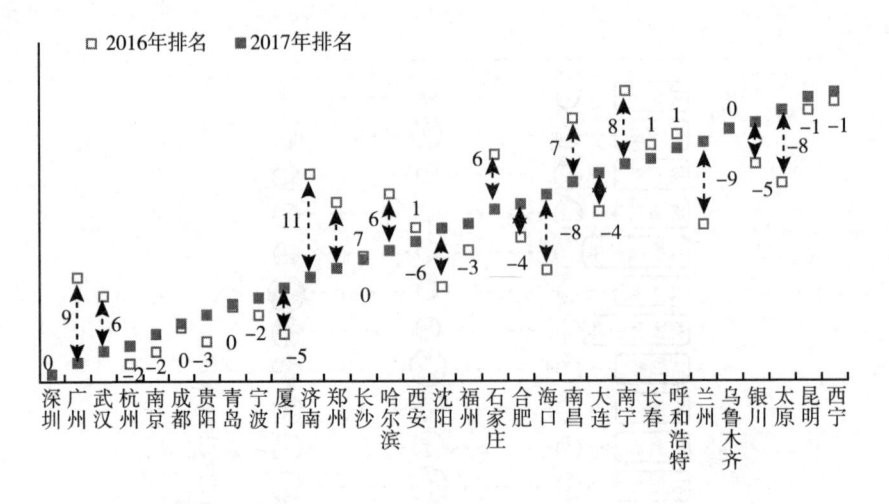

图 2　重点城市2017年相对于2016年大数据发展总指数排名变化情况

化情况（见图3）可以看出，东部地带大数据发展分指数排名变化幅度不大，有部分城市在大数据商用方面有所突破，如石家庄、宁波、福州、广州等；中部地带商用指数和民用指数排名都有较大变动；西部地带表现为后劲明显不足，贵阳、昆明、兰州等城市出现了倒退的现象。

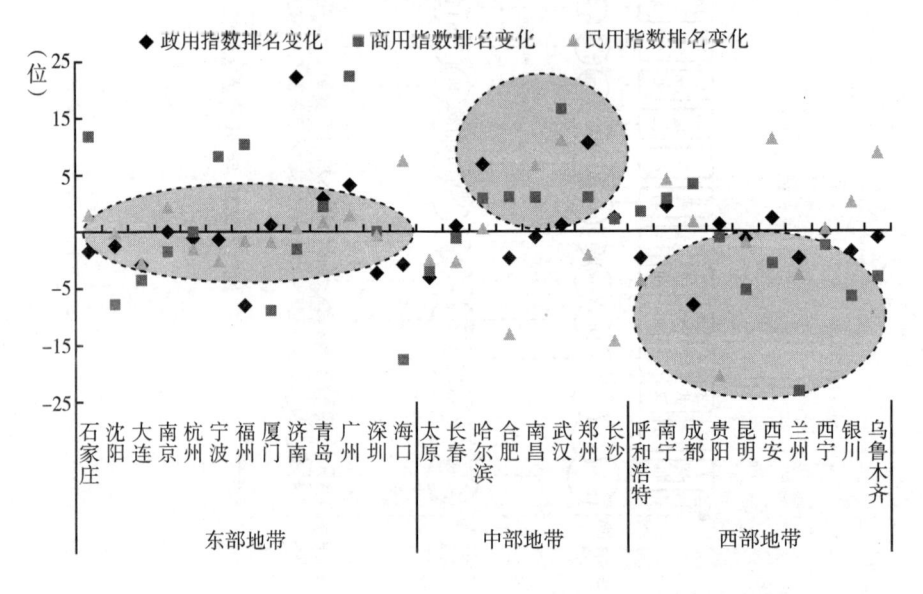

图 3　2017年三大经济带各城市大数据发展分指数排名变化情况

二 大数据发展类型分析

各城市大数据发展所处的环境和阶段不同,因而,对大数据发展类型进行归类划分,有助于城市找到参考坐标,对促进地方大数据发展具有积极作用。2017年度采用聚类分析的方法,通过大数据发展总指数得分和政用、商用、民用三个分指数得分对31个重点城市进行多个类别的划分,同时根据具体数据表现进行调整,得出31个重点城市大数据发展类型划分结果(见表2)。

表2　2017年重点城市大数据发展类型

发展类型	城　　市
全面领先型	深圳、广州
相对均衡型	南京、青岛、宁波、厦门
政用主导型	武汉、贵阳、济南、哈尔滨、沈阳、福州、石家庄、兰州
商用主导型	杭州、成都、合肥、南昌、大连、长春、昆明
民用主导型	乌鲁木齐、太原
低度均衡型	郑州、长沙、西安、海口、南宁、呼和浩特、银川、西宁

从大数据发展类型划分结果整体来看,绝大部分城市处于政用主导、商用主导和低度均衡发展状态,说明我国大数据发展仍然处在初级阶段,政府的主导作用和发展的不均衡性较为明显。

由于本年度指标体系和归类方法的调整,约有半数(15个)城市大数据发展类型发生了变动,但这种变动基本在正常范围内,更多的是地方产业发展调整因素造成的。31个重点城市大数据发展分指数得分及类型划分结果如图4所示,深圳和广州属于全面领先型,深圳领先于广州。但广州由于在政用和商用方面集中发力,由上一年度的相对均衡超越其他城市,进入领先发展行列。相对均衡发展的城市由9个减少到了4个,除青岛、宁波、厦门仍然延续上一年度相对均衡发展状态之外,其他城市都转为单方主导型,但从本年度相对均衡发展的4个城市的具体表现来看,4个城市大数据民用方面均发展乏力。政用主导型的城市由4个增加到8个，武汉、贵阳、福州、石家庄4个城市大数据政用主导的地位稳固，其他增加的4个城市中值得一提的是，沈阳由上年度的相对均衡转为政用主导，透过其总指数排名变化（下降6位）可以反映出，沈阳在确立为国家综合实验区后并未形成较强

图4 2017年重点城市大数据发展类型划分

的带动作用，在大数据商用和民用方面未实现突破发展。商用主导型的城市比上年度减少了4个，其中杭州、南昌、长春、昆明发展类型未发生变化，2017年的数据表现可以看出杭州和成都优于其他城市。太原和乌鲁木齐属于民用主导型，且发展水平较低。低度均衡发展类型中，郑州、南宁、呼和浩特、西宁4个城市未发生变化，西安、银川相比上一年度，大数据发展的平衡性更佳，均由商用主导转为低度均衡，从发展潜力来看，郑州、长沙、西安作为省会城市有望摆脱低度均衡状态，表现出向更高均衡发展形态跃升的趋势。

三 分指数评价结果分析

（一）政用指数分析

大数据政用指数从在线政务、政策力度、数据开放三方面进行评价。31个重点城市大数据政用指数得分平均值为12.93，有17个城市政用指数得分高于均值（见图5）。

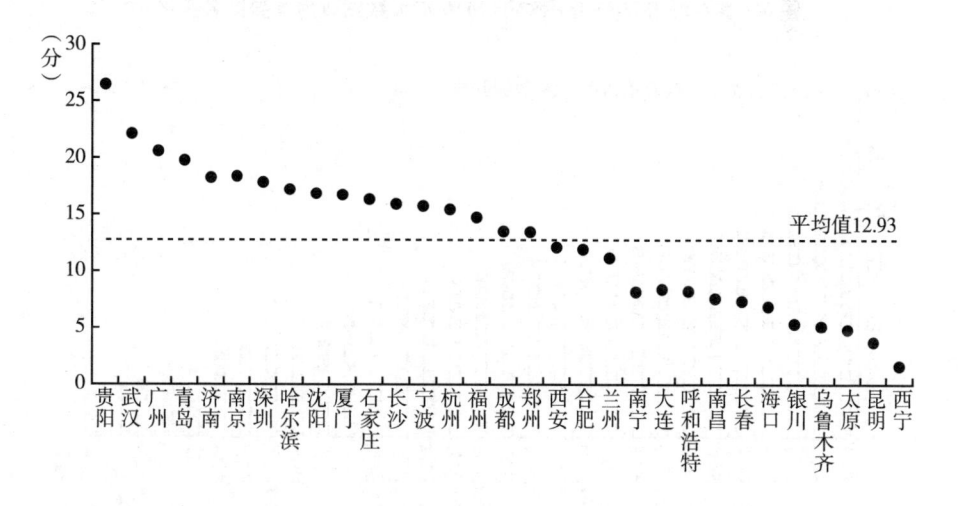

图5 2017年重点城市大数据政用指数得分与均值比较

从31个重点城市政用指数排名变化（见图6）来看，广州、青岛、济南、哈尔滨、郑州排名提升幅度较大，深圳、福州、成都、太原排名下降幅度较大。从具体指标（见图7）来看，提升幅度较大的城市在线政务服务水平都较高，除郑州之外的其他4个提升幅度较大的城市均已经有了数据开放平台，而郑州在大数据发展方面的政府推动力度较大，已经连续发布了3个大数据相关政策文件。降幅较大的城市在政策力度方面得分较低。

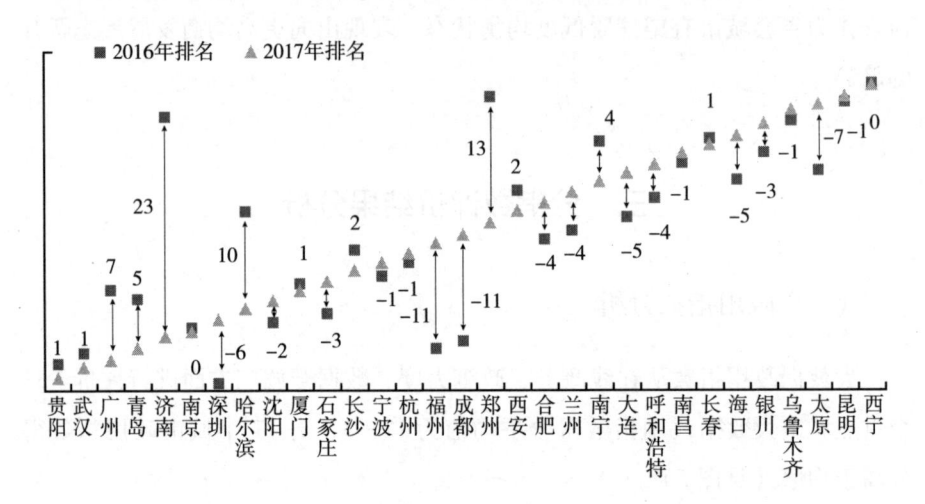

图6　重点城市2017年相对于2016年大数据政用指数排名变化

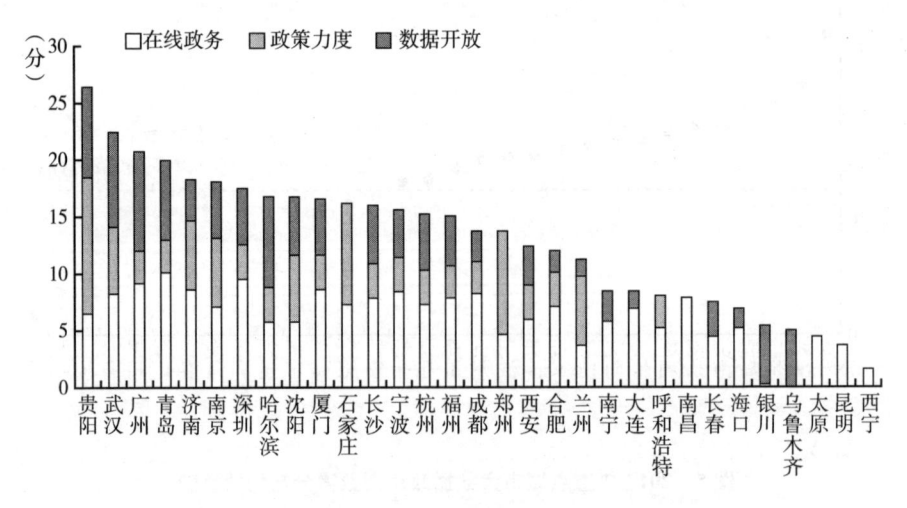

图7　2017年重点城市大数据政用指数排名及分指标得分情况

（二）商用指数分析

大数据商用指数从双创指数、营商环境、数字经济、人才基础、相关产业规模、网络安全六个方面进行评价。2017年31个重点城市大数据商用指数得分均值为11.90，有12个城市商用指数得分高于均值，处于均值上下小幅度变化的城市较多（见图8）。说明各城市在大数据商用方面差距不大。

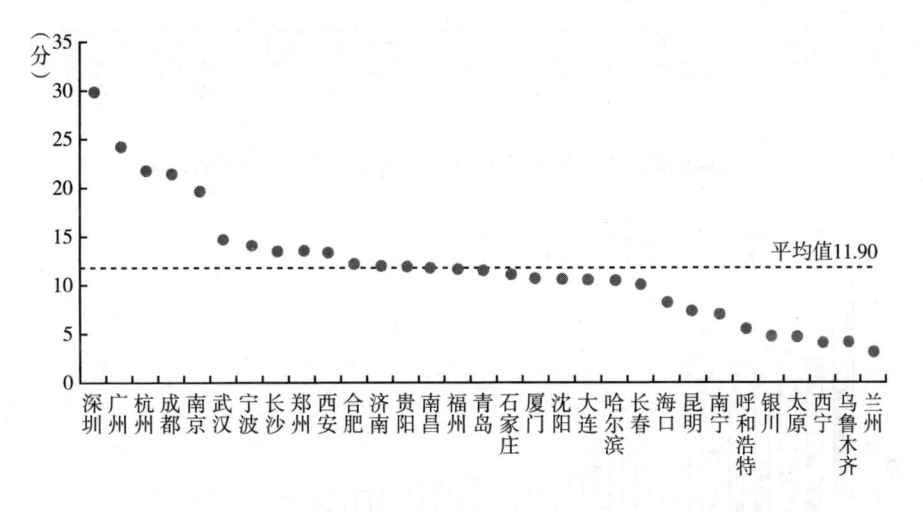

图8　2017年重点城市大数据商用指数得分与均值比较

由于2017年商用指数评价指标变化较大，城市排名也有较多变化（见图9），但这种变化更直观地反映出2017年大数据商用对大数据发展的影响作用，如上升幅度较大的广州、武汉、石家庄的总指数排名分别提高9位、6位、6位，而降幅较大的兰州、沈阳、海口的总指数排名分别下降9位、6位、8位。说明大数据商用对大数据发展的影响较大，也侧面反映出大数据发展程度较差的城市若充分发挥大数据商用价值就会有赶超的机会。从具体指标来看（见图10），各城市网络安全指标相对较好，石家庄尤其突出，网络安全排31个重点城市之首。深圳、广州在数字经济方面发展明显领先，杭州、成都、南京在人才基础方面表现较好。

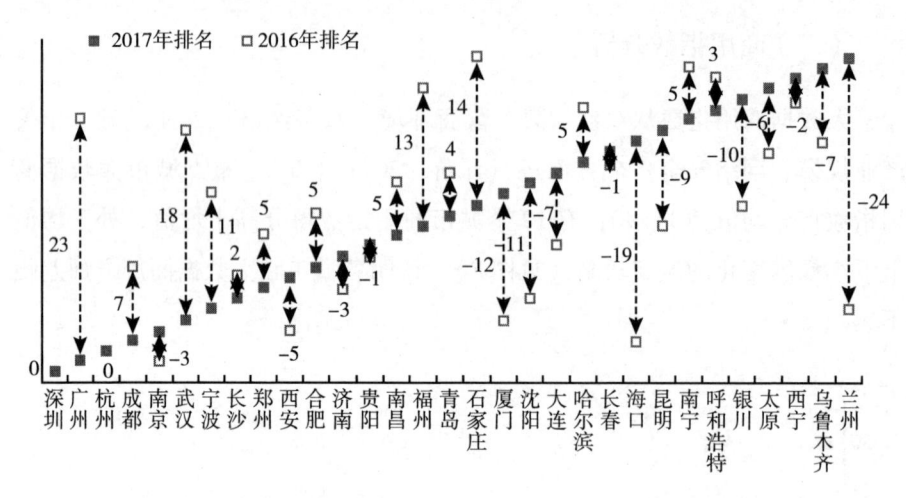

图 9　重点城市 2017 年相对于 2016 年大数据商用指数排名变化

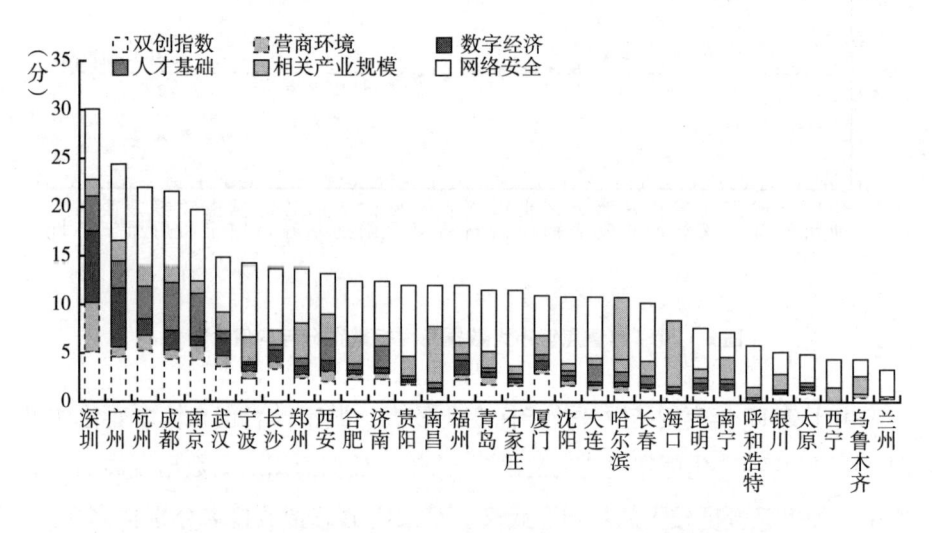

图 10　2017 年重点城市大数据商用指数排名及指标得分情况

（三）民用指数分析

大数据民用指数从服务通达度、终端普及、网络就绪、消费能力四个方面进行评价。总体来看，各城市大数据民用指数都相对较低，均值仅为7.64，且只有 11 个城市高于均值（见图 11）。

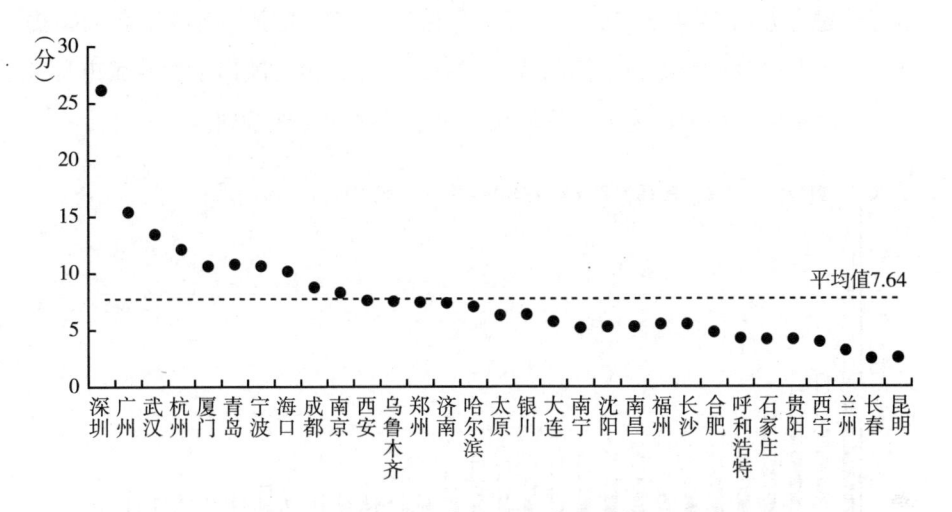

2017年中国重点城市大数据发展指数分析报告

图11 2017年重点城市大数据民用指数得分与均值比较

从指数排名变化看（见图12），民用指数排名提高和下降幅度都较大，贵阳甚至达到21个位次的调整，西安、武汉、合肥、南昌、长沙、海口、乌鲁木齐的变化幅度也都超过10个位次。从具体指标分析（见图13），深圳在大数据民用领域一家独大，各个指标均表现较好。贵阳作为政用指数最好的城市，在民用领域差距明显，无论是在大数据公共服务应用，还是在网

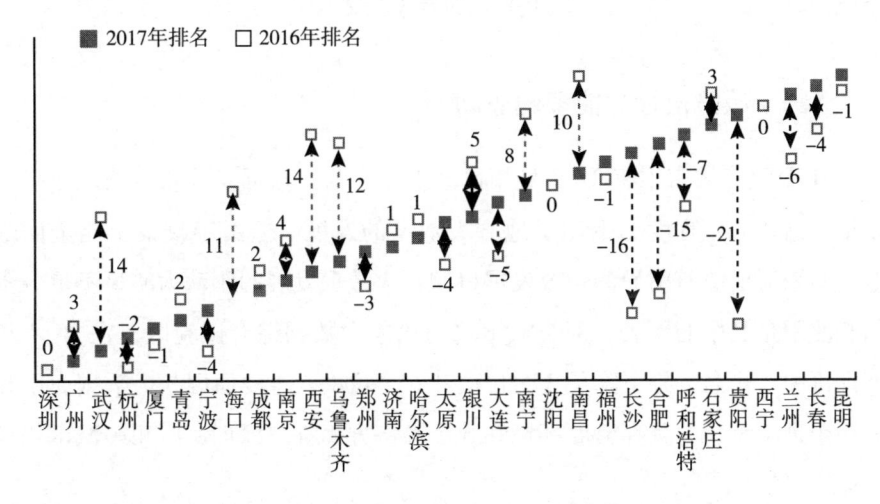

图12 重点城市2017年相对于2016年大数据民用指数排名变化

063

络基础建设方面都得分较低。而海口、乌鲁木齐、南宁、南昌排名大幅提升，这和本次对消费能力指标的调整有关，当然，也反映出了这些城市具备一定的信息消费潜力，为大数据民用奠定了良好的发展基础。

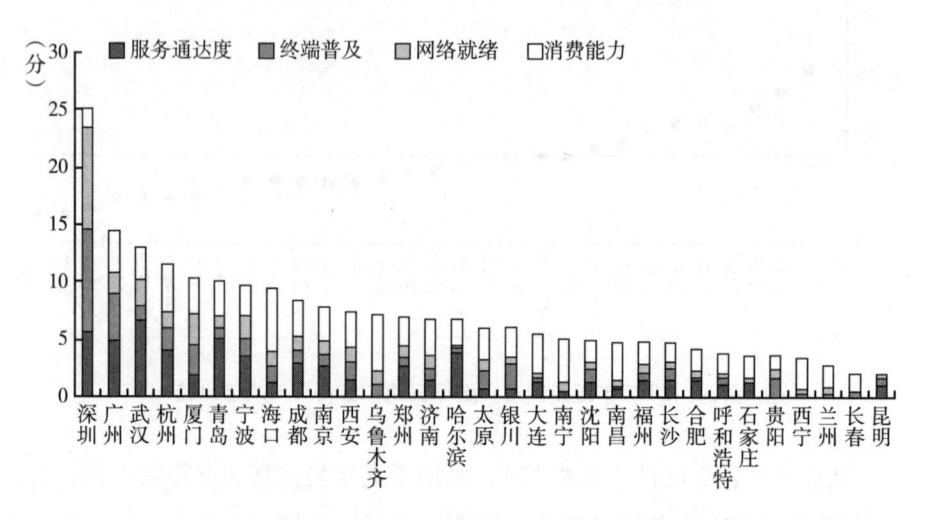

图13　2017年重点城市大数据民用指数排名及指标得分情况

四　对策建议

（一）政策落地才能多轮驱动

31个重点城市中有21个城市已经发布了与大数据发展相关的产业引导政策，这在一定程度上带动了地方大数据的发展，但由于政策未能全面落地，尚未形成政府引导的长效发展机制，大数据发展的驱动力略显不足。贵阳和沈阳是其中的代表，两个城市均为国家大数据综合试验区，在2017年度评价中，排名分别下降了3个位次和6个位次，主要原因是大数据商用和民用跟进不足，尤其在营商环境和数字经济方面都与深圳、广州等城市相差甚远。

政府掌握着80%的社会信息数据资源，在数据开放共享和推动数据价值实现方面进展缓慢，仅有10个重点城市建设了数据开放平台，而且还有部分平台运营不佳。要想实现运用大数据辅助科学决策和社会治理的数据治理目标，就必须推动技术融合、业务融合、数据融合，打通信息壁垒，建设数据开放共享平台。同时加强政企合作，多方参与，加快政府数据与社会数据的共享融合，进而推动大数据的商用和民用发展。对于长期依靠政策推动发展的城市，必须建立合理的政策落地机制，以实现大数据多轮驱动发展。

（二）商用发展方可追赶超越

2017年度测评结果有一个明显的变化特点是，大数据发展总指数得分较高的城市在大数据商用领域都有较大突破，甚至超过大数据政用的带动作用，如深圳、广州、杭州、南京、成都。这说明大数据作为全新的生产要素，已经开始显现出创新驱动作用，为数字经济发展和传统产业升级提供了新动力。

我国区域经济发展的不平衡问题长期存在，以大数据为核心的新兴产业成为新增长点，为欠发达地区赶超发展提供了新机遇，大数据低度均衡和非均衡发展的城市应该积极推进大数据与实体经济深度融合，推动制度创新和技术突破，充分挖掘大数据商用价值，实现传统产业转型升级，构建现代新型产业体系。首先，以数据为创新驱动力，发展数字经济。大数据在精准营销、风险管理、资源共享方面发挥着不可替代的作用，应充分挖掘大数据商用价值，培育以共享经济为代表的新经济。其次，以产业结构升级为核心，构建数据驱动型创新体系。大数据能够提升商业决策的准确性和及时性，降低交易成本，挖掘市场机会，提高生产效率，应积极推进信息化和工业化深度融合，推动传统产业数字化、网络化、智能化发展，助力传统产业升级。

（三）推动社会大数据发展将会后来居上

目前，大数据的发展正在贯穿国民经济和社会发展的方方面面，医疗、商业、教育、就业、交通、社区等民生领域大数据已经成为我国大数据资源的重要构成。但从评价结果看，我国各个城市运用大数据服务民生的水平都

相对较低，民生服务领域的大数据应用远远不足。

运用大数据保障和改善民生是一项复杂的系统性工程，不是一蹴而就的，在具体推进大数据民用过程中有诸多复杂的矛盾和工作。在基础建设方面，既要为数据应用做好技术准备，又要保障数据安全；在应用创新方面需要通过多种手段构建数据生态，让社会各界积极参与数据应用创新；在体制机制方面要积极推动相关制度、政策、标准的拟订，为民生数据发挥更大价值创造条件。同时还需要推动各级政府简政放权，优化政府服务。

社会大数据是未来大数据发展的重要方向，促进社会大数据发展，将成为未来我国大数据战略的核心议题。因此，发展超前的城市更需要超前谋划社会大数据发展战略，运用好生活服务大数据，给人们带来更多的获得感。

政策法规篇
Policy and Laws

B.5 实施国家大数据战略的政策研究

摘　要： 系统深入了解大数据及其相关政策的发展脉络和实施轨迹，准确把握国内外大数据发展战略的异同，可以使我们更加全面准确地理解国家大数据的内涵和意义。本文对国内外大数据政策文件的战略目标、具体内容和实施路径等进行梳理，在此基础上对世界主要国家或地区大数据战略进行横向和纵向的比较分析，并提出相应的思考建议。

关键词： 大数据　国家大数据战略　政策体系

一　我国国家大数据战略的政策文本分析

（一）我国国家大数据政策的发展脉络

2014年，"大数据"的概念首次写入李克强总理所做的《政府工作报告》；2015年是大数据国家战略的顶层设计年，国务院正式发布《促进大数据发展行动纲要》，发展大数据成为社会共识；2016年，各项促进大数据发展的政策细化落地，国家发改委、环保部、工信部、国家林业局、农业部等均推出了关于大数据发展的相关文件；2017年，大数据发展从顶层设计阶段加速进入应用落地阶段（见表1）。

1. 中央层面

表1 我国关于大数据发展的政策体系

发文主体	发文时间	政策文件名称
国务院 （40项）	2014-8-6	国务院关于加快发展生产性服务业促进产业结构调整升级的指导意见
	2014-9-25	国务院关于依托黄金水道推动长江经济带发展的指导意见
	2014-10-4	国务院关于印发《物流业发展中长期规划（2014—2020年）》的通知
	2014-10-27	国务院关于加强审计工作的意见
	2014-10-28	国务院关于加快科技服务业发展的若干意见
	2014-11-20	国务院关于扶持小型微型企业健康发展的意见
	2015-1-16	国务院关于促进服务外包产业加快发展的意见
	2015-1-30	国务院关于促进云计算创新发展培育信息产业新业态的意见
	2015-2-14	国务院关于加快发展服务贸易的若干意见
	2015-4-19	国务院关于进一步促进展览业改革发展的若干意见
	2015-5-1	国务院关于进一步做好新形势下就业创业工作的意见
	2015-5-7	国务院关于大力发展电子商务加快培育经济新动力的意见
	2015-5-15	国务院关于印发《2015年推进简政放权放管结合转变政府职能工作方案》的通知
	2015-5-19	国务院关于印发《中国制造2025》的通知
	2015-6-16	国务院关于大力推进大众创业万众创新若干政策措施的意见
	2015-7-4	国务院关于积极推进"互联网+"行动的指导意见
	2015-9-5	国务院关于印发《促进大数据发展行动纲要》的通知
	2015-9-26	国务院关于加快构建大众创业万众创新支撑平台的指导意见
	2015-10-26	国务院关于促进快递业发展的若干意见
	2015-11-23	国务院关于积极发挥新消费引领作用加快培育形成新供给新动力的指导意见
	2016-1-15	国务院关于印发《推进普惠金融发展规划（2016—2020年）》的通知
	2016-2-26	国务院关于印发《中医药发展战略规划纲要（2016—2030年）》的通知
	2016-3-15	国务院关于深化泛珠三角区域合作的指导意见
	2016-5-20	国务院关于深化制造业与互联网融合发展的指导意见

续表

发文主体	发文时间	政策文件名称
国务院 （40项）	2016-6-23	国务院关于印发《全民健身计划（2016—2020年）》的通知
	2016-9-19	国务院关于印发《政务信息资源共享管理暂行办法》的通知
	2016-9-29	国务院关于加快推进"互联网+政务服务"工作的指导意见
	2016-10-21	国务院关于激发重点群体活力带动城乡居民增收的实施意见
	2016-12-19	国务院关于印发《"十三五"国家战略性新兴产业发展规划》的通知
	2017-1-10	国务院关于印发《国家教育事业发展"十三五"规划》的通知
	2017-1-12	国务院关于印发《"十三五"市场监管规划》的通知
	2017-1-23	国务院关于印发《"十三五"推进基本公共服务均等化规划》的通知
	2017-1-26	国务院关于印发《"十三五"促进就业规划》的通知
	2017-2-14	国务院关于印发《"十三五"国家食品安全规划和"十三五"国家药品安全规划》的通知
	2017-3-9	国务院关于新形势下加强打击侵犯知识产权和制售假冒伪劣商品工作的意见
	2017-7-8	国务院关于印发《新一代人工智能发展规划》的通知
	2017-7-27	国务院关于强化实施创新驱动发展战略进一步推进大众创业万众创新深入发展的意见
	2017-9-28	国务院关于在更大范围推进"证照分离"改革试点工作的意见
	2017-11-19	国务院印发关于深化"互联网+先进制造业"发展工业互联网的指导意见
	2018-1-31	国务院关于全面加强基础科学研究的若干意见
国务院 办公厅 （49项）	2014-7-21	国务院办公厅关于加快新能源汽车推广应用的指导意见
	2014-11-16	国务院办公厅关于促进内贸流通健康发展的若干意见
	2014-11-17	国务院办公厅关于加快发展商业健康保险的若干意见
	2014-12-16	国务院办公厅转发国家统计局关于加强和完善部门统计工作意见的通知
	2015-3-19	国务院办公厅关于创新投资管理方式建立协同监管机制的若干意见
	2015-4-13	国务院办公厅关于加强安全生产监管执法的通知
	2015-5-13	国务院办公厅关于深化高等学校创新创业教育改革的实施意见
	2015-5-17	国务院办公厅关于城市公立医院综合改革试点的指导意见
	2015-5-20	国务院办公厅关于加快高速宽带网络建设推进网络提速降费的指导意见
	2015-6-26	国务院办公厅转发银监会关于促进民营银行发展指导意见的通知
	2015-7-1	国务院办公厅关于运用大数据加强对市场主体服务和监管的若干意见
	2015-8-14	国务院办公厅关于印发《整合建立统一的公共资源交易平台工作方案》的通知

续表

发文主体	发文时间	政策文件名称
国务院办公厅(49项)	2015-9-7	国务院办公厅关于加快融资租赁业发展的指导意见
	2015-9-8	国务院办公厅关于促进金融租赁行业健康发展的指导意见
	2015-9-29	国务院办公厅关于推进线上线下互动加快商贸流通创新发展转型升级的意见
	2015-10-9	国务院办公厅关于加快电动汽车充电基础设施建设的指导意见
	2015-11-7	国务院办公厅关于加强互联网领域侵权假冒行为治理的意见
	2015-11-9	国务院办公厅关于促进农村电子商务加快发展的指导意见
	2016-1-4	国务院办公厅关于推进农村一二三产业融合发展的指导意见
	2016-1-12	国务院办公厅关于加快推进重要产品追溯体系建设的意见
	2016-2-18	国务院办公厅关于加快众创空间发展服务实体经济转型升级的指导意见
	2016-3-11	国务院办公厅关于促进医药产业健康发展的指导意见
	2016-3-14	国务院办公厅关于印发《全民科学素质行动计划纲要实施方案(2016—2020年)》的通知
	2016-4-21	国务院办公厅关于深入实施"互联网+流通"行动计划的意见
	2016-4-26	国务院办公厅关于转发国家发展改革委等部门推进"互联网+政务服务"开展信息惠民试点实施方案的通知
	2016-5-9	国务院办公厅关于印发《促进科技成果转移转化行动方案》的通知
	2016-5-12	国务院办公厅关于建设大众创业万众创新示范基地的实施意见
	2016-6-20	国务院办公厅关于发挥品牌引领作用推动供需结构升级的意见
	2016-6-24	国务院办公厅关于促进和规范健康医疗大数据应用发展的指导意见
	2016-11-15	国务院办公厅印发《关于全面推进政务公开工作的意见》实施细则的通知
	2017-1-20	国务院办公厅关于创新管理优化服务培育壮大经济发展新动能加快新旧动能接续转换的意见
	2017-2-17	国务院办公厅关于调整全国政务公开领导小组的通知
	2017-3-23	国务院办公厅关于印发《2017年政务公开工作要点》的通知
	2017-4-1	国务院办公厅关于印发贯彻实施《深化标准化工作改革方案》重点任务分工(2017—2018年)的通知
	2017-5-12	国务院办公厅关于加快推进"多证合一"改革的指导意见
	2017-5-15	国务院办公厅关于印发《政府网站发展指引》的通知
	2017-5-18	国务院办公厅关于印发《政务信息系统整合共享实施方案》的通知
	2017-5-22	国务院办公厅关于印发《开展基层政务公开标准化规范化试点工作方案》的通知
	2017-5-24	国务院办公厅关于县域创新驱动发展的若干意见

续表

发文主体	发文时间	政策文件名称
国务院办公厅（49 项）	2017-6-6	国务院办公厅关于印发《兴边富民行动"十三五"规划》的通知
	2017-6-21	国务院办公厅关于建设第二批大众创业万众创新示范基地的实施意见
	2017-6-30	国务院办公厅关于印发《全国深化简政放权放管结合优化服务改革电视电话会议重点任务分工方案》的通知
	2017-7-13	国务院办公厅关于印发《国民营养计划（2017—2030 年）》的通知
	2017-10-13	国务院办公厅关于积极推进供应链创新与应用的指导意见
	2017-11-23	国务院办公厅关于创建"中国制造 2025"国家级示范区的通知
	2017-12-4	国务院办公厅关于推动国防科技工业军民融合深度发展的意见
	2017-12-15	国务院办公厅关于推进重大建设项目批准和实施领域政府信息公开的意见
	2017-12-28	国务院办公厅关于推进公共资源配置领域政府信息公开的意见
	2018-1-23	国务院办公厅关于推进电子商务与快递物流协同发展的意见
中共中央（1 项）	2015-10-29	中共中央关于制定国民经济和社会发展第十三个五年规划的建议
—	2016-3-17	中华人民共和国国民经济和社会发展第十三个五年规划纲要
中共中央、国务院（1 项）	2016-5-19	中共中央　国务院《国家创新驱动发展战略纲要》
中办、国办（2 项）	2016-7-27	中共中央办公厅 国务院办公厅《国家信息化发展战略纲要》
	2017-11-26	中共中央办公厅 国务院办公厅印发《推进互联网协议第六版（IPv6）规模部署行动计划》

注：统计时间截至 2018 年 1 月底。
资料来源：中华人民共和国中央人民政府官方网站。

2013 年以来，中央层面出台了一系列有关大数据的政策指导意见。依据中华人民共和国中央人民政府政策文件库中的数据，截至 2018 年 1 月底，我国涉及大数据发展与应用的国家政策规定已多达 94 个。根据政策文件的层级和属性可划分为以下三类。

一是专门领域的中长期战略纲要。《国家创新驱动发展战略纲要》《国家信息化发展战略纲要》《促进大数据发展行动纲要》（以下简称《行动纲要》）是我国推进大数据发展的战略性指导文件。《国家创新驱动发展战略纲要》是我国推动创新型国家建设的行动指南，把大数据的技术研发和综合应用作为一项重大战略任务进行了部署。《国家信息化发展战略纲要》是国家战略体系的重要组成部分，为大数据战略政策的制定提供了重要依据。《行动纲要》是我国发展大数据的首项系统性、权威性政策文本，该文件从国家顶层设计的全局高度，部署我国未来的大数据发展和产业创新。

二是阶段性的五年规划纲要。《中华人民共和国国民经济和社会发展第十三个五年规划纲要》提到大数据20次，并指出，"实施国家大数据战略，把大数据作为基础性战略资源，全面实施促进大数据发展行动，加快推动数据资源共享开放和开发应用，助力产业转型升级和社会治理创新。"

三是其他与大数据相关的政策。根据相关政策文件名称和内容来看，涉及重点行业应用35个，重点工作领域33个，重点区域2个。这意味着我国大数据政策也已形成从总体规划到细分领域的系统性政策体系（见表2）。

表2 我国大数据政策相关体系的内容框架

重点行业应用	重点工作推进	重点区域发展
新能源汽车、商业健康保险、内贸流通、高校双创教育改革、城市公立医院改革、民营银行发展、融资租赁业、金融租赁业、商贸流通、电动汽车充电基础设施、互联网领域侵权、农村电子商务、农村一二三产业融合、医药产业、流通、健康医疗、生产性服务业、物流业、科技服务业、服务外包产业、云计算、服务贸易、展览业、电子商务、制造业、"互联网+"、快递业、普惠金融、中医药、制造业与互联网融合、战略性新兴产业、公共服务、食品安全、人工智能、国防科技	统计、投资监管、安全生产监管、网络提速降费、市场主体服务和监管、公共资源交易平台、产品追溯、众创空间、全民科学素质、政务服务、科技成果转移转化、创业创新、品牌、政务公开、审计、小微企业、就业创业、简政放权、新消费、全民健身、政务信息资源、教育事业、公共服务、工业互联网、供应链创新与应用、国防科技工业军民融合、重大建设项目批准和实施领域、公共资源配置领域、电子商务与快递物流等	长江经济带、泛珠三角

2. 部委层面

随着《促进大数据发展行动纲要》的发布，国土资源部、交通运输部、环保部、林业局、农业部等部委相继印发了《促进国土资源大数据应用发展实施意见》《关于推进交通运输行业数据资源开放共享的实施意见》《生态环境大数据建设总体方案》《关于加快中国林业大数据发展的指导意见》

《政务信息系统整合共享实施方案》《大数据产业发展规划（2016—2020年）》《促进新一代人工智能产业发展三年行动计划（2018—2020年）》《农业农村大数据试点方案》等一系列与大数据应用相关的政策方案（见表3）。这些政策文件的政策路径从顶层设计深入到具体实施，内容也已从行动规划逐渐向各大行业、细分领域延伸，为我国大数据发展的具体实施奠定了基础。

表3 部分部委大数据政策一览

发文机构	发文时间	政策名称
中华人民共和国农业部	2015-12-29	关于推进农业农村大数据发展的实施意见
中华人民共和国国家发展和改革委员会	2016-1-7	组织实施促进大数据发展重大工程
中华人民共和国环境保护部	2016-3-7	生态环境大数据建设总体方案
中华人民共和国国土资源部	2016-7-4	促进国土资源大数据应用发展实施意见
中华人民共和国国家发展和改革委员会办公厅	2016-8-26	关于印发请组织申报大数据领域创新能力建设专项的通知
中华人民共和国交通运输部	2016-9-2	关于推进交通运输行业数据资源开放共享的实施意见
中华人民共和国农业部办公厅	2016-10-14	农业农村大数据试点方案
中华人民共和国工业和信息化部	2017-1-17	大数据产业发展规划(2016—2020年)
中华人民共和国工业和信息化部	2017-1-17	信息通信行业发展规划(2016—2020年)
中华人民共和国水利部	2017-5-2	关于推进水利大数据发展的指导意见
中华人民共和国国家发展和改革委员会	2017-7-3	关于促进分享经济发展的指导性意见
中华人民共和国工业和信息化部	2017-8-11	工业控制系统信息安全防护能力评估工作管理办法
中华人民共和国工业和信息化部	2017-10-31	高端智能再制造行动计划(2018—2020年)
中华人民共和国工业和信息化部	2017-12-14	促进新一代人工智能产业发展三年行动计划(2018—2020年)
国家标准化管理委员会	2017-12-19	信息安全技术个人信息安全规范

（二）我国大数据政策的特点分析

1. 形成相对完善的政策体系

从对我国已出台的大数据政策文本的梳理来看，初步形成目标合理、重点明确、相互支撑的较为完善的政策体系。在层级上，形成中央、部委和地方三级大数据的政策体系格局，既有顶层设计出炉，也有地方政策新规落地；在应用方面，涵盖科技、医疗、政务、生态、产业等各个领域。

2. 重视重点行业领域的大数据应用

我国通过大数据政策体系进行全局谋划，引导企业和社会选择发展目标与方向，有序推动大数据稳步发展。综观国家大数据相关政策体系，94个政策文本中有51个涉及重点行业领域的大数据应用，占比达54.3%，且大部分政策文本侧重将大数据视为促进经济发展及转型升级的利器。在51个涉及重点行业领域的大数据政策文本中，涉及数据开放共享与政务服务的有10个，是分布最多的领域（见图1）。

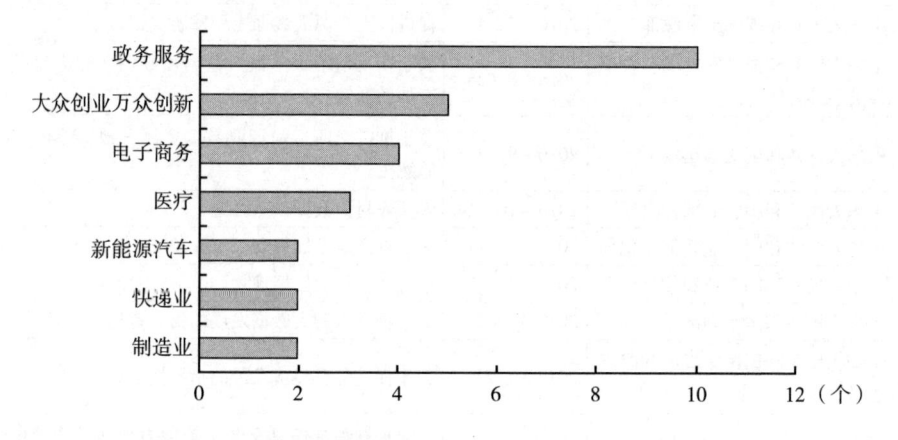

图1 大数据相关政策体系中部分重点行业文件数量排名

3. 重视大数据基础研究和技术创新

从大数据的技术创新演化过程来看，我国一直高度重视大数据基础研究和技术领域创新。2015年8月，《促进大数据发展行动纲要》正式开启了我国大数据基础研究和技术创新的政策支撑。文件强调重点开展数据理论的科学研究工作，鼓励和支持在大数据理论创新、研究方法及大数据关键技术应用等方面进行探索研究。在基础研究方面，2018年1月，国务院印发《关于全面加强基础科学研究的若干意见》指出，在面向重要基础科学问题和重大战略需求时,要加强基础性、公益性的自然本底数据、种质、标本等科技基础条件资源的收集。在技术创新方面,2016年1月,国家发展和改革委员会发布《关于组织实施促进大数据发展重大工程的通知》,重点强调支持大数据示范应用、共享开放、基础设施的统筹发展及数据要素流通。

4. 各部门积极落实推进大数据的发展政策

围绕国家大数据战略政策,各部门积极落实推进大数据的发展政策。具体内容包括加强数据平台建设和数据整合;以大数据促进信息收集和预警监测;以大数据推动生产模式转型升级;以大数据推动产品、服务和业态创新以及运用大数据助推政府治理能力提升。另外,各部门出台的政策文本普遍涉及人才培养、资金、财政、土地和组织等保障措施(见表4)。

表4 关于多方位推进大数据发展的大数据相关政策

	政策名称	政策内容
加强数据平台建设和数据整合	《关于建设大众创业万众创新示范基地的实施意见》	加快发展物联网、大数据、云计算等平台,促进各类孵化器等创业培育孵化机构转型升级
以大数据促进信息收集和预警监测	《中医药发展战略规划纲要(2016—2030年)》	利用大数据加快中药材生产信息搜索、价格动态监测分析和预测预警
	《关于积极发挥新消费引领作用加快培育形成新供给新动力的指导意见》	广泛运用大数据开展监测分析,建立健全产品质量风险监控和产品伤害监测体系
以大数据推动生产模式转型升级	《关于促进医药产业健康发展的指导意见》	应用大数据、云计算、互联网、增材制造等技术,构建医药产品消费需求动态感知、众包设计、个性化定制等新型生产模式
	《关于加快发展生产性服务业促进产业结构调整升级的指导意见》	运用互联网、大数据等信息技术,积极发展定制生产,满足多样化、个性化消费需求
以大数据推动产品、服务和业态创新	《关于发挥品牌引领作用推动供需结构升级的意见》	支持重点企业利用互联网技术建立大数据平台,动态分析市场变化,精准定位消费需求,为开展服务创新和商业模式创新提供支撑
	《关于加快发展生产性服务业促进产业结构调整升级的指导意见》	积极运用互联网、物联网、大数据等信息技术,发展远程检测诊断、运营维护、技术支持等售后服务新业态

续表

	政策名称	政策内容
以大数据推动产品、服务和业态创新	《关于加快科技服务业发展的若干意见》	支持科技咨询机构、知识服务机构、生产力促进中心等积极应用大数据、云计算、移动互联网等现代信息技术，创新服务模式，开展网络化、集成化的科技咨询和知识服务
	《关于印发推进普惠金融发展规划（2016—2020年）》	鼓励金融机构运用大数据、云计算等新兴信息技术，打造互联网金融服务平台，为客户提供信息、资金、产品等全方位金融服务
	《关于印发促进科技成果转移转化行动方案》	鼓励各类机构运用云计算、大数据等新一代信息技术，积极开展科技成果信息增值服务
运用大数据助推政府治理能力提升	《关于加强审计工作的意见》	探索在审计实践中运用大数据技术的途径，加大数据综合利用力度，提高运用信息化技术查核问题、评价判断、宏观分析的能力
	《全民科学素质行动计划纲要实施方案(2016—2020年)》	依托大数据、云计算等信息技术手段，洞察和感知公众科普需求，创新科普的精准化服务模式，定向、精准地将科普信息送达目标人群

二 世界主要国家或地区大数据战略对比分析

（一）大数据战略时间图谱

美国和欧盟是最早推动大数据相关战略的国家和地区。从世界大数据战略发布时间图谱中可以看出，迄今为止，世界主要国家或地区在大数据方面已实施了三轮战略行动（见图2）。

第一轮是2013年以前，大数据战略布局的起步期。2009年，美国率先推出Data.gov；2010年，欧盟发布"欧盟2020战略"；2012年，美国白宫启动《大数据研究和发展计划》，并建立"大数据高级指导小组"。

第二轮是2013～2015年，大数据战略迎来爆发期。在北美洲，2013年11月，美国推出《"数据-知识-行动"计划》，进一步详细筹划布局运用大数据改造国家治理体系、推动前沿科技创新、提升经济增长的新路径；

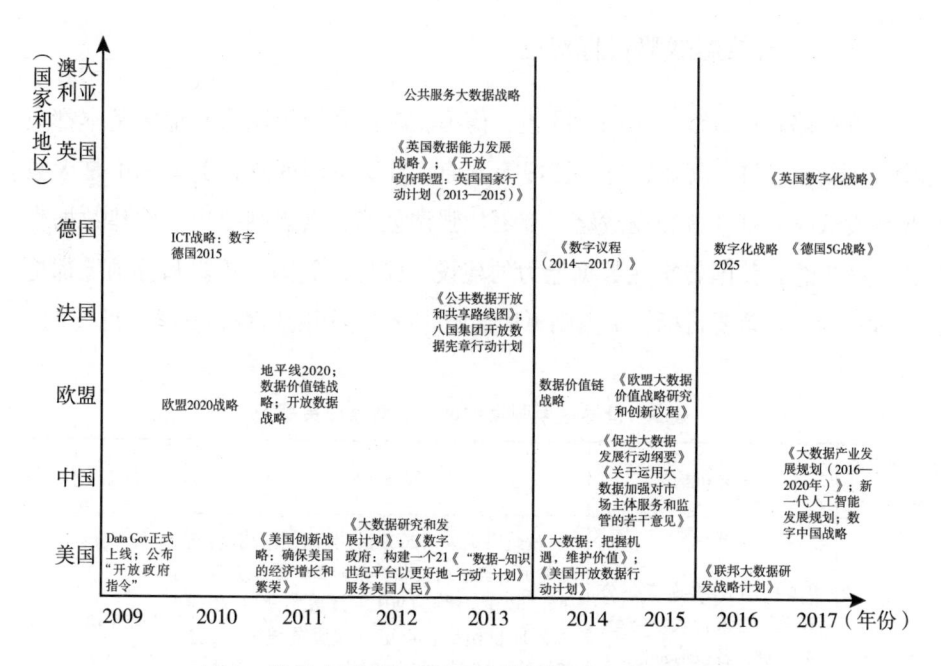

图 2　世界主要国家或地区大数据战略发布时间图谱

2014年5月，美国发布政策报告《大数据：把握机遇，维护价值》，着重指出政府和私人部门需紧密合作，最大限度运用大数据提高经济效益。在欧洲，2014年，欧盟公布数据价值链战略计划，主要涉及四方面内容：开放数据、云计算、高性能计算和科学知识开放获取。在亚洲，2013年6月，日本公布以开放数据为核心的新IT战略《创建最尖端IT国家宣言》。2015年8月，中国发布《促进大数据发展行动纲要》，全面系统地部署大数据发展工作。

第三轮是2016年至今，数字经济成为国家大数据的一个重要战略方向。2016年3月，德国发布"数字化战略2025"，提出"德国制造"转型和构建未来数字社会的战略思路。2017年3月，英国出台《英国数字化战略》，强调要打造世界领先的数字经济。2017年12月，习近平总书记在中共中央政治局第二次集体学习中做出部署，推动实施国家大数据战略，加快建设数字中国。

（二）大数据战略目标对比

在战略目标方面，美国、欧盟、德国、澳大利亚等国家和地区基本都集中在创新、经济、就业、公共管理等方面，有所不同的是，美国无论是大数据研发战略还是开放数据战略，都更加强调创新；欧盟则提出了构建数据生态系统理念；英国着重在数据能力的建设。此外，美国、欧盟和韩国等都把就业作为一个重要目标，中国则更加强调产业和应用的培育和发展（见表5）。

表5　世界主要国家和地区大数据政策概况

国家和地区	主导机构	战略文件	战略定位
美国	美国科学技术政策办公室/美国总统行政办公室；参与机构：各政府部门；专门机构：大数据研发高级指导小组（2011）	"开放政府指令"（2009）；《美国创新战略：确保美国的经济增长和繁荣》（2011）；《大数据研究和发展计划》（2012）；《数字政府：构建一个21世纪平台以更好地服务美国人民》（2012）；《"数据－知识－行动"计划》（2013）；《大数据：把握机遇，维护价值》（2014）；《美国开放数据行动计划》（2014）；《联邦大数据研发战略计划》（2016）	大数据研发开放数据数字政府
中国	中华人民共和国国务院；中华人民共和国国务院办公厅；中华人民共和国工业和信息化部	《促进大数据发展行动纲要》（2015）；《关于运用大数据加强对市场主体服务和监管的若干意见》（2015）；《关于促进和规范健康医疗大数据应用发展的指导意见》（2016）；《大数据产业发展规划（2016—2020年）》	数据开放大数据产业
欧盟	欧盟委员会	欧盟2020战略（2010）；地平线2020（2011）；数据价值链战略（2011）；开放数据战略（2011）	培育欧洲数据生态系统
德国	德国联邦政府；德国联邦经济和技术部；德国联邦经济和能源部	ICT战略：数字德国2015（2010）；《数字议程（2014—2017）》（2014）；数字化战略2025（2016）；《德国5G战略》（2017）	数字化社会数字强国
英国	英国商务、创新和技能部；专门机构：信息经济委员会、研究部门透明委员会、开放数据研究所、信息化基础设施领导委员会	《英国数据能力发展战略》（2013）；《英国数字化战略》（2017）	开放政府数字战略数据能力

续表

国家和地区	主导机构	战略文件	战略定位
法国	法国数字经济部、工业部、生产振兴部、投资委员等	公共数据开放和共享路线图(2013);八国集团开放数据宪章行动计划(2013)	数字化路线图 开放数据
日本	日本总务省ICT基本战略委员会	新的综合战略"活力ICT日本"(2012),"创建最尖端IT国家宣言"的新IT战略(2013);《个人信息保护法》和《个人号码法》修正案(2015)	开放数据 IT国家战略
韩国	韩国未来规划部、国家信息社会局等;专门机构:韩国大数据中心、未来新产业网络部	"智慧首尔2015"(2011),大数据发展计划以及《第五次国家信息化基本技术(2013—2017)》(2013)	政府数据公开 大数据发展
澳大利亚	澳大利亚政府信息管理办公室	《公共服务大数据战略》(2013)	公共服务

(三)大数据战略实施内容分析

世界各国大数据战略内容主要围绕开放和应用两条主线。无论是从各国战略描述还是从相关内容来看,推动政府数据开放和加快推进大数据应用,成为各国大数据战略文件中的主要内容。从横向国家和地区对比来看,美国和欧盟分别针对这两项内容发布了相应文件或法规;而其他国家则更多地融合在一起;从纵向政策重点来看,产业扶持、资金投资、人才培养、法律法规等方面成为构建大数据生态环境的落脚点(见表6)。

1. 数据开放共享

目前,据不完全统计,全球已有75个国家明确提出政府数据的开放共享,并以白皮书、宣言或最高首长指令等形式启动政府数据开放共享战略。其中,美国是数据开放共享战略的领头羊,其具体内容包括:一是向社会开放政府数据,制定确保公众获取、开发、利用数据的政策法规;二是针对政府自身管理,制定数据开放共享政策法规。英国则更加注重政府数据开放的执行力度,以白皮书等形式明确提出英国政府需每隔2~3年出台数据开放

共享政策,并定期对数据开放共享进行总结评估。

2. 大数据研发

为了抢占科技制高点,发达国家常常超前部署具有国家战略意义的研发计划和项目,以美国为例,主要"以点带面"引导大数据发展,通过资助重大项目研究,突破大数据发展的核心技术,引导企业和社会实现大数据应用创新,主要特点如下。

表6 世界主要国家或地区大数据研发相关政策

2012年	2013年	2014年	2017年
3月,美国发布《大数据研究和发展计划》时宣布投资2亿美元,联合美国国家科学基金会、国家卫生研究院、国防部、能源部、国防部高级研究局、地质勘探局6个联邦部门和机构,共同提高收集、储存、保留、管理、分析和共享海量数据所需核心技术的先进性,并形成合力	法国政府投入1150万欧元,用于7个大数据市场研发项目,促进大数据研发 1月,英国财政部明确将投入1.89亿英镑用于大数据和节能计算技术研发,旨在提升地球观测和医学等领域的大数据采集分析能力;4月,英国经济和社会研究委员会又宣布新增6400万英镑用于大数据研发	英国政府投入7300万英镑进行大数据技术开发,包括在55个政府数据分析项目中开展大数据技术应用	瑞士国家重点科研计划(NFP)大数据专项,计划投入资金2.5亿瑞士法郎,时间从2017年至2020年,为期4年

一是鼓励多方协作研发。与独自研发相比,所有机构相互合作,将会更快地取得研究进展,推动各个行业的发展,且跨部门和跨领域的协作研发,可以使原本独立的数据发挥出更大作用和价值。

二是关注基础领域项目。政府部门与多个领域的研究机构紧密相关,通过部门立项,鼓励大数据的研发创新直接作用到基础领域之上。

三是教育和人才开发成为战略重点。大数据技术研发、基础设施建设和人才开发始终占据重要地位。例如美国的"大数据研发倡议"和国家卫生基金会支持的项目中,与人才培养相关的内容包含推行本科生、研究生的大数据交叉学科课程和鼓励使用大数据工具以提高教学质量。

3. 大数据产业

从世界各国大数据产业政策重点领域中可以发现,美国、欧盟等国家和地区的大数据产业选择通常集中于某个范围。例如美国并非针对所有的产业,而是侧重在科学发现、国家安全、生物医药、医疗卫生、基础设施、教育培训、能源环境、航空航天、地质科学、材料基因、先进制造等基础科技领域推进大数据研究与创新。欧盟是以数据密集型为主要标准,重点关注交通、健康、政府管理、零售、金融等部门。而在我国涉及的方面更为广泛,主要应用范围涵盖了公共管理、基础研究、制造业、服务业等领域(见表7)。

表7　世界主要国家或地区大数据政策重点领域对比

国家或地区	重点领域
美　国	基础设施、生命科学、教育、军事、能源环境、地质科学、气候、国土安全与情报、医疗与疾病预防、航空航天、基础研究、经济发展、交通、社会
中　国	信用、交通、医疗、卫生、就业、社保、地理、文化、教育、科技、资源、农业、环境、安监、金融、质量、统计、气象、海洋、健康、国土、城乡建设、收入分配、电力及产业运行、质量安全、节能减排等
欧　盟	交通、健康、政府管理、零售、公共部门等数据密集型部门
德　国	ICT行业、能源、新能源汽车、电子通信、数字化基础设施等
英　国	人力资本;基础设施、软件和研发能力;数据资产
法　国	交通、文化、旅游和环境等智慧城市管理
日　本	智能城市(能源管理、智能家庭、交通安全)、零售业、制造业、医疗等
韩　国	智能城市管理、安全、自然灾害、交通安全、国民人身安全、网络犯罪、食品安全、国民医疗、国家信息安全、残疾人就业、养老等
新加坡	医疗、教育
澳大利亚	公共服务

4. 大数据立法

世界各国的大数据立法主要涉及数据跨境流动、数据开放共享、数据安全等方面。其中,数据跨境流动的相关立法侧重于"数据流出",主要从国家安全角度对数据进行规范;数据开放共享立法着重从个人数据隐私保护、企业商业数据保密角度对数据使用人、数据所有人的行为进行规范;数据安全立法主要是针对各行各业的重要数据进行保护,旨在保障社会公共安全乃至国家安全。

(四)大数据战略推动路径分析

世界各国的大数据战略的推动路径略有不同。美国重在"以点带面",通过发布重大的大数据项目规划,扶持大数据关键领域的技术研发,带动社会各界投入、推广和应用大数据;英国和法国重在"铺路打基础",强调政府在大数据发展过程中的保障作用;澳大利亚重在"方法指导",通过制定大数据指南指导大数据应用;我国重在"战略布局、先行先试",坚持将大数据发展与全面深化改革相结合,先行先试,围绕数据资源共享开放、数据中心整合利用、大数据创新应用、大数据产业聚集、大数据资源流通、大数据国际合作、大数据制度创新等领域,开展改革、探索经验。

三 完善国家大数据战略及政策体系的建议

通过中外大数据政策战略定位、战略目标、实施内容、推动路径等方面的比较分析,可以发现我国大数据政策体系存在中央和地方适配度不足;政策供给与需求不平衡;大数据发展应用政策较为笼统,缺乏可操作性;大数据生态体系内容尚不完善;大数据法治进程较为缓慢等问题。针对这些问题,给出的建议如下。

(一)进一步完善国家大数据战略的政策体系

进一步完善大数据战略的政策体系,需要符合中央和地方适配、供给与需求平衡等基本原则,更好地发挥政府引导的积极作用。一是解决好问题导向和目标导向的关系。主要针对目前我国大数据发展存在的突出问题和大数据发展的长期战略目标,超前谋划布局各项大数据政策的储备和推出。二是解决好中央顶层设计和地方落地政策的关系。全国的大数据政策体系需要中央、部委和地方三级相互衔接和适配。中央层面的大数据政策需要地方来细化和落实,地方需要与中央的大数据政策在战略目标、发展方向和重点任务上形成合力。另外,建设数字中国是实施国家大数据战略的核心目标。建议进一步完善国家大数据战略的顶层设计，围绕"数字中国"制定并出台专门的政策文件，进一步推进数字经济发展，加快"数字中国"建设。

（二）推进重点行业领域大数据政策细化延伸

尽快制定更为细化和操作性强的重点优势行业大数据创新应用的政策文本，一是在医疗、金融、交通、电子商务、物联网、先进制造业等优势行业，细化短期和中长期目标。二是进一步延伸细化大数据与物联网、云计算、人工智能等相关技术应用的具体政策文本，丰富大数据产业生态体系。三是各个领域的专门性政策需要明确鼓励小微企业发挥创新作用，形成一大批新形态、新模式的大数据应用。

（三）鼓励地方政府做好政策落实和政策评估工作

鼓励地方政府出台结合本地特色的大数据应用政策文本。一是政策落地是一个动态调整的过程，地方政府需要具体根据中央、部委在不同发展阶段的目标任务，及时进行更新或调整。二是应推进大数据政策评估的独立性和科学性，构建规范化的大数据政策评估体系，实现政策制定方与政策执行方的良性互动。

（四）构建完善的大数据发展政策保障体系

一是建立大数据资金渠道多元化、政府社会相结合的大数据财政政策体系。具体要建立政府财政投融资政策，完善政府税收优惠政策，切实提升政府扶持大数据发展的资金力度。二是完善人才支撑富足、顺畅流动、评价机制实用的大数据人才政策体系；建立适应地方大数据发展特点的利益分配、成果转化、产权归属和人才等级评价机制，促进人才在众多领域的顺畅流动。三是建立健全技术先进、多方协同联动、制度规范的大数据安全政策体系。

（五）加快大数据法治建设进程

对现有政策的制定与执行及时进行总结，明确核心问题与主要矛盾，推

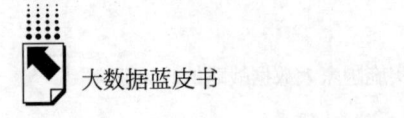

动大数据立法进程。建议从国家数据主权和安全的战略高度出发，适时启动《数权法》立法程序，明晰数据权属，规范数据的产生、开放、流通、交易、保护等环节的法律责任，运用法律规则维护大数据市场秩序。同时，逐步构建以《数权法》为核心的数据权益保护法律体系。

参考文献

党倩娜、曹磊、罗田雨：《全球大数据产业技术创新态势及相关政策研究》，上海科学普及出版社，2015。

大数据治国战略研究课题组：《大数据领导干部读本》，人民出版社，2017。

潘云鹤、宗宇伟、张绍华等：《大数据产业发展总体战略研究》，上海科学技术出版社，2017。

张勇进、王璟璇：《主要发达国家大数据政策比较研究》，《中国行政管理》2014年第12期。

B.6
重点城市大数据发展政策比较研究

摘　要： 大数据是推动城市经济转型发展的新动力，是重塑城市竞争优势的新机遇，是提升政府治理能力的新途径。目前，我国相关重点城市对大数据发展进行了全面布局，以改革创新深化大数据产业和应用创新，提升政府公共服务水平和社会治理能力。本文梳理了31个重点城市公开发布的政策文本，通过定量定性研究、系统比较分析相结合的方法，重点研究了城市的政府数据开放共享、大数据产业创新和政府公共服务的大数据应用等领域的异同，并在此基础上提出相应的思考建议。

关键词： 大数据政策　公共服务　社会治理　城市发展

城市是大数据发展的主体之一，也是大数据应用的前沿阵地。全面深入了解城市大数据及其相关政策的发展脉络和实施轨迹，可以引导我们准确地把握大数据与城市发展目标的相关性和内生性。本文遵循权威性和专业性的原则选取数据源，选择2018年1月底前公开的由重点城市政府颁布的"规划""行动计划""实施意见""实施方案"等规范性政策作为研究对象。研究范围为31个重点城市（不包括4个直辖市和拉萨）。因初期筛选标准有一定的宽泛性，存在政策文本重复或关联度不高的情况，进而对政策文本做进一步筛选，剔除与大数据关联度较差的政策文本。据此，笔者共收集到涉及大数据发展的最终政策文本52件。

一 我国重点城市大数据发展政策总体态势

我国重点城市大数据发展政策的时间图谱（见图1）表明，在2015年国务院《促进大数据发展行动纲要》公布之前，南京、贵阳和武汉3个城市已出台相关大数据指导性政策。在此之后，2016年和2017年各城市的大数据政策密集出台，形成大数据政策落地的集中阶段。

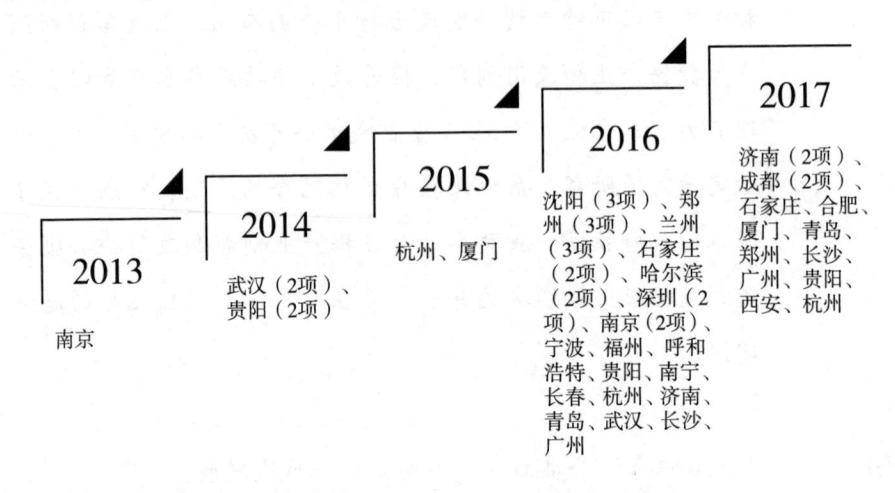

2013
南京

2014
武汉（2项）、贵阳（2项）

2015
杭州、厦门

2016
沈阳（3项）、郑州（3项）、兰州（3项）、石家庄（2项）、哈尔滨（2项）、深圳（2项）、南京（2项）、宁波、福州、呼和浩特、贵阳、南宁、长春、杭州、济南、青岛、武汉、长沙、广州

2017
济南（2项）、成都（2项）、石家庄、合肥、厦门、青岛、郑州、长沙、广州、贵阳、西安、杭州

图1　我国重点城市大数据发展政策的时间图谱

从文件数量上看，据不完全统计，截至2018年1月，我们列入统计范围的31个主要城市中，已有23个重点城市专门出台了共计52项大数据发展的指导政策、行动计划和相关配套政策；13个重点城市将大数据列入地方"十三五"规划纲要。其中，贵阳、石家庄和郑州出台政策文件数量位居前列，尤其是贵阳发布大数据相关政策最多，不仅出台战略层面的实施意见和行动计划，还在大数据人才建设、标准建设、数据交换等方面提出了具体的实施政策。

从文件类型来看，第一类是重点城市的"十三五"规划纲要。我国31个主要城市中13个重点城市在其"十三五"规划纲要中提到大数据；第二类是重点城市的大数据规划，杭州、厦门、南宁和成都4个城市先后出台了

《"数字杭州"("新型智慧杭州"一期)发展规划》《厦门市大数据应用与产业发展规划(2015—2020年)》《南宁市大数据建设发展规划(2016—2020年)》《成都市大数据产业发展规划(2017—2025年)》;第三类是重点城市的专项大数据政策,共出台33项。

二 我国重点城市大数据发展政策分析

(一)重点城市大数据发展目标定位解析

从全国各重点城市来看,大数据发展目标定位主要有三个方向(见表1)。一是以广州、宁波、合肥为代表的城市以大数据应用为主线,把重点放在产业创新、政府数据开放、体制机制创新、关键技术研发等方面,加快以大数据引领城市转型升级发展,基本建成全国大数据应用先行区;二是以贵阳、沈阳为代表的城市重点发展大数据全产业链,通过打破数据资源壁垒,建设一批大数据众创空间,培养一批大数据产业人才,有效推动制度创新和技术创新,发掘数据资源价值,通过3到5年时间,把国家级大数据综合试验区建设成全国数据汇聚应用新高地、创业创新首选地;三是以南京、深圳、厦门等为代表的重点城市,抢占大数据发展机遇,响应国家大数据发展战略,大力发展大数据产业,促进城市产业结构的优化升级,力争打造成为国家级大数据产业示范基地。

表1 重点城市大数据发展目标定位对比

城市	战略定位	政策来源
沈阳	国家级大数据产业创新发展试验区,东北地区大数据集聚区	《沈阳市促进大数据发展三年行动计划(2016—2018年)》
南京	形成以软件谷大数据产业基地为核心,其他省级以上软件园区、开发区为配套的产业布局	《南京市促进大数据发展三年行动计划(2016—2018年)》
杭州	全国主要的云计算规划设计、云平台提供、运维与服务的输出地区	《杭州市建设全国云计算和大数据产业中心三年行动计划(2015—2017年)》

续表

城市	战略定位	政策来源
宁波	国家城市大数据综合示范应用城市,国家级大数据创业创新中心和城市大数据产业基地	《宁波市人民政府关于推进大数据发展的实施意见》
合肥	搭建政府数据资产运营平台和宏观经济大数据监测示范平台	《合肥市大数据发展行动纲要(2016—2020年)》
厦门	全国一流的大数据产业与应用示范基地	《厦门市大数据应用与产业发展规划(2015—2020年)》
青岛	国内领先的公共数据应用和两化融合示范基地,全国重要的大数据创新中心和东部沿海重要的大数据产业基地	《关于促进大数据发展的指导意见》(征求意见稿)
郑州	全国领先的大数据交易中心、大数据资源集聚地、应用服务示范基地,具有全国影响力的大数据综合试验区核心示范区以及全国重要的数据枢纽城市	《郑州市促进大数据发展行动计划》
武汉	中国软件名城、武汉智慧城市和国家中心城市	《武汉市大数据产业发展行动计划(2014—2018年)》
长沙	全国的数据资源中心、数据加工中心和数据服务中心,"一带一路"中部地区的数据枢纽和战略高地	《长沙市加快发展大数据产业(2017—2020年)行动计划》
广州	全国大数据应用先行区、大数据创新创业示范区、大数据产业核心集聚区,同时建成具有国际竞争力的国家大数据强市	《广州市人民政府办公厅关于促进大数据发展的实施意见》
深圳	国内领先的大数据创新应用示范市和大数据产业发展高地	《深圳市促进大数据发展行动计划(2016—2018年)》
南宁	建设中国面向东盟开放合作的区域性国际城市、"一带一路"有机衔接的重要门户城市、具有浓郁壮乡特色和亚热带风情的生态宜居城市	《南宁市大数据建设发展规划(2016—2020年)》
成都	具有国际影响力的大数据市场集散中心	《成都市大数据产业发展规划(2017—2025年)》
贵阳	国家西部大数据集聚区、国家云计算产业新高地、西部智能终端产业基地和国家大数据创新示范区	《关于加快发展大数据产业的实施意见》
西安	国家级大数据产业聚集区	《西安市大数据产业发展实施方案(2017—2021年)》
兰州	建设"云上兰州、数据城市",成为"丝绸之路经济带"上的西部信息走廊	《兰州市人民政府关于促进大数据发展的实施意见》

（二）重点城市大数据发展政策内容解析

1. 主要任务和重点工程

整体上，全国各地城市制定的大数据政策涵盖范围很广，既有大数据发展行动计划，也有大数据产业布局规划，更有关注大数据与政府公共服务、社会治理等方面的内容。参照《促进大数据发展行动纲要》所列类别，将重点城市的大数据政策内容划分为政府数据开放共享、大数据产业创新发展和大数据安全保障体系三个方面（见表2）。

表2 部分重点城市主要任务/重点工程对比

城市	主要任务/重点工程
石家庄	信息网络升级改造工程、大数据中心建设工程、重点产业大数据应用示范工程、大数据关键技术研发与产业化工程、创新能力建设工程、政府数据资源共享开放工程、政府治理大数据工程、公共服务大数据工程
沈阳	加快政府数据开放共享，推动资源整合；加强大数据的分析与应用，提升治理能力；促进大数据应用与服务，加快民生服务普惠化；推动产业创新发展，培育新兴业态，助力经济转型
南京	促进大数据开放共享；推动大数据应用；加快大数据产业发展；加强大数据信息安全
杭州	云计算和大数据产业集聚工程、云计算和大数据企业培育工程、宽带网络平台建设工程、云计算基础设施建设工程、大数据基础平台建设工程、云计算和大数据行业推进工程
宁波	信息设施基础；大数据在政务、公共事业领域的创新应用；大数据在各传统产业领域的深度融合与应用创新；大力发展大数据产业；大数据信息安全
合肥	搭建大数据基础平台，强化大数据示范应用，培育大数据经济增长点
厦门	夯实大数据发展承载基础，构建政务数据共享体系；运用大数据提升政府治理水平；运用大数据提升公共服务能力；运用大数据推动相关产业发展；强化大数据应用安全管理
青岛	科研大数据应用、民生大数据应用、政务服务大数据应用、产业大数据应用
济南	建设市、县、区平台基础系统；医疗卫生管理与服务应用工程；健康医疗个性化服务平台工程；生物医学大数据中心建设工程；"互联网+健康医疗"服务工程；健康医疗大数据保障工程
郑州	大数据资源统筹发展工程、政府数据资源共享开放工程、政府治理大数据工程、公共服务大数据工程、工业、新兴产业与电子商务大数据工程、智能制造大数据工程、现代农业大数据工程、万众创新大数据工程、智慧物流大数据工程、大数据关键技术及产品研发与产业化工程、大数据产业支撑能力提升工程、大数据应用产业园支撑体系工程、网络和大数据安全保障工程

续表

城市	主要任务/重点工程
武汉	加强大数据产业基地和通信基础设施建设；创立大数据中心；打造大数据龙头企业和知名品牌；搭建大数据交易平台；加强大数据安全管理
长沙	完善大数据基础设施；优化大数据资源建设；深化大数据行业应用
广州	夯实大数据基础设施，强化发展支撑能力；促进数据资源共享开放流通，释放重要生产力；推动大数据应用示范，促进产业转型升级，提高社会综合管理服务能力；完善大数据产业链，打造具有竞争力的产业体系；加强大数据安全防护，提高安全保障能力
深圳	统筹大数据基础设施建设，推动政府数据开放共享；创新大数据应用，提升政府治理能力和公共服务水平；发展大数据产业，培育新兴经济业态；强化安全保障，促进大数据健康发展
成都	夯实大数据产业发展核心环节；推动大数据与关联产业融合创新；发展独具成都特色的行业大数据
贵阳	实施"筑云工程"，形成大数据云服务产业集群；实施"智端工程"，打造智能终端产业集群；实施"强基工程"，打造西部区域通信枢纽；实施"掘金工程"，培育大数据应用市场；实施"创新工程"，提升持续创新能力
西安	互联网＋政务服务、西安工业云、旅游大数据、交通大数据、教育大数据、环保大数据、医疗健康大数据、社会治安综合治理、城管大数据、人社大数据、建设大数据、水务大数据、信用大数据、农林大数据、气象大数据、数字秦岭
兰州	积极推进大数据基础设施建设、加快推进政府部门数据开放共享、提升政府大数据应用水平、提升信息惠民和社会服务管理能力、积极推动大数据产业创新发展、健全大数据安全保障体系

在政府数据开放共享方面，重点城市的政府数据开放政策集中于政府数据的供应端（见表3），并且主要从以下几个方面展开。一是清晰划定数据开放的边界，即在不触碰法律这条"红线"的前提下，同时充分保障国家、企业、组织和个人的隐私及其他权益不受侵犯，其余数据资源在原则上均应向社会开放；二是推进数据资源的运维向平台化过渡，突破原有封闭的管理机制，进一步促进各类数据关联融合与应用服务；三是加快研究、制定及修订相关法律规范，提升开放内容质量，规范运维和监管流程，为各类主体权益提供制度保障。进一步比较具体涉及的内容，各重点城市的政府数据开放政策既有共性也有其特性。以沈阳、南京和兰州为例，三地均明确提出率先在交通、人口、住房、医疗、就业、教育等重要民生领域实现数据适度开放，引领社会公众开展大数据增值性和创新性应用。但是

沈阳侧重以数据开放助推智慧城市建设,南京强调开放大数据平台,兰州则更多提到数据的资源整合。

表3 部分重点城市数据开放共享内容对比

城市	文件名称	政府数据开放共享内容				
		公共数据资源开放	政府数据共享平台	大数据基础设施建设	数据资源开放共享管理办法	数据资源共享技术标准规范
石家庄	《关于推进大数据发展的实施意见》	√	√			
沈阳	《沈阳市促进大数据发展三年行动计划（2016—2018年）》	√	√			
南京	《南京市促进大数据发展三年行动计划（2016—2018年）》	√	√	√		
杭州	《杭州市建设全国云计算和大数据产业中心三年行动计划（2015—2017年）》	√	√	√	√	
宁波	《推进大数据发展的实施意见》	√	√	√		
厦门	《促进大数据发展工作实施方案》	√	√	√		
济南	《济南市健康医疗大数据应用发展行动方案（2017—2020年）》	√				√
青岛	《促进大数据发展的实施意见》	√		√		
郑州	《郑州市促进大数据发展行动计划》	√				
长沙	《长沙市加快发展大数据产业（2017—2020年）行动计划》	√			√	√
广州	《促进大数据发展的实施意见》	√				
深圳	《深圳市促进大数据发展行动计划（2016—2018年）》	√	√	√	√	
贵阳	《关于以大数据为引领加快打造创新型中心城市的意见》	√	√			√
西安	《西安市大数据产业发展实施方案（2017—2021年）》	√				
兰州	《促进大数据发展的实施意见》	√	√		√	

在大数据产业创新发展方面,各重点城市自2015年以来陆续出台了一系列政策措施,引导培育产业发展。特别是贵阳市一直走在全国前列,

形成了完善的政策体系。近三年来，贵阳率先出台了专项行动计划，从顶层设计上为该市大数据产业发展绘制了"时间表"与"路线图"；同时又选取包含云服务产业集群、智能终端产业集群、西部区域通信枢纽、大数据应用市场、持续创新能力五大重点工程进行培育突破；此后贵阳还提出了打造创新型中心城市和制订完善标准体系的具体意见方案。另外，还有一些城市推出了面向特定领域的大数据应用政策，如济南针对健康医疗领域制订了专项方案，计划在2017~2020年逐步分阶段建立完善该领域的基础体系、应用体系和产业体系，最终在该领域成为全国领先的示范城市。

在大数据安全保障体系方面，各重点城市着重推进大数据安全技术、产品研发、完善相关法律法规和制度体系。具体包括：一是推进数据安全保护立法进程。例如贵阳出台相关实施意见[①]先行启动了大数据地方立法的实践探索，旨在进一步保障个人、企业和政府的权益和安全。二是出台数据安全保护战略。长沙、兰州、郑州、济南等城市均从城市安全体系的高度定位数据安全，强化大数据安全战略布局，明确大数据监管和保护责任，全面实施大数据安全保护措施。三是支持和鼓励数据安全保护技术攻关。2017年4月，长沙发布的《长沙市加快发展大数据产业（2017—2020年）行动计划》提到，重点研发大数据安全技术产品和解决方案，进一步推广防窃听、防泄漏、防追踪等大数据安全保护技术。四是建立健全大数据安全标准体系和评估体系。积极研发专用或者通用的大数据安全标准，加强大数据安全的检测和评估，推进开展大数据跨境流动安全评估。如深圳[②]、长沙[③]出台专项规划着重完善大数据安全标准体系。其中，长沙明确提出，要建立健全大

---

① 中共贵阳市委：《关于以大数据为引领加快打造创新型中心城市的意见》，贵阳网，http：//epaper.gywb.cn/gyrb/html/2016-07/15/content_477035.htm，2016。
② 深圳市人民政府办公厅：《深圳市促进大数据发展行动计划（2016—2018年）》，深圳政府在线网，http：//www.sz.gov.cn/zfgb/2016/gb980/201611/t20161122_5383530.htm，2016。
③ 长沙市人民政府办公厅：《长沙市加快发展大数据产业（2017—2020年）行动计划》，长沙市人民政府网，http：//www.changsha.gov.cn/xxgk/szfgbmxxgkml/swszfpcjgxxgkml/gxkfq/fggw/flfg_234/201704/t20170412_1951016.html，2017。

数据安全标准体系和评估体系，重点加强大数据关键基础设施的安全保护工作，对大数据平台及大数据相关服务商的安全性，应做好监测预警、安全等级评测以及安全风险评估工作。

2. 大数据公共服务

大数据为城市带来了公共服务和社会治理领域的新思路与新模式。目前重点城市在大数据公共服务应用与创新方面主要涉及的内容（见表4）包括以下方面。

表4　重点城市大数据公共服务内容对比

城市	政策来源	市场主体服务	市场监管	资源开放共享	政府运用大数据能力	社会化征信服务	健全保障措施
石家庄	《关于运用大数据加强对市场主体服务和监管的实施意见》	√	√	√	√		√
福　州	《关于运用大数据加强对市场主体服务和监管实施方案》	√	√	√	√		√
济　南	《济南市人民政府办公厅关于贯彻鲁政办发〔2016〕50号文件运用大数据加强对市场主体服务和监管的实施意见》	√	√	√	√	√	√
郑　州	《运用大数据加强对市场主体服务和监管工作实施方案》	√	√	√	√		√
兰　州	《运用大数据加强对市场主体服务和监管的实施方案》	√	√	√	√		√

第一，运用数据推进各项工作能力建设。中央明确要求，要懂得大数据，用好大数据，增强利用数据推进各项工作的能力。石家庄在这方面进行了积极的探索，在出台的实施方案①中明确表示要提升五项能力：一是信息基础设施服务能力，即推进宽带网络光纤化改造和无线局域网（Wi-Fi）的广域覆盖；二是网络信息技术产业创新发展能力，指激活区域内的信息技术

---

① 石家庄市人民政府：《关于加快推进"大智移云"的实施方案》，石家庄人民政府网，http://www.sjz.gov.cn/col/1490952412368/2017/11/10/1510299303328.html，2017。

产品创新和产业化项目；三是智能化促进两化深度融合能力，即推进制造过程、终端产品和生产管理的智能化；四是政府大数据治理能力，应用大数据技术为领导决策、市场监管、应急管理等十余个方面提供支持；五是信息惠民能力，研发服务于市民的交通、健身、社保、法律等各类场景应用，简化各项咨询、审批、办结流程，全面优化政务服务效率。

第二，运用大数据加强对市场主体的服务和监管。如石家庄、福州、郑州、兰州等城市积极借助以大数据为代表的新技术，通过提供个性化服务、简化审批流程、改进风险监测预警技术、优化绩效考核等举措切实改善政府服务能力，建立完善各类信用信息的追溯机制、共享交换平台、核查惩戒机制以优化市场监管效率。

第三，积极培育和发展社会化征信服务。例如郑州[①]提出要积极推动信用产品的运用，大力培育和发展信用服务业，建立健全守信激励、失信惩戒机制，鼓励发展和培育社会化、市场化征信服务，积极发挥第三方企业征信机构的作用，推动构建征信机构的市场主体信用记录。

3. 大数据发展的保障措施

大数据发展的保障措施内容主要涵盖两个方面（见表5）。一是资源保障，包括提供场地、资金、技术和人才队伍等必要资源的扶持。从支持力度上看，呼和浩特、沈阳、哈尔滨等地均将政策扶持放在较为重要的位置，并出台了专门的政策文件。例如在呼和浩特、沈阳、郑州等地出台的相关政策中，明确优先安排产业园区建设和重点项目用地指标；对牵头制定大数据产业发展相关标准的单位给予资金补助，给符合政策的大数据企业施以税收减免；建立发展大数据产业的专项资金监管体系，构建完善的专项资金多元化投入模式；建立多层次投资体系，满足大数据产业不同类别企业及其在不同阶段的发展需求。二是制度保障，包括加强信息安全、法规制度、体制机制等具体举措。几乎所有的重点城市在相关政策文件中有涉及。

---

① 郑州市人民政府办公厅：《运用大数据加强对市场主体服务和监管工作实施方案》，信用河南网，http://www.xyhn.gov.cn/ar/20170903000026.htm，2016。

表5 部分重点城市大数据公共服务政策的保障措施

城市	政策名称	体制机制	创新平台	资金保障	土地保障	组织保障	法规制度	信息安全	人才保障
石家庄	《关于推进大数据发展的实施意见》	✓	✓				✓		✓
呼和浩特	《呼和浩特市促进大数据发展应用若干政策》			✓	✓	✓			✓
沈阳	《沈阳市促进大数据产业发展若干政策措施》（试行）		✓						✓
哈尔滨	《哈尔滨市促进大数据发展若干政策》（试行）	✓	✓	✓					✓
南京	《南京市加快大数据产业发展意见》		✓	✓		✓	✓		
杭州	《关于杭州市建设全国云计算和大数据产业中心三年行动计划（2015—2017年)》			✓		✓		✓	✓
宁波	《关于推进大数据发展的实施意见》		✓			✓			✓
合肥	《合肥市大数据发展行动纲要（2016—2020年)》		✓						✓
福州	《关于运用大数据加强对市场主体服务和监管实施方案》	✓					✓	✓	
厦门	《促进大数据发展工作实施方案》		✓	✓					
济南	《运用大数据加强对市场主体服务和监管的实施意见》	✓		✓		✓			✓
青岛	《促进大数据发展的实施意见》		✓			✓	✓		✓
郑州	《促进大数据产业发展的若干意见》			✓	✓			✓	✓
武汉	《加快大数据推广应用促进大数据产业发展的意见》	✓	✓						
长沙	《长沙市加快发展大数据产业（2017—2020年)行动计划》		✓	✓			✓		✓
广州	《关于促进大数据发展的实施意见》	✓	✓						✓
深圳	《深圳市促进大数据发展行动计划（2016—2018年)》			✓		✓	✓		✓

续表

城市	政策名称	体制机制	创新平台	资金保障	土地保障	组织保障	法规制度	信息安全	人才保障
成都	《成都市促进大数据产业发展专项政策》		√						√
贵阳	《关于加快发展大数据产业的实施意见》	√		√		√			√
西安	《西安市大数据产业发展实施方案（2017—2021年）》		√	√		√		√	√
兰州	《促进大数据发展的实施意见》		√	√	√	√			√

三 重点城市大数据政策体系的主要特点

从对31个重点城市政策文本的分析中，可以发现以下特点。

一是通过颁布大数据行动规划进行战略布局。为了在新一轮全国城市竞争中维持或者达到领先水平，各城市纷纷将大数据视为提升城市综合竞争力的重要助力，并将之上升到战略层面进行布局。其中以贵阳最为典型，虽然地处经济欠发达地区，但是依托政府对大数据发展提供的政策引导和扶持，积极引进大数据相关企业及核心人才，在全国大数据产业布局中占据一席之地，带动整个城市发展上了新台阶。

二是注重构建机制完善的政策配套体系，包括产业扶持、政府数据开放共享、资金保障、人才培养等，为城市发展大数据构建优良的生态环境。从重点城市政策文件的梳理情况来看，加大研发投入、完善数字基础设施建设、强调数据安全、推进政府数据开放共享是各地普遍采用的措施，这些措施又大多与已有的智慧城市规划、信息战略规划或其他领域的规划融合在一起，有望形成不同规划之间的协同效应。

三是强调数据驱动城市公共服务和社会治理创新。杭州、深圳、石家庄等城市均将大数据视为核心要素，用以支撑改善地方社会管理与民生服务等具体工作。如杭州制定的规划①中，清晰设计了涵盖教育、扶贫、文化、农业、气象等数十个改善民生的应用场景，先行探索包括警务、城管、党建、审计、信用等十大治理模式创新点。

四是明确大数据是推动经济转型发展的新动力，是重塑竞争优势的新机遇。例如，2016年9月，南宁市发布《南宁市大数据建设发展规划（2016—2020年）》，强调要加强以大数据推动中国－东盟信息港和区域性国际综合交通枢纽中心建设。

四 重点城市完善大数据发展政策的建议

总体来看，大多数重点城市当前的大数据战略布局和政策体系还处于起步待完善阶段，普遍存在着政策发布部门众多难以协调、大数据应用开发力度不够、政府数据开放共享推进不足、数据安全风险系统性应对不力等问题，需要从多个方面逐步加强相关领域建设。

（一）建设城市大数据服务体系，稳步推进大数据应用创新和应用体系建设

按照突出重点、先行先试原则，率先在政府的政务管理和公共服务领域进行大数据应用示范，引导和带动各领域大数据应用发展。围绕实施创新驱动、新型城镇化、生态文明等重大战略，在城市规划、社会综合治理、经济运行监测、绿色发展、低碳降耗、生态保护等领域，推动政府机关与企事业单位将相关政务信息和社会数据进行汇聚整合和关联分析，提高政府部门的风险防范和科学决策能力。政府借助大数据思维和技术，强化政府部门事前预测、事中监管和事后服务，提升预测、监管和服务的精准性和有效性，最终推进政府公共服务和社会治理模式创新。

---

① 杭州市人民政府办公厅：《"数字杭州"（"新型智慧杭州"一期）发展规划》，中国杭州，http：//www.hangzhou.gov.cn/art/2017/7/5/art_ 933506_ 8188760.html，2017。

（二）建立政府数据资源需求公众意见征询机制和政府数据资源开放评估体系

建立政府公共信息开放和利用机制，鼓励和引导公共机构、企业等参与政府公共信息开放和应用平台的建设和运营。重点从两个方面入手：一要以需求为导向，以公众和企业的诉求为出发点，不断完善政府服务业务流程，加强对公众或企业需求的调研和沟通，最大限度提升服务效能；二要建立完善的政府政务服务体系，把大数据应用纳入政务服务绩效评估体系中，并确定大数据应用的评估指标和权重，构建较为完整的政务公共服务的绩效评估体系。

（三）探索数据驱动型城市安全管理模式，共建城市安全命运共同体

城市安全管理离不开数据支撑，建议探索"用数据管理城市体征，用数据驱动城市运行"的数据驱动型城市安全管理新模式。一方面，政府应独立设置安全监管部门，建立统一的市政数据管理平台，担当起协调利益链条相关各方的作用，逐步开放共享政府的自有数据，促进政府、企业和社会彼此数据的互动共享。另一方面，企业、个人及社会组织要响应号召，积极参与城市安全命运共同体的建设，特别是持有丰富数据资源和技术的高校科研院所、企业研发中心、民间智库，应积极发挥智力资源优势协助政府部门城市安全管理模式的研发应用。

参考文献

国务院：《促进大数据发展行动纲要》，中华人民共和国中央人民政府网站，www.gov.cn，2015。

工业和信息化部：《大数据产业发展规划（2016—2020年）》，中国工业和信息化部网站，www.miit.gov.cn，2016。

孙志煜、陈茜：《大数据政策体系的理论基础与逻辑展开——以贵州省为例》，《湖南科技学院学报》2017年第2期。

张会平、郭宁、汤玺楷：《推进逻辑与未来进路：我国政务大数据政策的文本分析》，《情报杂志》2018年第3期。

B.7
我国区域大数据产业规划布局研究

摘　要： 目前，我国大数据产业进入快速发展阶段。围绕国家大数据战略，省域层面及重点城市地方政府陆续出台了诸多大数据相关政策，特别是对大数据产业发展进行了规划，为推动产业快速成长提供了依据，奠定了基础。本文全面梳理我国31个省（区、市）的大数据产业相关政策文件，客观分析我国区域大数据产业的布局现状与问题，针对关键问题进行深入研究并提出相应的对策，以期更加科学有效地推动我国大数据产业稳步健康发展。

关键词： 大数据产业　区域发展　规划布局

一　中国大数据产业政策体系初步形成

目前，我国大数据产业已经进入应用爆发的关键节点，关键技术、相关应用模式逐步成熟，大数据基础设施、法律法规、政策体系和数据标准等产业生态环境逐步完善。尤其是我国大数据产业顶层设计文件相继出台，为大数据产业的快速发展提供了有力的保障。其中，国务院在2015年公布《促进大数据发展行动纲要》，对大数据产业发展进行了总体设计和统筹部署（见图1）。

随后，工信部在分析总结我国大数据产业发展现状及面临的形势的基础上，出台了《大数据产业发展规划（2016—2020年）》，明确我国大数据产业2016～2020年的发展目标。规划围绕大数据技术产品、大数据行业应用

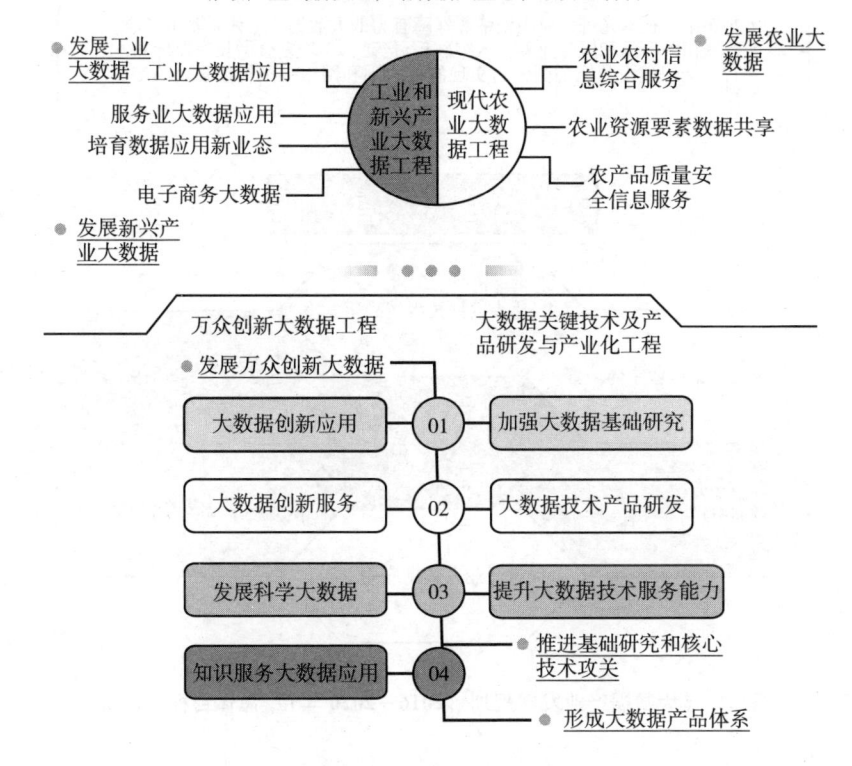

我国区域大数据产业规划布局研究

图1 《促进大数据发展行动纲要》大数据产业相关内容

资料来源：中国政府网。

能力、大数据产业生态、大数据产业支撑体系、大数据保障体系五个方面提出七项重点任务和八个重大工程，为我国大数据产业未来5年的发展明确了目标和任务（见图2）。

在明确国家整体布局要求的情况下，各级地方政府结合自身发展基础，陆续出台了推进大数据产业发展的政策文件和配套举措，引导科技、人才、

总体目标

至2020年，技术先进、应用繁荣、保障有力的大数据产业体系基本形成。大数据相关产品和服务业务收入突破1万亿元，年均复合增长率保持30%左右，加快建设数据强国，为实现制造强国和网络强国提供强大的产业支撑。

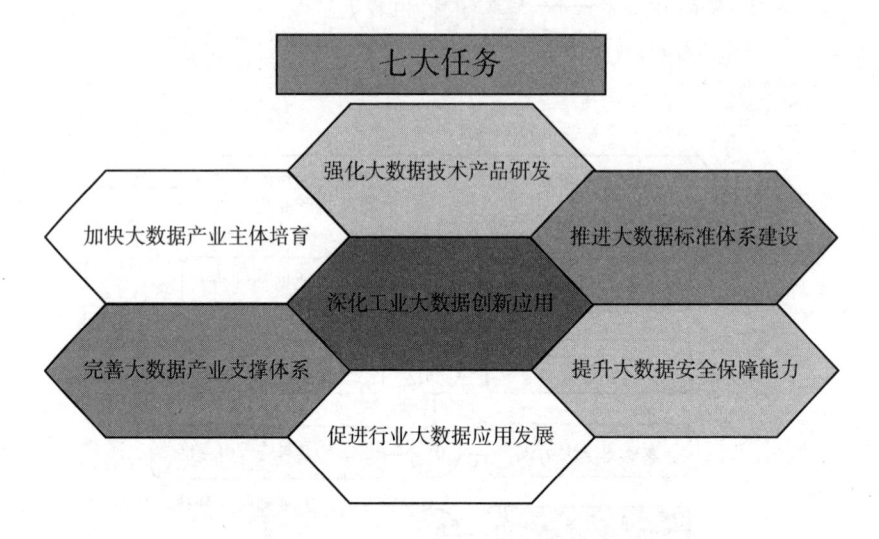

七大任务

- 强化大数据技术产品研发
- 加快大数据产业主体培育
- 推进大数据标准体系建设
- 深化工业大数据创新应用
- 完善大数据产业支撑体系
- 提升大数据安全保障能力
- 促进行业大数据应用发展

图2 《大数据产业发展规划（2016—2020年）》总体目标和任务

资金等各项资源向大数据产业倾斜，培育骨干企业，落实大数据的产业支撑和保障工作。据不完全统计（见表1），在各地政府公开发布的大数据发展相关政策文件中，有6个省级层面政策规划，13个市级层面政策规划，共计19个政策规划以大数据产业为切入点展开。其中，安徽、新疆和厦门、成都四地分别发布了地方大数据产业发展的专项规划。在省级层面，贵州、青海、山东三地发布本地大数据产业发展指导政策。在重点城市层面，南京、贵阳、武汉、厦门、沈阳等地出台大数据产业的发展指导政策。同时，部分省份根据地区发展差异性，在区域大数据产业政策的制定以及实施方面进行了探索，如河南和宁夏分别提出运用大数据开展综合治税工作实施方案；河南和贵州还分别编制了大数据产业发展引导目录，以更好地指导大数据产业培育发展工作。

表1 全国省级政府及重点城市大数据产业专项政策及规划一览

时间	地区	政策规划	文号
2013-12-31	南京	南京《关于加快大数据产业发展意见》	宁政办发〔2013〕138号
2014-2-25	贵州	贵州《关于加快大数据产业发展应用若干政策的意见》《贵州省大数据产业发展应用规划纲要（2014—2020年）》	黔府发〔2014〕5号
2014-5-14	贵阳	《贵阳大数据产业行动计划》	筑府办发〔2014〕19号
2014-5-19	贵阳	贵阳《关于加快发展大数据产业的实施意见》	筑府发〔2014〕25号
2014-7-11	武汉	《武汉市人民政府关于加快大数据推广应用促进大数据产业发展的意见》	武政规〔2014〕12号
2014-7-18	武汉	《武汉市大数据产业发展行动计划（2014—2018年）》	武政办〔2014〕126号
2015-1-6	贵阳	《中共贵阳市委贵阳市人民政府关于加快大数据产业人才队伍建设的实施意见》	
2015-8-10	青海	青海《关于促进云计算发展培育大数据产业实施意见》	青政办〔2015〕154号
2015-8-10	厦门	《厦门市大数据应用与产业发展规划（2015—2020年）》	厦府〔2015〕209号
2016-1-14	沈阳	《沈阳市促进大数据产业发展若干政策措施》（试行）	沈政办发〔2016〕4号
2016-12-8	新疆	《新疆维吾尔自治区云计算与大数据产业"十三五"发展专项规划》	
2017-1-17	安徽	《安徽省"十三五"软件和大数据产业发展规划》	皖经信规划函〔2017〕56号
2017-2-27	郑州	《郑州市人民政府关于促进大数据产业发展的若干意见》	郑政〔2017〕5号
2017-4-12	长沙	《长沙市加快发展大数据产业（2017—2020年）行动计划》	
2017-5-24	贵州	贵州《大数据+产业深度融合2017年行动计划》	黔数据领〔2017〕11号
2017-8-2	西安	《西安市大数据产业发展实施方案（2017—2021年）》	
2017-9-6	成都	《成都市促进大数据产业发展专项政策》	
2017-10-10	成都	《成都市大数据产业发展规划（2017—2025年）》	成信领办〔2017〕10号
2017-12-4	山东	《关于促进山东省大数据产业加快发展的意见》	鲁经信软〔2017〕520号

注：统计时间截至2018年2月。
资料来源：全国省级及重点城市的政府公开发布文件。

二 区域大数据产业布局分析

当前，我国众多地区政府瞄准大数据产业，积极实施政策谋划，加快产业引导与竞争布局。为进一步厘清地区大数据产业的结构与特征，我们将截至2018年2月的省级地方政府公开对外发布的大数据产业相关政策文本作为主要分析对象（见表2），从产业政策分析角度入手，比较各地大数据产业布局的特点和问题，以准确把握我国区域大数据产业发展现状和态势。

表2 全国省（区、市）公开发布的大数据发展政策汇总

地区	宏观指导政策	具体行动计划	相关政策
北京		《北京市大数据和云计算发展行动计划（2016—2020年）》	
天津			《天津市运用大数据加强对市场主体服务和监管的实施方案》《天津关于促进和规范健康医疗大数据应用发展的实施方案》
河北		《河北省委办公厅省政府办公厅关于加快发展"大智移云"的指导意见》	《河北省人民政府办公厅关于促进和规范健康医疗大数据应用发展的实施意见》
山西	《山西省大数据发展规划（2017—2020年）》	《山西省促进大数据发展应用2017年行动计划》	《山西省人民政府办公厅关于运用大数据加强对市场主体服务和监管的实施意见》《山西省促进大数据发展应用的若干政策》
内蒙古	《内蒙古自治区大数据发展总体规划（2017—2020年）》		《内蒙古自治区促进大数据发展应用的若干政策》《内蒙古2017年自治区大数据发展工作要点》《内蒙古自治区健康医疗大数据应用发展规划(2016—2020年)》
辽宁			《辽宁省运用大数据加强对市场主体服务和监管的实施方案》
吉林			《吉林省人民政府办公厅关于运用大数据加强对市场主体服务和监管的实施意见》
上海	《上海市大数据发展实施意见》	《上海推进大数据研究与发展三年行动计划(2013—2015年)》	

续表

地区	宏观指导政策	具体行动计划	相关政策
江苏		《江苏省云计算与大数据发展行动计划》《江苏省大数据发展行动计划》	
浙江	《数字浙江建设规划纲要》	《浙江省促进大数据发展实施计划》	
安徽	《安徽省"十三五"软件和大数据产业发展规划》		《安徽省运用大数据加强对市场主体服务和监管实施方案》《安徽关于促进和规范健康医疗大数据应用发展的实施意见》
福建	《福建省促进大数据发展实施方案（2016—2020年）》《福建省"十三五"数字福建专项规划》		《福建省关于运用大数据加强对市场主体服务和监管的实施方案》
江西		《江西省大数据发展行动计划》《江西促进大数据发展实施方案》	《江西关于运用大数据加强对市场主体服务和监管的实施方案》
山东	《山东省人民政府关于促进大数据发展的意见》《关于促进山东省大数据产业加快发展的意见》		《山东省推进农业大数据运用实施方案（2016—2020年）》《山东省人民政府办公厅关于贯彻国办发〔2015〕51号文件运用大数据加强对市场主体服务和监管的实施意见》《山东省人民政府办公厅关于贯彻国办发〔2016〕47号文件促进和规范健康医疗大数据应用发展的实施意见》
河南	《河南省云计算和大数据"十三五"发展规划》		《河南省人民政府关于推进云计算大数据开放合作的指导意见》《河南省人民政府办公厅关于运用大数据加强对市场主体服务和监管的实施意见》
湖北	《湖北省云计算大数据发展"十三五"规划》	《湖北省大数据发展行动计划（2016—2020年）》	《湖北省人民政府办公厅关于运用大数据加强对市场主体服务和监管的实施意见》《湖北省人民政府办公厅关于促进和规范健康医疗大数据应用发展的实施意见》
湖南			《湖南省人民政府办公厅关于运用大数据加强对市场主体服务和监管的实施意见》

续表

地区	宏观指导政策	具体行动计划	相关政策
广东		《广东省促进大数据发展行动计划（2016—2020年）》	《广东省人民政府办公厅关于运用大数据加强对市场主体服务和监管的实施意见》《广东省人民政府办公厅关于促进和规范健康医疗大数据应用发展的实施意见》
广西		《广西促进大数据发展的行动方案》	《广西脱贫攻坚大数据平台建设实施方案》《广西促进和规范健康医疗大数据应用发展工作实施方案》
海南		《海南省促进大数据发展实施方案》	《海南省2017年促进大数据发展工作要点》
重庆		《重庆市大数据行动计划》	《重庆市人民政府办公厅关于运用大数据加强对市场主体服务和监管的实施意见》《重庆市健康医疗大数据应用发展行动方案(2016—2020年)》
四川		《四川省促进大数据发展工作方案》	《四川省人民政府办公厅关于促进和规范健康医疗大数据应用发展的实施意见》
贵州	《贵州关于加快大数据产业发展应用若干政策的意见》《贵州省大数据产业发展应用规划纲要(2014—2020年)》《贵州省数字经济发展规划(2017—2020年)》	《贵州大数据+产业深度融合2017年行动计划》	《贵州省政府办公厅下发关于促进和规范健康医疗大数据应用发展的实施意见》《贵州省发展农业大数据助推脱贫攻坚三年行动方案(2017—2019年)》
云南	《云南省人民政府办公厅关于重点行业和领域大数据开放开发工作的指导意见》		《云南省贯彻落实运用大数据加强对市场主体服务和监管若干意见的实施办法》《云南省人民政府办公厅关于促进和规范健康医疗大数据应用发展的实施意见》
陕西			《陕西省人民政府办公厅关于运用大数据加强对市场主体服务和监管的实施意见》《陕西省大数据与云计算产业示范工程实施方案》《陕西省促进和规范健康医疗大数据应用发展实施方案》
甘肃		《甘肃关于加快大数据、云平台建设促进信息产业发展的实施方案》《甘肃省促进大数据发展三年行动计划(2017—2019年)》	《甘肃运用大数据加强对市场主体服务和监管实施方案》

续表

地区	宏观指导政策	具体行动计划	相关政策
青海	《青海关于促进云计算发展培育大数据产业实施意见》		《青海省运用大数据加强对市场主体服务和监管的实施方案》《青海省人民政府办公厅关于促进和规范健康医疗大数据应用发展的实施意见》
宁夏			《宁夏关于运用大数据开展综合治税工作实施方案》
新疆	《新疆维吾尔自治区云计算与大数据产业"十三五"发展专项规划》		《新疆关于运用大数据加强对市场主体服务和监管实施方案》

注：统计时间截至2018年2月。
资料来源：全国省级政府公开发布文件。

（一）区域大数据产业目标定位分析

在各地公开发布的大数据发展政策中，有14个地区明确提出了大数据产业的目标定位和方向（见表3），主要以大数据产业聚集区、产业中心和产业高地为主。其中，上海、河南、重庆作为国家区域示范类大数据综合试验区，以引领东部、中部、西部的大数据发展为主要目标。北京、广东等地凭借较强的技术创新能力、较好的数字设施基础和已初步形成大数据产业集群的先发优势，提出面向国际或国家的大数据产业高地定位。部分数字基础设施建设较为薄弱的地区也勇于发挥后发优势，力争在大数据发展竞争中实现弯道超车。比如，贵州提出成为"全国数据汇聚应用新高地、综合治理示范区、产业发展聚集区、创业创新首选地、政策创新先行区"。

表3 大数据产业相关地区发展的目标定位

类型	地区	产业发展目标定位
区域	京津冀	国家大数据产业创新中心、国家大数据应用先行区、国家大数据创新改革综合试验区、全球大数据产业创新高地
	珠江三角洲	辐射带动效应强、示范引领作用显著、具备国际竞争力的跨区域类大数据综合试验区

续表

类型	地区	产业发展目标定位
省份	北京	全国大数据和云计算创新中心、应用中心和产业高地
	内蒙古	中国北方大数据中心、丝绸之路数据港、数据政府先试区、产业融合发展引导区、世界级大数据产业基地
	浙江	全国领先的大数据发展和应用中心
	安徽	云计算产业园、大数据存储基地等特色产业聚集区
	福建	面向全球、全国领先、连接两岸的国家东南部大数据产业发展聚集区
	河南	国内领先的数据资源汇聚区、特色应用示范区和大数据产业基地
	湖北	国内一流的大数据应用示范基地、产业发展高地、资源集聚洼地和创新人才孵化中心
	广东	全国数据应用先导区和大数据创业创新集聚区,抢占数据产业发展高地,建成具有国际竞争力的国家大数据综合试验区
	重庆	具有国际影响力的大数据枢纽及产业基地
	四川	国内一流、中西部地区领先的大数据生态高地、研发创新高地、示范应用高地和人才集聚高地
	贵州	全国数据汇聚应用新高地、综合治理示范区、产业发展聚集区、创业创新首选地、政策创新先行区
	青海	西北地区云计算产业集聚区和重要承载节点、全国重要的区域性大数据应用省份

在大数据产业目标设定方面（见图3），由于目前大数据产业统一的统计口径尚未建立，各地在设置大数据产业规模时，使用了"大数据产业""大数据相关产业""带动相关产业"，甚至"信息技术产业"等模糊或相近概念。以2020年大数据产业规模目标为例，江苏省提出要"带动相关产业产值超过1万亿元"，河南省提出"以云计算、大数据为主要内容的现代信息技术产业规模达到2000亿元"。这也在一定程度上反映出在规划大数据产业时还需要对大数据产业进行深入研究。同时，省市之间的大数据产业目标规划还表现出一定的不兼容性，例如，湖北省提出"2020年，全省云计算大数据产业规模达到500亿元"。而仅武汉市一地就提出"2018年，全市大数据产业实现产值达2000亿元"。由此看出，急需对大数据产业进行清晰准确的界定。

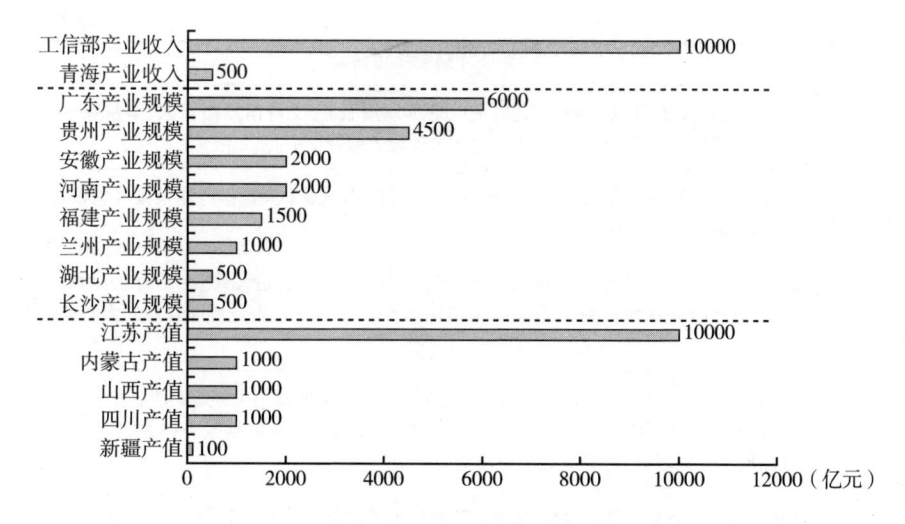

```
工信部产业收入                                               10000
青海产业收入    500
广东产业规模                             6000
贵州产业规模                       4500
安徽产业规模        2000
河南产业规模        2000
福建产业规模      1500
兰州产业规模    1000
湖北产业规模   500
长沙产业规模   500
江苏产值                                                   10000
内蒙古产值    1000
山西产值     1000
四川产值     1000
新疆产值  100
      0    2000   4000   6000   8000   10000  12000（亿元）
```

图3　国家和部分地区大数据产业规模目标比较

（二）区域大数据产业空间布局分析

区域大数据产业空间布局方面，在各地公开发布的大数据产业政策文件中，仅有11个省（区、市）对当地大数据产业的空间布局进行了具体的规划（见表4），提出了当地大数据产业的核心区以及产业发展格局，而大部分地区缺乏清晰的空间指向性。

表4　大数据产业区域布局规划

省份	产业区域布局规划重点
北京	立足京津冀各自特色和比较优势，加快大容量骨干网络设施建设，扩大基础设施物联网覆盖范围，推动数据中心整合利用，创建京津冀大数据综合试验区
河北	加强与京津大数据产业对接，推进京津冀国家大数据综合试验区建设。重点推进张北、廊坊、承德、秦皇岛、石家庄5大数据产业基地建设
山西	支持太原市依托省转型综改示范区，规划建设"一核多园"大数据产业发展格局
内蒙古	重点建设和林格尔新区大数据产业核心区，加快建设包头大数据创新产业园区、赤峰云计算产业园等重点园区，形成"一核多点"、特色鲜明、优势互补、区域协作的大数据产业园区
安徽	以合肥为核心，沿江城市带为依托，突出皖南，振兴皖北，合理布局产业基地，优化产业空间布局，形成协调发展、特色发展的产业格局

续表

省份	产业区域布局规划重点
江西	优先在南昌、九江、上饶、赣州等地开展大数据应用服务,支持南昌高新区、南昌临空经济区、上饶高铁经济试验区和赣州市章贡区等建设大型数据中心
河南	以建设国家大数据综合试验区为契机,推动形成以郑州国家大数据产业聚集区为核心、各省辖市协同发展的布局
广东	支持广州、深圳重点发展大数据关键技术产品和创新服务,打造大数据产业核心集聚区,以"双核"驱动形成区域协调发展、政产学研用多方联动、大中小企业协同合作的大数据产业生态体系
四川	打造成德绵大数据产业走廊。成都市依托电子信息产业的领先优势形成产业发展核心带,绵阳市突出发展军民融合大数据应用,构建军民协同创新大数据服务体系,德阳市形成"互联网+智能制造"工业大数据应用基地
贵州	以黔中经济区核心区为主,规划建设贵安新区电子信息产业园大数据基地、中关村贵阳科技园大数据基地、黔南州超算中心等多个产业基地
新疆	建设以乌鲁木齐-昌吉、克拉玛依为核心,其他区县(市)优势互补的"两核多星"产业格局

三 区域大数据产业策略分析

(一)大数据产业主体培育策略分析

在大数据产业主体培育方面,大数据龙头企业的培育成为各地共识(见图4),有超过七成的省(区、市)将培育大数据龙头企业作为大数据产业发展的核心目标,部分省(区、市)还提出了具体的龙头企业数目目标。围绕大数据龙头企业的培育,各地政府主要从三个方面给予了政策支撑。一是建立大数据产业园。总体上来看,各地政府对大数据产业园的建设尤为重视,同时也带来了产业园区遍地开花的现象。从各省(区、市)公开发布的产业政策文件上看,有超过60%的地区提出通过加大园区建设力度推动大数据产业集聚,但在园区快速建设的背后隐藏着资源重复建设、数据共享率低、资源利用率低等不良现象。二是延伸大数据产业链。从大数据分析处理技术拓深延展至相关的应用平台、增值服务。据不完全统计，31个省（区、市）中有18个地区提出要通过积极延伸大数据产业链培育多元化的产业主体。三是完善创新创业环境。东部地区相比于中部、西部地区的创新创业环境具有明显优势，据不完全统计，北京、上海等大多数东部省份均提出大数据创新创业相关推动措施，而西部仅有内蒙古、广西、四川和贵州四省区对大数据创新创业进行布局（见图5）。

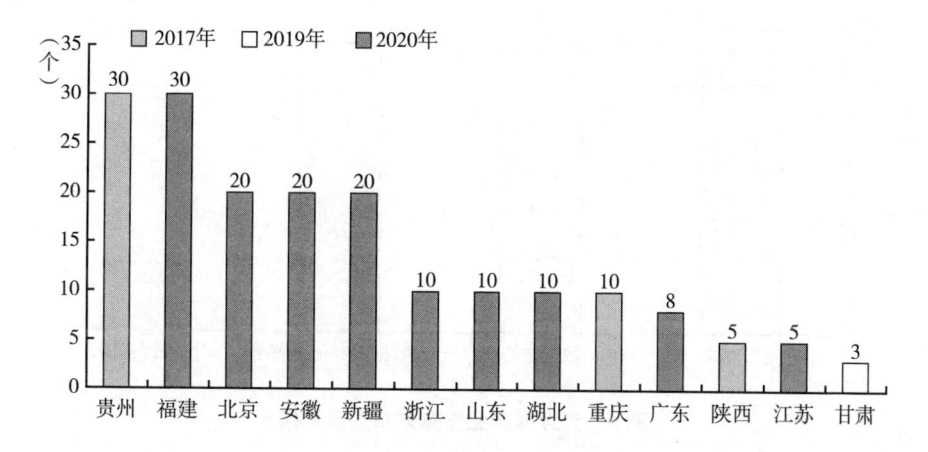

图4 各地培育大数据龙头企业的目标

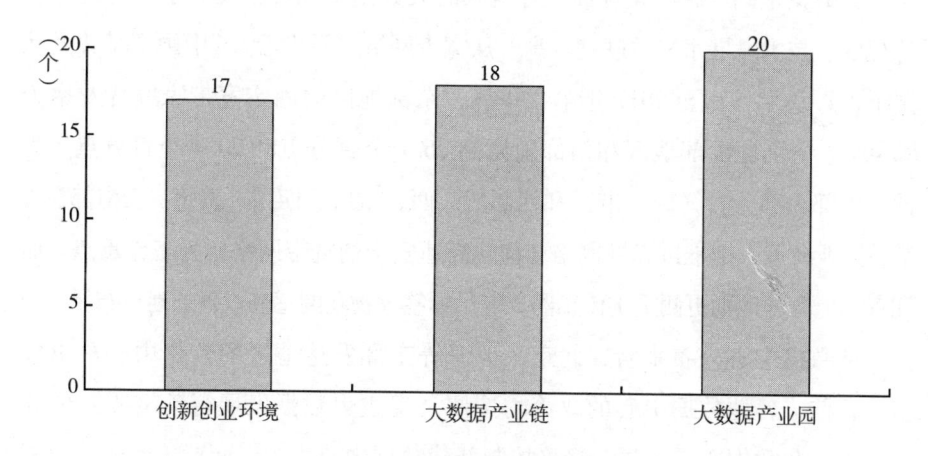

图5 大数据产业主体培育措施

（二）大数据产业支撑体系建设情况分析

为创造良好的产业发展环境，各地主要从基础设施、产业公共服务平台以及发展评估体系三个方面来完善大数据产业支撑体系（见图6）。从各地政府的公开文件可以看出，各地区高度重视大数据基础设施统筹建设，尤其是宽带网络提质增速和数据中心整合发展。

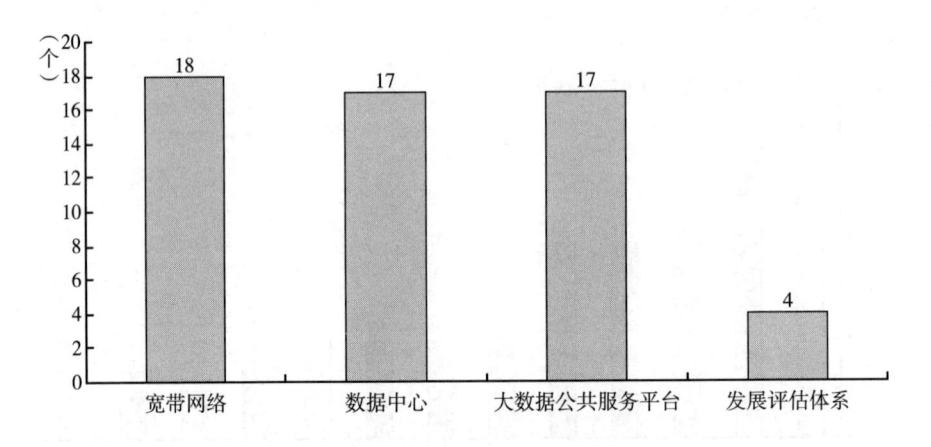

图6　大数据产业支撑体系建设举措

大数据基础设施建设方面，各地区的大数据基础设施发展水平与经济发达程度、技术发展水平关联度较高。从宽带网络水平来看，《中国宽带普及状况报告》显示，截至2017年第二季度，东部地区的固定宽带家庭普及率为82.4%，分别比中部地区和西部地区高26.1个百分点和20.4个百分点。为此，中部大部分省（区、市）和西部的广西、重庆、四川、贵州、云南都在大数据产业政策中把推进光纤网络、构建高速安全的宽带网络作为工作重点。而北京、上海等地则更侧重于传感器、电子标签等物联网感知设备的建设布局。

从数据中心分布来看，北京、上海等东部发达地区的数据中心总量较多，目前，各地数据中心的政策均按照《促进大数据发展行动纲要》的要求，以优化数据中心布局、严格控制新建数据中心为主。而对于贵州、内蒙古等具有适宜气候、丰富能源多重区位优势的中西部地区，合理扩大绿色集约型数据中心建设规模，将使得我国数据中心布局趋向合理。

然而，大数据产业统计和评估指标体系建设并未引起各地重视，仅有广东、内蒙古、河南3个地区提出构建大数据产业统计指标体系。大数据属于新兴领域，传统的国民经济统计体系无法对其覆盖和衡量，大数据统计指标的缺失，使得各地大数据产业发展能力、应用水平等状况的衡量存在困难，影响大数据产业的健康发展。

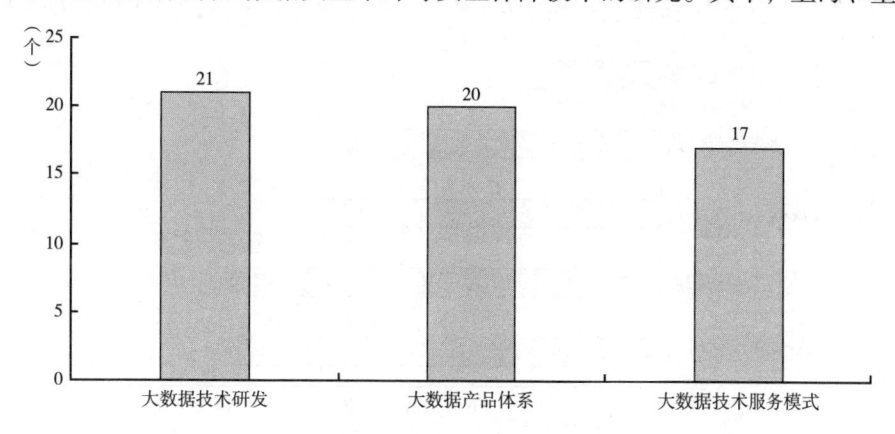

（三）推动大数据技术产品研发情况分析

大数据产业快速发展和大数据服务优化离不开大数据技术产品的研发。在大数据技术产品方面，《大数据产业发展规划（2016—2020年）》指出，我国在新型计算平台，分布式计算架构，大数据处理，分析和呈现方面与国外仍存在较大差距，对开源技术和相关生态系统的影响力小，并提出大数据技术产品先进可控的目标。对此，各地政府积极响应国家政策，在大数据技术研发、大数据产品体系以及大数据技术服务模式三个方面进行充分的探索和布局（见图7）。通过推动大数据技术研发促进产业发展成为各地共识，21个地区提出要加强大数据领域技术的攻关，占总数的67.7%，重点聚焦在大数据采集、传输、存储、管理、分析、可视化等数据本身的处理技术，以及访问应用控制和数据安全审计等安全保障技术的研究。其中，上海、重

图7 大数据技术产品研发情况

庆、广东等地区对大数据核心技术攻关尤为重视，上海等研究实力雄厚的地区还提出研究探索大数据相关的基础理论，为数据技术的攻关和数据产业发展提供指导和支撑。

地方政府在大数据产品培育过程中高度重视大数据产品的自主可控，有20个省（区、市）提出自主可控的大数据产品体系。需要指出的是，从已公开发布的产业政策文本看，对培育数据即服务模式、降低大数据应用门槛和成本方面的关注较少，仅有17个省（区、市）提出开展相关的探索，而且也没有专门针对这项工作提出相应策略。

（四）工业大数据创新应用举措分析

工业大数据是大数据产业发展的重要组成部分。《大数据产业发展规划（2016—2020年）》提出，要加快工业大数据等新兴技术在制造业的深度集成和应用，打造制造业企业的大数据"双创"平台，通过培育新技术、新业态和新模式，推动工业企业转型升级。

大数据的发展推动了定制化、协同化、服务化等制造业新模式的日益兴起，各地结合不同行业业务流程的特征和需求，大力推广不同类型的工业大数据应用创新（见图8）。统计显示，共有19个地区围绕工业大数据提出相关举措，其中16个地区提出推动大数据在工业全产业链各环节的应用，占

类别	数量
工业开放数据	4
制造业新模式	10
工业大数据（云）平台	11
创新试点	13
大数据工业应用	16

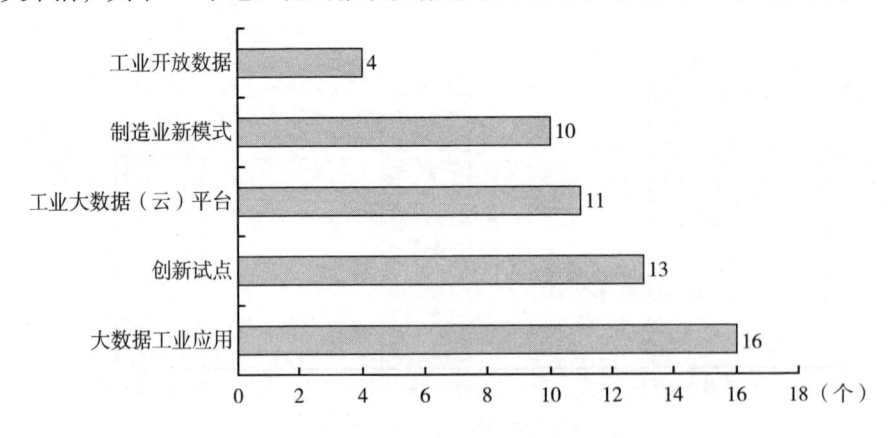

图8　相关省份工业大数据创新应用举措

工业大数据举措的84.2%。数据是实现工业与大数据融合创新的基本元素，但仍有很多问题使数据的可获得性、可用性有限，致使工业数据的海量计算和智能分析难以实现，尤其是工业企业的数据孤岛现象严重，给工业大数据的应用带来很大的制约。而对于工业领域的数据开放的推动，仅有北京、浙江、福建、河南4个省（区、市）提出相关的引导推动措施（见表5）。

表5 相关省份工业大数据相关举措

省份	大数据工业应用	工业大数据（云）平台	制造业新模式	工业开放数据	创新试点
北 京	√	√	—	√	√
山 西	—	√	—	—	√
内蒙古	√	√	√	—	√
上 海	√	—	—	—	—
江 苏	√	—	—	—	√
浙 江	√	—	√	√	—
安 徽	—	—	—	—	—
福 建	√	—	—	√	—
江 西	√	—	—	—	—
山 东	√	—	—	—	—
河 南	√	—	—	√	—
湖 北	—	—	—	—	—
广 东	√	—	√	—	—
广 西	√	—	—	—	—
四 川	√	—	—	—	—
贵 州	—	—	√	—	√
陕 西	√	—	—	—	—
甘 肃	√	—	—	—	—
新 疆	√	—	√	—	—

（五）行业大数据应用发展举措分析

大数据在各行业领域应用逐步深入，各地政府纷纷在农业、金融、电信、电子商务等领域加大技术应用推动力度，促进跨行业大数据融合创新，推动大数据与各行业领域的融合发展（见图9）。各地具体的行业应用选择多与自身的优势产业相关，如北京的金融、文化，贵州的旅游等。但总体上看，这些行业的选择多有相似和重叠，其中农业是地方政府在行业大数据应用中关注的一大重点。31个省（区、市）中有20个地区在大数据产业政策中提出了在农业领域率先开展大数据应用，应用主要围绕农业生产智能化、农业资源环境监测、农业自然灾害预测预报、动物疫病和植物病虫害监测预警、农产品质量安全追溯、农产品产销信息监测预警等方面进行推进。其中，山东省农业厅印发了《山东省推进农业大数据运用实施方案（2016—2020年）》推进现代信息技术与现代农业的融合。此外，金融、电子商务等信息化水平较高的领域也是大数据应用的热点，各地积极推动不同行业大数据的应用研发，形成行业大数据应用解决方案，推进产业发展。但在电信、能源和商贸等领域的大数据应用关注度还有待提高。

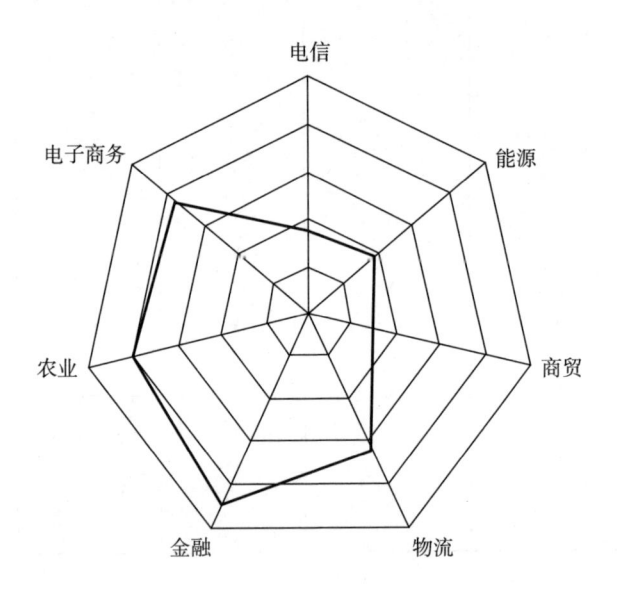

图9 相关省份行业大数据应用发展关注点

从地域上看，广东、重庆、河南、贵州等地对推动行业大数据应用比较重视，尤其是贵州省结合本地实际，发布《大数据+产业深度融合2017年行动计划》，对大数据与产业深度融合应用提出具体的行动计划和时间安排（见表6）。

表6 相关省份行业大数据应用分布

省份	电信	能源	金融	商贸	物流	农业	电子商务
北京	—	—	√	—	—	√	√
天津	—	—	√	—	—	√	—
河北	—	—	√	—	√	√	√
山西	√	√	√	—	√	√	√
内蒙古	√	√	√	—	√	—	√
辽宁	—	—	√	—	—	√	—
吉林	—	—	—	—	—	√	—
上海	√	—	√	—	√	√	—
江苏	√	—	√	—	—	√	√
浙江	—	—	√	—	—	√	√
安徽	—	—	—	—	—	√	—
福建	√	—	—	—	√	√	—
江西	—	√	√	—	—	√	—
山东	—	—	√	√	—	√	—
河南	√	√	√	—	√	√	√
湖北	—	√	√	—	—	√	—
湖南	—	—	√	—	√	√	—
广东	√	√	√	—	√	√	√
广西	—	—	√	√	—	√	—
海南	—	—	√	√	—	√	—
重庆	√	√	√	√	√	√	—
四川	√	√	√	—	√	√	—
贵州	—	√	√	—	—	√	—
云南	—	—	—	—	—	√	—
陕西	—	—	—	—	—	—	—
甘肃	—	—	—	√	√	—	—
青海	—	—	√	—	—	√	—
宁夏	—	—	—	—	—	—	—
新疆	—	√	—	√	√	√	√

四 区域大数据产业规划布局的主要问题

从我们对已公布政策文件的收集统计情况看，除黑龙江、西藏外的29个地区均制订了大数据产业相关的重点任务及计划，并提出一系列保障措施确保大数据产业有序发展。在整体发展势头良好的情况下，各地大数据产业规划布局还存在一些值得关注的问题。

（一）各地大数据产业规划布局表现出比较明显的同质性

在大数据产业园及数据中心方面，部分地区"重规模，轻建设"，园区内产业集群结构趋同，缺乏对整体园区发展与大数据应用模式相结合的思考，缺少特色应用和模式。在区域间合作方面，各地也没有形成产业群体间的相互合作，地方大数据产业多是以水平分工为主，垂直方向上的分工较少，彼此之间多是竞争关系，不利于产业之间的协调发展。

（二）各地对大数据产业及大数据行业应用缺乏深度研究，部分地方政府倾向于提出一揽子方案，大数据产业定位和目标表述笼统

由于目前大数据产业边界、产业范围尚不清晰，部分地方政府对大数据产业的布局规划还停留在表面，对其中具体的机制和范围的界定说明较少，使得部分大数据政策规划无法发挥引导大数据产业发展方向这一基本功能。尤其是大数据统计标准滞后带来产业统计口径不一、地区间发展水平不可测等一系列问题。

（三）部分地区缺乏对大数据产业发展政策的具体落实方案和检验标准，这在一定程度上使得产业规划布局流于表面

大数据产业区域分工的不明确带来了产业发展路径不明确，而具体落实方案和政策评估的缺失造成政府执行部门在具体执行中没有完全贯彻落实，并且照搬政策或者机械性实施，从而使得产业政策难以真正落

地,同时有可能造成政策偏差,使得执行人员对政策精神或部分内容产生曲解。

五 优化区域大数据产业布局建议

(一)错位发展,加强区域分工与合作

各地政府在布局当地大数据产业时,应当将地区发展置于国家大数据产业布局的大框架下,结合不同行业应用、不同地区的不同特点,结合自身所处的产业链的位置,明确区域功能定位,找准产业发展切入点,探索形成不同的数据驱动发展模式。在此基础上,各地政府还需要跳出传统以行政区域为基本单元的产业发展模式,打破行政区划壁垒,从大区域、大产业的角度,整合优势资源,通过数据要素的互联互通促进区域合作,在不同区域之间形成以产业链分工为基础的大数据产业协调发展体系,在基础理论、关键技术的前瞻性研究方面,探索跨区域联合攻关模式、联合资助和政策保障机制,实现区域间的产业联动发展。

(二)活化培育,深化大数据产业研究

产业研究方面,各地应持续、系统地跟踪数据资源、大数据产业内涵、分类及重点领域的研究,并建立统一合理的统计评估指标和体系,明确产业范围和产业主体,确定产业口径,开展产业发展统计监测,从而更好地衡量产业发展情况,为行业管理部门提供参考。同时,加大大数据理论、技术等领域研究力度,积极支持大数据跨领域的协作研究和应用。学习欧洲创新与技术研究院的模式,构建大数据创新共同体,建立大学、科研院所、企业等利益相关者的协商协作机制。

(三)推动政策落地,制定监督和问责机制

政策目标的具体性和政策陈述的明确性是避免产业政策产生偏差的有效

路径,为了推动大数据产业政策顺利落地,各地政府应从以下两点着手:一是应当出台具体的执行落实政策,明确各项任务的范围、时间节点、责任主体及任务目标,同时目标必须是清晰、可衡量的,政策措施和行动步骤是明确且可操作的;二是制定相应的监督问责机制,对政策落实的全过程进行有效把控。不仅可以监督政策执行情况,纠正执行偏差,保障战略的顺利推进,还能及时发现大数据产业政策中的问题和失误,在第一时间对大数据产业布局做出反馈。

参考文献

樊会文:《2016~2017年中国大数据产业发展蓝皮书》,人民出版社,2017。

党倩娜、曹磊、罗田雨:《全球大数据产业技术创新态势及相关政策研究》,上海科学普及出版社,2015。

国务院:《促进大数据发展行动纲要》,中央人民政府门户网站,www.gov.cn,2015。

工业和信息化部:《大数据产业发展规划(2016—2020年)》,工业和信息化部网站,www.miit.gov.cn,2017。

吴博、赵男:《我国地方政府大数据发展规划分析》,《通信管理与技术》2017年第3期。

李月等:《我国地方政府大数据战略研究》,《情报理论与实践》2017年第10期。

B.8 大数据标准体系建设研究

摘　要： 随着大数据应用的深入，大数据标准化的对象越来越广，内容也越来越复杂。由于缺乏相关标准，数据的互融互通受到严重影响，造成信息孤岛现象，降低了数据利用率，削弱了数据价值，进而阻碍了产业化发展。参照《促进大数据发展行动纲要》等文件对大数据标准体系建设的总体要求，本文探讨了大数据标准体系的构成及应用领域，研究了典型地区大数据标准建设实践，旨在加快推进中国大数据标准体系的建立，进而推进大数据产业有序发展。

关键词： 大数据　标准化　标准体系　地方实践

一　建立大数据标准体系的重大意义

大数据产业聚合发展离不开"标准"的助推，产业升级更需要标准先行。近几年从国家到地方在大数据发展应用上取得了初步的成效，但仍然亟须标准对资源进一步整合，固化已有的成果，达成共识，形成统一的标准规范，有效促进我国数据资源的共享开放、安全应用、流通交易等应用的规范发展。充分释放数据价值，其首要条件是大数据的标准化，让大数据行业可以规范良性地发展。显然，随着大数据深入发展，加快大数据标准的研制迫在眉睫。2015 年 8 月，国务院印发文件[①]提出建立标准规范体系：一是加快

---

① 国务院：《促进大数据发展行动纲要》，中国政府网，http://www.gov.cn/zhengce/content/2015-09/05/content_10137.htm，2015。

建立公共机构的数据标准和统计标准体系；二是加快建立大数据市场交易标准体系；三是开展标准验证和应用试点示范，建立标准符合性评估体系。同时积极参与相关国际标准的制定工作，进一步推进我国大数据产业标准体系建设。2016年工业和信息化部出台专项规划①进一步明确了推进大数据标准体系建设、提升大数据安全保障能力和完善大数据产业支撑体系等多项任务。大数据标准建设已经引起各界高度重视，推进大数据标准体系建设将对促进行业大数据应用、推动大数据技术和产品的更新换代、规范大数据行业竞争、引导大数据产业持续健康发展具有重要意义。

（一）大数据标准是释放数据价值的基础

大数据价值的体现主要是建立在"数据标准"上的融合，孤立的数据不具有任何实际价值，通过研制科学、合理的数据标准，实现数据的关联融合，进而可以实现数据价值的最大化。建立大数据标准体系能够促进行业规范化的管理、资源精准使用，有效发挥大数据在政务服务、城市管理和产业转型等方面的支撑作用。从政府管理层面来看，建立统一的数据标准能够提高运行管理效率，有助于进一步提升政府服务能力。从运营方面来看，建立统一数据标准可以合理规划基础设施建设，减少人力与财力等方面投入，避免重复建设，降低运营成本。同时，还能使建设运营标准化、简单化，使组织运行更高效。而在数据资源方面，建立统一数据标准能够助推数据流动，真正实现数据互联、互通与互认，充分释放数据价值，形成以数据资源为核心的资源体系，进一步带动物流、资金流的高效流动，助推产业升级。

（二）大数据标准化是决定数据治理水平的关键

数据标准化是指按照特定规范与逻辑规划，对数据的定义、组织和保护

---

① 工业和信息化部：《大数据产业发展规划（2016—2020年）》，工信部官网，http://www.miit.gov.cn/n1146290/n4388791/c5465401/content.html，2016。

等内容进行标准化的过程。数据标准化是为了规范大数据领域内的各项活动，从而获得最佳秩序和效益，其被视为数据治理的基础，也是提升政府数据治理能力的前提。一方面，大数据标准化能够加强和规范政府、企业或组织对数据使用全生命周期的管理，保障数据采集和存储、共享及开发应用等各环节有章可循、安全有序。另一方面，大数据标准化可以进一步提高大数据的科学性、准确性和规范性，实现海量数据的高度共享。只有先建立统一的数据标准，促进数据的高效流动，才能深入开发利用数据资源，真正实现数据价值，充分体现数据治理的关键作用。数据治理是经济社会中一项持久而复杂的工作，必须多方配合，同步推进，避免造成治理过程的缺陷，制约数据治理良性发展。当前数据治理中还面临着诸如开放数据源不足、技术滞后、数据安全风险等问题，需要全社会进一步提高对数据治理体系的认识，加强大数据标准化工作研究，形成大数据治理的合力，提高数据治理的水平。

（三）谁制定标准，谁就拥有话语权

标准是世界的通用语言，大数据标准则是走向国际大数据市场的"通行证"。谁制定标准，谁就拥有话语权；谁能够掌握标准，谁就占据制高点。标准之争不仅是技术之斗，也是市场之争，更是发展之战。习近平总书记曾经强调，加强标准化工作，实施标准化战略，是一项重要和紧迫的任务。标准助推创新发展，也引领时代进步。大数据标准作为大数据行业良性发展的基础保障之一，决定着大数据产业发展的质量，只有高标准要求才会有高质量成果。为保障大数据领域良性、有序发展，急需建立一套完善的参考标准规范。只有加强大数据标准在国际竞争中的认识，大力实施标准化战略，加快推进大数据标准化工作研制，加强核心技术研发，进一步推动各类标准的相互融合，通过对大数据领域标准的探索，努力主导甚至掌控国际大数据产业标准，才能实现经济的跨越式发展，在全球资源配置中占领制高点，在瞬息万变的国际竞争中处于主动地位，引领未来发展方向。

二 大数据标准体系建设的主要领域

综观国内外大数据标准体系研究现状，大数据标准体系框架可以概括为通用标准、产品标准、行业标准及安全标准。结合我国大数据标准化工作部署和标准化需求，以及当前各领域大数据标准初步探索取得的实践经验，根据数据全生命周期管理特点和未来的发展趋势，尝试构建起大数据标准体系框架，包括基础标准、数据处理、数据安全、数据质量、产品和平台以及应用和服务等主要领域，如图1所示。

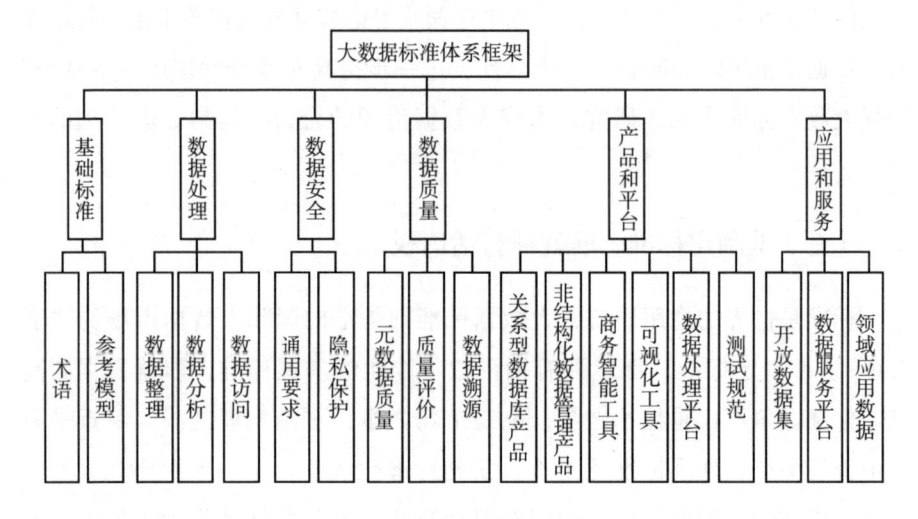

图1 大数据标准体系框架

（一）基础标准

基础标准包括总则、术语、参考模型等基本要求，为整个标准体系提供基础性标准。

（二）数据处理类标准

海量数据经过关联处理之后才能分析得出结果，体现数据价值。可见数据处理是体现数据价值的必要环节，因而数据处理类标准显得至关重要。主要涵盖数据整理、数据分析及数据访问三类标准。其中针对数据在采集汇聚之后的初步处理的方式和方法标准，我们称为数据整理标准，包括数据表示、数据注册和数据清理等。数据访问标准则提供数据标准化结构和共享方式规范，使数据能够得到广泛地应用。而数据分析的标准就主要针对数据的分析性能和功能等要求进行相应规范。

（三）数据安全标准

安全是数据使用的底线，信息安全对大数据产业的发展必不可少。数据安全标准作为大数据产业的支撑，关系大数据发展层级和发展速度的提升，贯穿于数据采集、储存及共享使用等生命周期的各个阶段。大数据时代下的数据安全标准不但要求传统的网络安全和系统安全，也注重用户隐私保护，其具体分为通用要求、隐私保护两大类标准。

（四）数据质量

数据质量作为大数据分析和利用的前提，被视为获取大数据价值的重要保障。数据质量主要包含元数据质量、质量评价和数据溯源三类基本标准规范。而这类标准主要针对数据全生命周期进行规范化管理，对数据质量提出具体的管理条件以及相对应的指标条件，严格保障数据在采集、存储、交换和使用等各个环节中的质量，为大数据应用提供安全的环境基础。

（五）产品和平台

1. 关系型数据库产品

关系型数据库产品标准主要从访问接口、技术要求、测试指标等方面考虑，针对数据存储和处理进行规范，构建关系型数据库管理系统，经过海量数据分析从事大数据的高端事务处理，对关系型数据库管理系统提供有力支撑。

2. 非结构化数据管理产品

非结构化数据管理产品标准则从参考架构、数据表示、访问接口、技术要求、测试需要等方面提出要求，针对存储和处理大数据的非结构化数据管理系统进行合理通用规范。

3. 商务智能工具

立足数理逻辑、利用计算机技术、对人的形式逻辑思维和辩证逻辑思维过程进行模拟，组装形成智能化工具，进而帮助用户对海量数据进行分析处理，辅助用户高效地实现目标。与传统工具的区别在于商务智能工具是通过计算机程序自动运行、快速地实现目的，包括ETL和OLAP（联机分析处理）系统等进行数据分析和挖掘的工具。商务智能工具标准即是对商务智能工具的技术及功能进行规范。

4. 可视化工具

通过抽取、加工、提炼，大数据可视化改变了传统的文字描述的识别方式，可以把海量数据以形象直观的模式展示出来，让决策者能快速、有效地掌握重要信息细节。针对可视化工具的技术和功能进行规范，可以保证大数据处理应用过程规则有序。

5. 数据处理平台

大数据处理平台是用于整合数据资源，综合数据存储、数据处理、分析应用、可视化平台于一体的大数据分析应用平台。用数据创新提升管理与服务能力，及时准确了解社会经济发展情况，做到用数据说话、以数据管理、凭数据决策，达到监测管理、预测预警、应急指挥处理的目的，牢牢把握社会经济发展主动权和话语权。大数据平台标准从技术架构、建设方案、平台接口等方面对大数据存储、处理、分析系统进行规范。

6. 测试规范

大数据测试规范旨在建立大数据标准符合性、适用性的评估体系，针对大数据的产品和平台给出测试方法和要求，对相关指标进行验证，做出科学的评估结论，进而强化标准对行业管理和服务质量的支撑作用。

（六）应用和服务

1. 开放数据集

政府部门拥有海量的数据资源，为了更好地了解国家的资源使用情况，掌握市场管理和产业发展等情况，强化政府责任担当，提升服务能力，通过前期的数据处理、脱敏脱密等手段开放数据，把相关数据打包形成数据集的方式提供给第三方，进一步深耕数据资源、充分释放数据价值，为大众提供更多更好的服务选择。开放数据集标准主要为了促进数据的有效流动，实现数据信息共享，进而规范开放数据包中的数据格式和内容等，确保开放数据的价值。

2. 数据服务平台

针对日益增长的现代化生活需求，各地区都以科技资源统筹中心为主要服务模式建设大数据服务平台，形成跨领域的大数据服务模式，实现资源共享体系。针对大数据服务平台功能、维护和管理方面的需求，制定了数据服务平台标准，确保数据类型统一，数据使用规范，进一步提高服务效率。

3. 领域应用数据

数据化时代，不同行业都形成了大量数据资源，各领域也都根据其本身特性构成了特定的数据标准。通过设立统一、适用的参考标准以及可量化、可评价的工作质量考核指标与标准，进而规范行业行为，引领行业经济发展，不断提高工作质量和工作水平，确保社会生产和人民生活有条不紊地进行。数据应用标准可以推动产品和技术的相互协调，监督企业产品质量，增强企业素质，确保行业良性发展。

三 大数据标准化研制的地方实践

近几年，各地都在积极尝试推进大数据标准建设。贵州、广东等地区专门设立了大数据标准化技术委员会。贵州省、广东省及贵阳市、荆门市等地还颁布了相应的大数据地方标准。总的来说，各省市大数据地方标准化研制

为我国大数据发展构建了先行先试的标准规范体系，为大数据发展应用奠定了基础，提供了有力支撑。

（一）贵州省：率先成立大数据标准化技术委员会推动大数据地方标准建设

截至目前，贵州省已经组织实施了多项大数据地方标准探索，2016年3月，经过讨论协商，《贵州省应急平台体系数据采集规范》《贵州省应急平台体系数据库规范》通过审定，被一致认为内容合理，具有科学性和可操作性，可作为贵州省信息化数据库建设标准参考，标志着贵州省第一个关于推进大数据建设、数据采集、数据库建设的地方标准形成。该项标准分别规范了应急平台体系的数据采集更新机制、采集内容、数据库结构及表结构等内容，能对贵州省应急平台体系的数据采集、共享和交换使用数据行为，以及建设相关数据库进行有效规范。标准的确立可以为政府数据采集、数据更新标准规范的制定及数据库建设等提供标准化指导，对加快推进贵州省数据库建设及大数据的应用发展起到良好的示范带动作用。

此外，贵州省还陆续编制完成了《政府数据共享交换平台数据脱敏指南》《政府数据 数据分类分级指南》《政府数据资源目录 第1部分：元数据》《政府数据资源目录 第2部分：核心数据元素》《政府数据资源目录 第3部分：编制指南》《政府数据 核心元数据 第1部分：人口基础数据》和《政府数据 核心元数据 第2部分：法人单位基础数据》7项地方标准征求意见稿，并于2016年7月28日公开征求意见。为确保标准的适宜有效，按照地方标准修订程序，2016年9月13日，贵州省质监局组织召开了审定会，其中《政府数据 数据分类分级指南》《政府数据脱敏指南》《政府数据资源目录 第1部分：元数据》和《政府数据资源目录 第2部分：核心数据元素》4项大数据地方标准正式发布。

2017年2月14日，中国第一个大数据标委会——贵州省大数据标准化技术委员会在贵阳正式成立，这预示着贵州在大数据领域将不断扩大自己的影响力和提升自己的话语权。该标委会的成立主要由贵州省质量技术监督局会同贵州省内外的 45 名大数据知名专家组建而成，旨在为贵州乃至全国建设安全可行、统一规范、便捷高效的大数据标准体系，推动大数据产业和应用发展。

（二）贵阳市：积极推进大数据标准编制

2017 年 2 月，贵阳市编制的《贵阳市人民政府办公厅关于印发贵阳市大数据标准建设实施方案》出台，指出主要任务如下：一是积极参与国家大数据标准的研制，包括大数据安全标准和交换共享标准 2 项以上的研制工作、7 项以上示范应用。二是主导和参与编制地方标准 10 项以上，包括政府数据分类、开放、共享、安全管理等方面内容。三是根据市场发展需求，推进数据跨域流通，引导有能力的行业组织或重点企业牵头研究，制定关于数据确权、定价、共享、流通等相关大数据产品交易类标准。四是建立健全大数据技术标准协同创新机制，与国家、省大数据标准体系有效衔接，推进贵阳市大数据标准体系建设。

在参与国家标准制定方面，贵阳市参与的《信息技术数据交易服务平台通用功能要求》（20141201－T－469）一项国家标准已完成专家评审。而贵阳市参与的《信息技术数据交易服务平台交易数据描述》（20141200－T－469）和《信息技术数据质量评价指标》（20141203－T－469）两项国家标准也已报批待发布。

在地方标准制定研究方面，贵阳市也在分阶段分批次有序推进。目前贵阳市已完成四大类十个子项贵州省地方标准的研究，其中《政府数据数据脱敏工作指南》和《政府数据数据分类分级指南》已于 2016 年 9 月 28 日发布实施；《政府数据 核心元数据 第 1 部分：人口基础数据》及《政府数据 核心元数据 第 2 部分：法人单位基础数据》两项地方标准由贵州省质监局于 2017 年 9 月 27 日批准发布，并于 2018 年 3 月 26 日实施；《政府数据 核心元数据 第 3 部分：空间地理基础数据》《政府数据 核心元数据 第 4 部分：非物质文化资源数据》和《政府数据 核心元数据 第 5 部分：宏观经济数据》已经完成初稿编制，正处于征求意见阶段；《区块链应用指南》《区块链系统测评》《基于区块链的精准扶贫实施指南》《基于区块链的数字资产交易实施指南》四项地方标准已于2017年9月1日立项，目前已完成初稿编制，正处于进行内部征求意见阶段；《政府数据数据开放工作指南》《政府数据开放数据元数据描述》及《政府数据开放数据质量控制过程和要求》三项地方标准已于2017年9月1日立项，正在进行草案编写。

（三）荆门市：发布城市大数据地方标准

近年来，湖北省荆门市坚持"务求实效、急用先行"原则，积极研制并颁布大数据标准规范。2017年5月17日，《荆门城市大数据术语》《荆门城市大数据清洗规范》《荆门城市大数据比对规范》《荆门城市大数据采集规范》《荆门城市大数据共享规范》五项地方标准正式颁布实施。其中，《荆门城市大数据术语》统一规定了荆门市大数据中心建设领域的相关定义和术语。而其余四项标准则对该市数据处理整个流程的总体框架和技术规范等内容做了明确规范，涵盖数据采集、清洗、比对和共享等数据处理的全部环节。这些标准规范的制定，具有较强的创新性、可操作性和适用性，加速了建设"智慧荆门"的进程，对提升荆门市大数据领域标准化水平具有现实意义和促进作用。

（四）广东省：建立三项电子政务大数据地方标准

广东省也在积极推进大数据标准建设。2017年3月24日，广东省大数据标准化技术委员会于广州正式成立，以建立广东省大数据标准化体系，开展关于交通大数据和教育大数据等标准化的相关工作，工业和信息化部电子第五研究所担任其秘书处。2018年2月，广东省编研的《政务信息资源标识编码规范》（DB44/T2109-2018）、《电子政务数据资源开放数据技术规范》（DB44/T2110-2018）、《电子政务数据资源开放数据管理规范》（DB44/T2111-2018）三项标准由广东省质监局正式批准发布实施。该系列标准的编研主要立足于广东省政务数据开放与共享实践，坚持以具体工作需求为导向，其中《政务信息资源标识编码规范》规定了政务信息资源开放的数据类编码规则、数据项编码规则和编码的维护,提供方代码、标识符以及标识符管理等内容。《电子政务数据资源开放数据技术规范》主要明确了适用范围,给出元数据规范有关的7个术语和定义,规范了电子政务数据资源开放数据的基本内容,包括元数据、版权声明、数据质量、数据分类组织方式、格式、更新及使用策略要求等。《电子政务数据资源开放数据管理规范》给出了开展电子政务数据资源开放数据管理过程中各环节的要求,主要内容包括整个管理架构、参与角色以及职责、管理过程等各环节内容,但不涉及行政方面的管理工作。该系列标准的实施使数据开放和共享工作中政务信息资源统一数据格式、统一标识、规范管理等问题得到了解决,进一步完善了广东省政务数据资源的开放共享体系、促进了政府部门信息系统间的互联互通、推进了政务数据资源的统一汇聚和集中开放。

四 大数据标准体系问题分析

大数据领域的标准化工作是支撑大数据产业发展和应用的重要基础,将会对未来的产业、生活起着举足轻重的作用。但由于大数据产业基础薄弱,大数据标准对象复杂多样,加之各类型标准关键技术存在较大差距等,相关法规标准滞后,大数据应用缺乏统一标准可以依据,各自为营形成数据壁垒。各类数据应用效率不高,造成信息孤岛现象,明显削弱数据释放价值,阻碍产业化发展。通过对现有各类标准化工作情况进行分析,可以发现以下问题。

(一)现有标准推广应用不够

目前,各地区积极参与大数据标准体系的研制探索,也取得了良好效果。在数据资源、政务数据开放共享、大数据交易、数据库、非结构化数据管理产品类标准等方面,已经探索发布了一些相关标准,但由于区域、层级等各种因素限制,并没有得到较好的推广,眼下急需加强已有标准的有效推广。

（二）相关标准不能构成体系

就目前而言，我国大数据标准化研制工作还正处于初期起步阶段，各领域大数据相关标准亟待完善。从技术标准上来看，缺乏分析、可视化类标准。在交换共享方面，缺乏统一的数据开放共享方面的标准，还需要各地区积极创新探索。从数据交易方面来看，国家正在研制的交易标准仅有2项，还缺乏交易流程标准和交易数据管理等方面的标准，以销售传统的商品形式销售"数据"依旧存在诸多挑战。而在大数据安全方面，虽然部分现有标准适用，能一定程度上保证部分数据安全，但是依旧缺乏针对大数据的安全框架、隐私、访问控制类标准。此外，在平台和工具方面，虽然也公布和正在研制一系列与数据库、非结构化数据管理产品类相关的标准，但大数据系统评估类标准缺乏，急需建立一套完善的评价指标体系和评价方法。

五 推动大数据标准建设的对策建议

（一）加大大数据标准示范推广力度

结合大数据产业发展需求，基于现有总则、术语、模型等基础性标准，以及技术、平台/工具、管理、安全和应用等大数据标准体系，加快重点应用行业标准探索。在现有科学理论和应用方法的基础上，着眼于完整的标准指标内容，注重各指标的内在联系，利用规范化的工作原理，选择典型地区、适合行业或特色企业率先小范围试验，开展标准试验验证和试点示范，积累总结出可复制、可推广的大数据标准化工作经验做法，进一步发挥示范带动作用。同时，加强对现有标准的宣传推广，大力实施和应用适用的标准，强化标准对培育市场和优化服务的支撑作用，进一步规范行业管理，推动大数据标准化建设。

（二）提升大数据标准创新研发水平

积极加强大数据标准化研制工作，由政府、产业界、学术界多方参与，优化大数据标准化工作组人才组织，针对大数据基础标准、架构、关键技术、数据模型、数据安全、盈利模式等议题定期展开讨论。综合考虑标准体系的内在联系，预防在各类标准之间存在彼此不协调和组成不配套等问题，有序进行统一、简化、协调和优化等处理。同时，对外公布大数据标准化体系纲要，定期发布研究情况报告。此外，加强对大数据重点领域深入调研，特别是政府数据及移动互联网、制造业、信息通信业、金融业、健康医疗业等行业，及时掌握各行业数据源、数据量、数据存储架构、关键技术、数据应用、安全状况等多个层面的动态信息，针对调研结果，梳理出大数据应用和产业发展的痛点及市场需求，以需求为导向，进一步提升大数据标准创新的研发工作。

（三）积极参与大数据国际标准化工作

加强我国标准化组织与相关国际组织的交流合作。密切关注国际大数据标准化发展，加强对接联系国际标准化专业组织，了解国际大数据标准研制动态，在国际标准化工作中深入探寻，研制符合市场发展需求的标准，争取国际关键标准的主导权。鼓励、支持和引导我国具有能力的相关单位承担国际标准化组织的工作，为全世界标准体系建设提供服务。有优势的大数据科研机构、企业加强与国际标准化组织的交流合作，主动投入国际大数据标准研制的合作项目中，积极参与有关标准的研编工作，形成国际合作标准成果。积极承办国际、国内大数据标准化活动，扩大国际影响力，推动国际大数据标准体系事业的发展。

（四）注重大数据标准化人才队伍培养

建立大数据标准化人才培养体系。集聚国内各地区相关机构大数据领域的人才资源，组建一支具备大数据标准化理念和知识的高端专业团队，引导并学习国际经验。充分发挥政府、企业及科研机构等相关标准化组织的积极作用，投入充足的资金保障，制订具体的人才培养方案，推进标准化研制工作。扎实开展标准化人才培养工作。学历教育与在职培训两手抓，注重专业知识培养的同时，有计划地开展培训，科学规划时间节点，进一步提升标准化从业人员队伍的素质与业务能力。推进大数据标准化人才交流。坚持以市场需求为导向，鼓励和支持科研机构专家、高校学者、企业技术高管等核心人才深入探寻，积极组织工作交流会。制订具有针对性的鼓励方案，吸引更多优秀人才以不同工作方式参与项目交流，提升各地区大数据标准化人才队伍的综合能力，精心打造国际性大数据标准化人才队伍。

参考文献

蒋新祺：《浅谈标准的重要性》，《湖南日报》2008年9月10日。
《数据标准化：数据资产化从0到1的起点》，《一点资讯》2017年3月13日。
中国电子技术标准化研究院：《大数据标准化白皮书》，2014年7月。
林童：《引领数据产业发展 贵州成立大数据标准化技术委员会》，多彩贵州网，2017年2月14日。
《贵州首个推进大数据建设地方标准通过评审》，人民网，2016年4月1日。
《关于征求〈政府数据 数据分类分级指南（征求意见稿）〉等七项地方标准意见的函》，贵州省质量技术监督局，2016年7月28日。
《〈政府数据 数据分类分级指南〉等四项大数据地方标准顺利通过专家审定》，贵州省质量技术监督局，2016年9月20日。
《2017数博会大数据标准化论坛在贵阳召开》，贵州省质量技术监督局，2016年6月12日。
《广东省标准化研究院主导编制的三项电子政务大数据地方标准正式发布》，中国质量新闻网，2018年3月5日。
张群、吴东亚、赵菁华：《大数据标准体系》，《大数据》2017年第4期。
贵阳市人民政府办公厅：《贵阳市大数据标准建设实施方案》，贵阳市人民政府网站，2017年2月9日。

B.9 数权、数权制度与数权法

摘　要： 数权对人类共同生活具有不可估量的意义。本文探讨了数权的法理基础，通过与人权、物权的比较，揭示数权在法哲学上的正当性依据，从而证成数权制度创设的可能性、必要性和必然性。目前，《民法总则》《网络安全法》等对"数权"的表述仍较模糊和分散，且尚未形成数权体系和统一法理。本文初步提出了数权制度的基本构想，在此基础上，对"数权法"的立法架构提出设想和展望，以期加快推动数权立法进程，建构数字文明新秩序。

关键词： 数权　数权制度　数权法

一　数权的法理基础

数权的法理基础探讨的主要是数权法的法哲学问题，厘清数权法的理论逻辑、价值逻辑与法理逻辑。阐明数权法的应然问题，即人们对数权法的要求，也就是数权法的价值问题；数权法之所以应然的问题，即数权法应然的原因问题，也就是数权法的理论前提。只有回答了数权法的价值取向和理论前提问题，发现应然使命与实然现状，数权法才能达到体系上的完整性。

（一）从数据观到数权观

数字文明时代，人类开始重新认识人与数据的关系，考量"数据人"的权利问题。大数据是一种生产要素、一种创新资源、一种组织方式、一种权利类型。对数据的利用成为财富增长的重要方式，对数权的保护成为数字文明的重要象征。数据赋权，社会力量构成由暴力、财富、知识向数据转移。[①]在数据的全生命周期治理过程中会产生诸多权利义务问题，涉及个人隐私、数据产权、国家主权等权益。从数据到数权，是人类迈向数字文明的时代产物与必然趋势。数权是共享数据以实现价值的最大公约数。目前，学界已出现大量关于数权及权属的讨论，主要有人格权说、财产权说、隐私权说等主流观点（见表1）。此外，还有商业秘密说、知识产权说等主张。但传统权利类型均不足以覆盖数据的所有权利形态，其主张影响数权权能的完整性。数字时代是多维而动态的，数权设计不应仅体现原始数据单向的财产权分配，更应反映动态结构和多元主体的权利问题。因此，一种涵盖全部数据形态，积极利用并许可他人利用且兼具人格权与财产权的新型权利呼之欲出——数权。

表1 几种数权学说

学说	主张、理由及缺陷
人格权说	主张：个人数据权是一项人格权，并且是一项具体的新型人格权
	理由：首先，从权利内涵的特性出发，个人数据权以人格利益为保护对象，数据主体对于自身数据具有控制与支配的权利属性，具有特定的权利内涵。其次，从权利客体的丰富性出发，公民个人数据包括一般个人数据、隐私个人数据和敏感个人数据，其中有些数据，比如姓名、肖像、隐私等，已经上升为具体人格权，不再需要依靠个人数据权进行保护，而其他数据则必要要通过个人数据保护权的机制进行保护。再次，从保护机制的有效性出发，对于侵犯公民个人数据的侵权行为，如果将个人数据权界定为财产权，则可能没有保护的必要。反之，如果将其作为人格权，则一方面能够保证不会因为个人身份的差异而导致计算方式上有所区别，从而维护了人格平等这一宗旨，另一方面公民还能依据《侵权责任法》第22条主张精神损害赔偿。最后，从比较法的角度出发，世界上个人数据保护法所保护的主要是公民的人格利益
	缺陷：自然人的人格权具有专属性、不可交易性，即便能产生经济价值，但也不能作为财产予以对待，否则便会贬损自然人的人格意义

[①] 1990年，托夫勒在《权力的转移》中指出，权力作为一种支配他人的力量，自古以来就通过暴力、财富和知识这三条途径来实现。在第三次浪潮文明中，知识将成为权力的象征，谁拥有知识，谁就拥有权力。但知识和暴力、财富不同，后二者具有排他性，一种暴力或财富若为一个人或一个集团所拥有，其他人或集团就不能同时拥有这个暴力和财富；而知识没有排他性，同一种知识可以同时为不同的人所占有。因此，"知识是最民主的权力之源"。谁掌握了知识的控制权和传播权，谁就拥有了权力的主动权。在数字时代，每一个"数据中心"在一定意义上成为一种"权利中心"，这些"权利中心"将拥有话语权。

续表

学说	主张、理由及缺陷
财产权说	主张：公民对其个人数据的商业价值所拥有的权利是一种新型财产权，即"数据财产权"
	理由：随着数字时代的到来，个人数据事实上已经发挥出维护主体财产利益的功能，此时，法律和理论要做的就是承认主体对于这些个人数据享有财产权。另有学者将公民个人数据的权利性质理解为所有权的一种，即公民对于自身数据享有占有、使用、收益、处分的权利
	缺陷：如果单纯把个人数据权作为一种财产权，则会过于强调它的商业价值，反倒忽略了对于公民个人数据的保护，而后者才是个人数据法律制度的首要目标，也是公民最现实的需求。此外，如果忽略了"个人数据"中"人"的因素，则必然"在商言商"，妨害人格的平等性，"因为每个人的经济状况不同，信息资料也有不同价值，但人格应当是平等保护的，不应区别对待"
隐私权说	主张：公民个人数据权应当属于隐私权，受到侵犯时应当通过隐私权的途径寻求救济
	理由：第一，之所以保护个人数据是因为侵犯公民个人数据可能侵犯到公民的人格尊严，破坏公民的私生活安宁。而如果该数据不属于隐私，则他人即便获取也不会影响到数据主体，不会对其产生冒犯。第二，我国《侵权责任法》第2条已正式确立了对隐私权的保护，而通过对隐私权的扩张解释，足以将个人数据所要保护的各种数据囊括进隐私的概念，因此无须再创设独立的个人数据权
	缺陷：一是隐私权强调的是对于公民个人隐私的保护，侧重于消极防御，而这难以涵盖现代社会中大量存在的公民积极地使用个人数据参与各种活动的现实。二是隐私权难以与数字社会相兼容。隐私权对于数据提供的保护是一种"绝对性"的保护，而在数字社会，对于信息的收集、处理、存储和利用不仅必要而且必需，不仅国家从单纯的保护者姿态变为最大的数据收集、处理、存储和利用者，而且公司、社会组织等第三方数据从业者也逐渐产生。三是隐私权的概念具有模糊性。利用"隐私"的主观性做文章的办法会使得对于隐私的判断也随之主观化：数据主体认为是隐私就是，认为不是就不是。实际上，本质问题在于"授权"，关键在于是否经过了数据主体的同意

注：参见于志刚《"公民个人信息"的权利属性与刑法保护思路》，《浙江社会科学》2017年第10期；吴韬：《法学界四大主流"数据权利与权属"观点》，《阿里商业评论》，2016。

（二）人权、物权与数权关系辨析

数据主权、个人数据权、数据共享权等构成了数字时代的新权益，数权与人权、物权组成未来人类共同生活的三种权利，其中，数权是推动秩序重构的重要力量。

1. 数权是人格权与财产权的综合体

数字秩序将成为未来社会的第一秩序。数据权利化是人心所向，数权制度化是大势所趋，数权宪法保护是时代的必然要求。数权有四"新"：第一，数权是一种新的权利客体；第二，数权是一种新的权利类型；第三，数权是一种新的权利属性；第四，数权是一种新的权利权能（见表2）。数权类型归属不同、内容不同，权利自身属性的差异导致保护机制不同。跨境数据流动的规范与约束具有复杂性与主权性，本文所探讨的数权仅从个人数据权的角度出发。

表2 数权的特征

特征	概略
权利客体	数据并非民法意义上的"物"（即非物权客体），既不是物理上的"实体物"，也不是知识产权所表述的"无形物"。数据是一种独立的客观存在，是物质世界、精神世界之外的一种数字世界。数据权利的主体是特定的权利人，包含数据所指向的特定对象以及数据的收集、存储、传输、处理者等（包含自然人、法人、非法人组织等），权利主体不同其权限也有所不同。数据权利的客体是特定的数据集，数据是由一系列数字、代码、图像、文字等组成，单一数字或代码等并无价值，只经过组合、整合、聚合的重混才产生价值，因此，数权客体应当是有规律和价值的特定数据集
权利类型	按照传统意义上的法律解释，人的权利分为两种：人格权与财产权。在数字时代，人类在各种各样的数字生态中留下深浅不一的"数据足迹"。一方面，这些数据是人类的行为碎片，是个人参与社会活动的重要载体、人格延伸的重要途径，应维护数据主体之为人的尊严，享有自由不受剥夺、名誉不受侮辱、隐私不被窥探、信息不被盗用的权利；另一方面，这些数据也是重要的社会资源，"数据有价"，能为数据主体带来经济收益，因而有必要赋予数据财产权，这使得数据成为一种集人格权和财产权于一体的综合性权利
权利属性	数权是公权和私权的统一体，既包括以国家为中心构建体现国家尊严的数据主权，也包括以个人为中心构建凸显个人福祉的数据权利。数权的法律属性，不仅要从个人权利等私法的角度分析，还要从国家安全等公法的高度分析。也就是说，数权需要私法自治，同样也需要公法干涉
权利权能	物权具有所有权的独占性、排他性，同一物之上不得存在两个所有权，任何人都负有不妨害权利人对物的绝对支配权。数权不再是一种独占权，而是一种不具排他性的共享权，往往表现为"一数多权"，这是数权的核心与本质。"数权的本质是共享权"这一重要法理论断的提出，将成为改写文明规则的标志性历史事件

2. 人权、物权与数权的区分及实质

人权是全人类唯一相同的标志，是全世界人民的最大公约数。所谓人权，就是"人依据其自然属性和社会属性所应当享有的权利"。[①] 人权所指的人不是经济人、道德人、政治人，[②] 而是具有生物学特征、抽象掉一切附加因素后的自然人，一个人仅仅因为是人就应当享有人权。人权是如何产生的，这涉及人权的哲学基础问题。关于人权来源的学说，主要有习惯权利说、自然权利说、法定人权论与功利人权论、人性来源说以及道德权利说。[③] 人权本质上是权利，"权利—人权—法律权利—公民基本权利是一些依次相包容、具有属种关系的概念"[④]。人权的概念和内涵较为宽泛，其保障覆盖范围远比法律权利或基本权利广泛。随着经济社会的纵深发展，人权的维度和种类会不断增多，内涵和外延也会不断延伸。

物权的提出是社会文明的新起点。物权是与物相关的人权，是一种特殊、基本的人权，指"权利人依法对特定的物享有直接支配和排他的权利"。[⑤] 物权体系是以所有权为核心、用益物权和担保物权为两翼的制度构成。就其本质而言，物权是权利人直接支配"特定的物"的权利，但本质上不是人对物的关系，而是人与人之间的法律关系。物权是权利人对"特定的物"所享有的财产权利，在性质上是一种财产权，但它只是财产权的一种，是财产权中的对物权，区别于其中的对人权即债权。物权主要是一种

[①] 李步云：《论人权》，社会科学文献出版社，2010。
[②] 首先不是经济人，经济人以逐利为目的，如果人人都是经济人，人权则会缺乏保障。其次不是道德人，人权无关道德之有无与高低。最后不是政治人，尽管人权具有政治性，但把人权作为政治斗争的工具必然会限制人权。
[③] 习惯权利说，此说是以英国《大宪章》为代表的经验主义的人权推定说，即"习惯权利→法定权利"的人权推定。自然权利说，这是由法国《人权宣言》所发扬的先验主义的人权推定说，即"自然权利→法定权利"的人权推定，是关于人权来源的经典学说。法定人权论和功利人权论，该说认为正式或非正式的法律规章制度产生人权，自由和平等地追求人的幸福和福利是最大的价值和善。人性来源学说，认为人性包括自然属性和社会属性，自然属性是人权产生的内因和根据，社会属性是人权产生的外因和条件。道德权利说，认为人权属于道德体系，要靠道德原理来维系，其正当性来自于人的道德心。
[④] 林喆：《"人权"概念解读》，《人民文摘》2004年第4期。
[⑤] 《中华人民共和国物权法》第二条第三款。

对有体物的支配权,即物权人可以依自己的意思,无须他人意思和行为之介入面对标的物为占有、使用、收益和处分。物权关系作为一种法律关系,具有不同于其他财产法律关系的特征,主要表现为以下几点:第一,物权的主体是特定的权利人。第二,物权的客体主要是特定的有体物。第三,物权本质上是一种支配权。第四,物权是排他的权利(见表3)。

表3 人权、物权与数权的区分

	人权	物权	数权
主体	个人、集体	特定的人	特定权利人,包含数据所指向的特定对象以及该数据的收集、存储、传输、处理者(包含自然人、法人、非法人组织等)
客体	包括对物、行为、精神产品、信息等享有的权利	为人所支配的特定物;法律规定的权利	有一定规律或价值的数据集合;法律可规定例外
内容	人身人格权;政治权利与自由;经济、社会和文化权利;弱势群体和特殊群体权利;国际集体(或群体)权利等	所有权;他物权(用益物权和担保物权)	所有权;用益数权;公益数权;共享权

(三)数权的本质是共享权

数字社会的技术结构和网状特征决定了其内在精神是去中心化、无边界化,即开放、平等、协作、共享。这些特点奠定了"以人为本"的生态底色,也决定了这个时代的核心特点——共享,这一特点表征在数据权利上就是共享权。

1. 从"一物一权"到"一数多权"

"一物一权"是物权支配性的本质特征。物的形态随着科技的进步逐渐丰富,伴随物权类型的不断增加,所有权的权能分离日趋复杂化。"一物一权"在现实中受到了"一物多权""多物一权"的冲击。人类对物的利用程度和形式不断变化,"一物多权""多物一权"在审判实践中也取得法律上的一些间接默认与模糊许可,这突破了"一物一权"的原有之义。而数据可以存在"一数多权",具有可复制性、非消耗性和特殊公共性,这决定了赋予任何主体对数据的绝对支配权,都会背离共享的发展理念。随着时代的发展、科技的进步,当物的成本下降甚至接近零成本时,物的独享变得不再必要。对于富足而零边际成本的数据资源来说更是如此,其天然的非物权客体性和多元主体性决定了"数尽其用"基本原则的前提是共享。倡导"一数多权"的共享则成为一种必然而然的趋势,从长远看,稀缺的资源也会变得富足,传统意义上的资源稀缺被交互共享打破。"当我们从技术的视角来看待问题时,真正短缺的资源是很少的,真正的问题主要是如何利用资源。"[1]

2. 无边界共享

重混意味着旧边界的消失。互联网打破时空限制,虚拟与现实、数字与物质的边界正日渐消融,数字空间成为人类生活的新空间、新场域。与现实空间相比,数字空间具有时间的弹性化、即时化、可逆化与空间的压缩化、流动化、共享化特征。数字空间的出现,使人类世界出现了现实与虚拟双向度的空间结构形式。数字世界反映了数据开放性、共享性的本质力量,使人类走向无边界社会。通过重新排列组合,事物之间的边界逐步被打破。在无边界社会中,个人财产权的私有属性越来越弱化,越来越趋于共有与共享。要素流动越来越快,带来的创新频率越来越高。组织形式越来越有弹性,人与组织的关系从交换关系转变为共享关系。美国经济学家、思想家杰里米·里夫金(Jeremy Rifkin)认为,"未来社会可能不再是简单地交换价值,而是实现价值共享。过去所有的东西如果不交换就没有价值,但是未来不是交换而是共享"。

3. 信任与利他是数权共享的基础

共享的基本前提是开放,核心是信任;共享的本质精神是利他,利他主

---

[1] 〔美〕彼得·戴曼迪斯、史蒂芬·科特勒:《富足:改变人类未来的4大力量》,浙江人民出版社,2014。

义发乎同理心。① 信任由理念、规则、法律、治理等经年累月积累而成。信任是社会有序运行的润滑剂和黏合剂，降低了人类社会合作与交易的成本。信任为数权共享的实现提供了不可或缺的条件基础，在普遍价值与坚固的信任基础之上，共享社会将成为未来的重要社会形态。利他是未来的核心，利他主义具有促使他人得益的行为倾向，是一种自觉自愿的外化行动。这种利他主义的最大公约数，即是让数据权利、数据利用、数据保护与数据价值融为一体。利他主义的价值主张能够提高人们数权共享的主观意愿，从而促进人们共享行为的正向互动及转化。

（四）数权对人类共同生活的意义

老子说："人法地，地法天，天法道，道法自然。"希腊的斯多葛学派也提出了"按照自然而生活"的伦理思想。由此可见，人类有其共同的理念与法则，未来人类的发展将很大程度上取决于全人类在秩序法则的创设与趋同。人类追求良好的秩序，就是追求属于自己"好"的生活方式。孟子在两千多年前就曾说，"不以规矩，不能成方圆"，这表明中国人很早就意识到，人类有意或无意建立起来的规矩、规则、规范对于社会秩序的形成和维持的决定性意义。在新一轮的社会秩序变革中，数权的力量越来越凸显其无可替代的价值，历史上秩序的重构从来没有过像今天数权这样起到如此重要的作用。

人类社会发展的不同阶段需要随之构建相适应的秩序②，数字社会内部

---

① 里夫金在《同理心文明》一书中第一次提出：人类是一个具有同理心的物种，人类历史的核心就是同理心与熵的矛盾关系。在这个严重消耗能源、高度互联互通的世界，全球性的同理心正在形成，而由此引发的"熵账单"也越来越长。解决这一矛盾需要彻底反思我们的哲学、经济与社会模式。

② 戴维·温伯格在《新数字秩序的革命》一书中创造性地提出了三个层次的秩序思想。他认为：第一层次的秩序是实体秩序，是我们约定俗成的秩序，即对物质世界和事物本身的排列。第二层次的秩序是理性秩序，是我们根据需要将有关物质世界和事物本身的信息抽取出来，按照事先设计好的分类体系对这些信息进行某种排列组合。第三层次的秩序是数字秩序，是一种混沌，即无秩序。没有预先设定的秩序，超越了分类体系的限制，是在利用数据时根据需要重新排列组合，建立一种特定的、满足个性需求的新秩序。

结构或运行秩序的基础是数权制度，人类对数字秩序的需求构成了数权法得以产生和运行的基本土壤。我们正在进入一个全新的基于共享理念的"使用权时代"，凯文·凯利提出："我可以为它们（商品或服务）付费，但我不会拥有它们。在某种程度上，使用权变成了所有权。"数据也是如此，但是，对数据所有权毫无限制的使用与处分将会破坏有序的人类共同生活。数据是一种共享型资源，数权的本质是共享权，数字秩序是一种共享秩序。21世纪将是共享文明的世纪，走向共享是人类文明发展的共同归宿。由此而言，人类共同生活的基础是共享。数权的主张对人类共同生活具有重要意义，推动秩序重构，催生共享文明。

二　数权制度的基本构想

人类总是以需求为中心进行必要的制度设计。作为一种新权益，亟须为数权构建一套制度体系与运行规则，以促进数据"聚通用"，规范数权行为。当前，应当着眼研究数权制度构建的总体设计，否则，无论如何细致地在微观上分析某一种数权，最终不免是一些精致但无法装配的零件。对数权制度的研究是一个崭新的领域，需要构建一套数权制度体系，主要包括数权法定制度、所有权制度、公益数权制度、用益数权制度和共享制度。

（一）数权法定制度

随着公民权利意识的觉醒和提升，公众对数权的现实需求与未上升为法律权利的数权产生了巨大的矛盾，亟须建立数权法定制度，以满足民众对数权的法律需求。所谓数权法定制度是指从制度层面，通过对数权的内涵、外延、实现程序、灭失过程和救济途径等进行法律的规定和描述，使数权的实现变得有法可依。

1. 数权法定：从应然到实然

在人类法律哲学的历史上，自然法理论将世界分为应然世界和实然世界，规范应然世界的自然法和规范实然世界的实在法应运而生。相应地，作

为法学的核心，权利也分为了应然权利与实然权利①。而数权作为一项人权和物权演化而来的基本权利，反映了人类生存和发展的价值需求，是数权的应然。应然数权要得以实现，必须先通过立法对其进行规制，使应然数权法定化，再通过法律的贯彻实施实现向实然数权的跃迁。数权从应然到法定、再到实然，它们在一定条件下可以相互转化，表现为未被法律承认的数权与已被法律承认的数权之间的关系、制度化的数权与已实现的数权之间的关系。

2. 数权法定的内容

数权法定是指数权的种类与内容必须要由法律进行规定，不能由法律之外的文件进行规定。它对于界定数权、定分止争、建立数字秩序等都具有重要意义。数权法定主要包含种类法定和内容法定两方面的内容。所谓数权的种类法定，是指数权的类型必须要由法律进行规定，相关人员不得设立法律所不承认的数权类型，且不允许通过相关约定改变法律规定的数权类型。数权种类法定的目的是为了以法律的形式确定哪一类权利属于数权，哪一类权利不属于数权。而数权的内容法定包括两层含义：一是数权的内容必须要由法律进行规定，相关人员不得规定与法定数权内容不符的数权；二是要求相关人员不得做出与数权法定内容的强行性规定不符的规定。

3. 数权法定的困境

数权作为人类生存和发展的一项基本权利，要上升为法定数权，其本身应是正当合理的利益诉求，要符合现实的体制要求与价值取向，因此要受到经济、政治、文化等因素的影响。同时，数权法定是一个动态的过程，面临着许多困境：在法律制度层面，其上位法、下位法、实体法、程序法等法律体系构成的要素都影响着数权法定的成败；在思想文化层面，在社会上占主流的思想文化制约着数权法定的进程，公民的数权意识、社会领导者的法治意识、法律从业者的水平等都影响着数权法定的过程；在社会发展层面，数权法定体现现有法律文明程度和社会文明程度，但由于社会历史的发展限制，数权尚未引起社会各界的重视，故数权法定带有一定的滞后性。

---

① 傅克谦、屈庆平、孙浩：《权利的应然与实然》，《河北学刊》2012年第3期。

（二）所有权制度

数据所有权是一种对数据享有最完全的支配权，构成了数权制度的核心。数据所有权制度是指从制度层面将数据归依于特定主体，使前者处于后者的支配下的归属形式。数据所有权制度的构建，既有助于保护数权主体的权益，又能促进数据在整个社会范围内的共享和利用。

1. 所有权：对"物必有体"的突破

传统所有权以个人所有权为原型、以有体物为客体构建了一套制度框架体系，它将所有权与财产归属等同，强调主体对有体物的绝对支配和排他权利，并建立了与之相适应的一物一权原则，"物必有体"成为传统所有权制度的重要特征。随着数字时代的到来，数据的类型不断增长和丰富，以数权为核心的权利要求不断涌现，并在经济社会各领域中占据了重要地位，对以有体物为客体的传统所有权制度形成了冲击。数权需要被纳入现有所有权体系中，形成数据所有权。如果数据所有权也受到封闭排他性原则的限制，会造成所有权主体享有垄断特权，从而妨碍数据资源的有效配置。从法技术层面来说，很难通过传统所有权概念的扩张实现数据所有权制度的建构，因此必须提供新的法律调整工具，完成对传统"物必有体"原则的突破，同时对所有权的封闭排他结构和"一物一权"原则予以缓和，以规范和保护相关数权主体的利益。

2. 所有权的权能

数据所有权的权能是指由所有权主体享有的、构成所有权内容的权利，它是数据所有权自身价值和实在性的体现，也是数权的核心。同时，在主体享有与行使数据所有权过程中，它又体现出所有权的功能和作用。所有权的权能包括控制权、使用权、收益权和共享权。控制权是指主体对数据所享有的支配权，使数据处于主体合法控制之下，使得控制者拥有了自由行使、不受他人干涉的数据权利；使用权是指主体追求数据使用价值、利用数据、实现相应利益的权利，主要有处理权、复制权等表现方式；收益权是主体使用、共享数据而获得收益的权利，数据资产化就是一个得到收益权的过程，表现出外部性、长期性与多元性等特点①；共享权是权利人对数据进行最终消费与分享的权利，共享是对数据的最终利用，共享权是所有权的最终体现，是数权的本质。

3. 所有权的分离

在实际运行过程中，数据所有权的控制、使用、收益、共享四个权能往往不是完整的，它们中的一个或者几个在一定的条件下可以从所有权中分离出来，由他人享有和行使。这样，数据就脱离了所有权主体的控制，寻求一种更有效的途径，使其在不断流转中增值。这种分离是现代市场经济条件下所有权发展的必然趋势，是数据所有权主体行使所有权的具体形式。这既契合了所有权主体意志和利益的需求，又能达到数尽其用的目的。数据所有权的分离，并不会使所有权主体丧失其对数据享有的所有权，这是因为数据只有极低的复制成本，使得数据的流转并不会导致数据的消灭，所有权主体依旧对其享有所有权。同时由于数据所有权的权能并没有进行实质性的分割，原主体对数据依旧享有完全的支配权。

（三）用益数权制度

用益数权是为解决数据的所有与需求之间的矛盾而产生的，是在一定条件下对他人所有的数据进行使用和收益的权利。用益数权制度的建立，是数权从支配走向利用的产物，有助于更好地实现数权的价值，它是所有权的一种实现方式。

1. 用益数权：被限制的所有权

用益数权是基于数据所有权而产生的，它是数据所有权权能分离的结果，这种分离适应了扩大数据所有权、扩展数据使用价值的需求。从这个意义上讲，用益数权是一种他数权，其本身是对数据所有权的限制。在数据所有权主体无法实际利用的情况下，其将自己的数据共享予他人使用并产生收益，从而在经济上充分发挥数据的价值。相较于数据所有权，用益数权主要

---

① 陆小华：《信息财产权：民法视角中的新财富保护模式》，法律出版社，2009。

表现出以下特征：第一，用益数权是一种他数权，而所有权是一种自数权；第二，用益数权作为一种定限数权，用益数权人只是享有所有权的部分权能，其支配的主要是数据的使用价值；第三，用益数权大多都是有期限限制的；第四，用益数权的客体一般都具有使用价值，以满足用益数权主体使用和收益的需要；第五，用益数权的取得方式在法律上是有限制的，只能通过协定或法律强制许可取得。

2. 用益数权的内容

用益数权是对他人数据的使用价值加以支配的权利。所谓他人，原则上是指数据所有权的主体。用益数权的内容是对数据使用价值的支配，可以具体化为控制、使用和收益三项权能。控制是用益数权设定的先决条件，用益数权主体只有控制他人数据，才能实现对数据的使用和收益，从而获得数据的使用价值。用益数权还包括使用权和收益权，一方面用益数权在法学中的直接意义就是使用权；另一方面用益数权主要是对数据使用价值的利用，从而满足权利人不同的利益需求。使用是根据数据的性质和用途，按照法律或合同的约定，对数据加以利用。设定用益数权的目的是为了利用数据，使用主要是为了获得数据的使用价值。收益是指通过使用获取数据的天然孳息和法定孳息。

3. 用益数权的特征

用益数权作为他数权，具有以下特征：第一，用益数权的主体是所有人以外的其他民事主体，包括自然人、法人和其他组织；第二，用益数权仅承认以约定方式创设，不承认以法定方式创设；第三，用益数权的客体是数据，而数据具有非物质性、可复制性和不可绝对交割等特点，设立用益数权有助于提高数据的利用效率；第四，用益数权一般不包括对标的数据的共享权，但权利人也依法享有对用益数权本身的共享权；第五，用益数权在性质上具有特殊性，一方面用益数权是一种定限数权，其内容、期限都不如所有权内容丰富；另一方面用益数权原则上是主权利，它是一种独立于所有权的数权，不以其他数权的存在为成立前提，不随其他数权的转让而转让，也不随其他数权的消失而消失。

（四）公益数权制度

在现有的法律制度研究中，国内外尚无公益数权的概念及相关定义，但就数据的利用保护而言，界定公益数权非常必要。公益数权是行政主体为保障和增加公共福利，而在其提供或管理的公益数据上设定的公法性权利的总称。

1. 公益数权：被让渡的用益数权

公益数权是数权制度的重要内容，公益数权是与用益数权相对的一种数权类型，主要是指以政府为代表的公共机构出于公共利益需要，对公益数据的控制、管理和使用的权利。从法律属性看，公益数权是一种被让渡的用益数权，是公民的一项基本权利。它不以营利为目的，是用于公共事业、公共服务和公共管理的数权主张。从法律上讲，公益数权主体是全体公民，政府等公共机构只是出于公共利益需要代为控制和管理与使用。维护公共利益是公益数权的根本要求，也是政府对私权进行限制的重要手段。作为使大多数人受惠的一项权利，公益数权的内容具有一定的不确定性和相当的弹性，会随群体的利益需要和经济社会的发展而发生变化，但其最终的关怀是维护公众自由、平等、安全等基本价值。

2. 公益数权的主体与客体

目前，作为公权力代表的政府掌握着全社会约80%的公共数据，为了保障数据安全和数据的公共利益，政府代表国家行使公益数权。但由于公益数据的公共福利属性决定了公众也享有使用公益数据的权利，故公益数权的主体是一个复合性主体，应包括政府等行政主体和社会公众。行政主体为公益数权法律上的形式主体，而公众则为公益数权的实质主体。公益数权的客体是公共数据，它不仅包括政府和公共机构所掌握的数据，还应包括第三方社会组织和个人公开发布的数据，凡是能满足公众数据需求、与公共利益密切相关的数据均可纳入公益数权客体范畴，因此它具有公共性和广泛性的特征。公益数权客体的这两种特征决定了公益数权具有"公私兼具"的法律属性，从而要在维护公共利益的基础上，更好地保障个人数据权利，提高数据利用效率，实现数据价值最大化。

3. 公益数权的类型

公益数权主体的复合性决定了公益数权的权利类型应从以政府为代表的行政主体和公众两个维度建构。从以政府为代表的行政主体来看，公益数权的权利类型主要体现为公益数据的支配权。政府代表国家行使对公益数据的支配权，权利类型包括数据采集权、数据控制权、数据发展规划权和数据使用许可权。从公众主体角度出发，公益数权的行使应从公民的知情权和公众公共利益角度考量，这时公益数权实质上是一种被限制的权利，它源自于公民用益数权的让渡，主要包括数据知情同意权、数据修改权、数据被遗忘权和删除权。

（五）共享制度

数权的本质是共享权，这反映了承担社会责任和享有数据权利的有机统一。当然，数据共享权无法做到自我实现，必须要借助相关的制度，解决各类因数权共享而产生的矛盾分歧，发挥数据的最大价值。

1. 共享制度的内涵

数权共享制度关注的核心主题是数据的个人权益与公众利益的平衡问题。无论是个人权益大于公众利益，还是公众利益大于个人权益，都有悖于数权自由、平等、安全的基本价值和精神。数权共享制度对以往"重私利、轻公益"的数据观进行了矫枉过正，提出并倡导了一种私利与公益相平衡的数权观。同时，数据的个人权益与公众利益的平衡也构成了数权制度创新与安排的根本问题，数权共享制度将数据私利与公益的公平分配作为核心原则，数尽其用，为协调不同数权利益主体间的冲突与矛盾提供了价值依据，使数字社会的构建有了基础的价值导向，有助于化解因不同数权主体间的利益冲突而带来的危机，夯实社会发展的结构性基础。

2. 共享制度的要点

构建数权共享制度应把握三个关键：首先，要在全社会培育公众的数权平等意识、数权公益意识、共享意识和人文精神，激发相关数权利益主体的创造力，从而创造出更多更丰富的数字财富。其次，由于数权共享的前提是

"以人为本",因此,要构建科学合理的数权利益共享表达机制,通过这个机制,了解广大公众对数权共享的真实愿望和需求,从而保证数字文明新社会的构建不出偏差。最后,数权共享的精髓在于让每一个人都能享受数权共享的成果,核心是公平共享,关键是公益和私利的平衡,这是构建数字文明社会的思想前提和结构性前提。因此,必须要保障公众的基本数权,创设数权共享的保障和救济制度,使数权弱势群体得到真正的数权救助与保障,让社会全体公众共享数字文明新社会的建设成果。

3. 共享制度的困难

落实数权共享制度首先要破除相对主义思维和既得利益心理惯性两大思想障碍。所谓相对主义思维,是指当事人根据自己利益的需要否认数权共享的绝对性、夸大其相对性,对数权共享制度的设计与安排进行抵制;而既得利益心理惯性思维是指由于当事人已取得了相关的数权利益,却不愿意承担数权共享给他人的义务,把数权共享的公益责任推给他人,将私利凌驾于公益之上,无法发挥数尽其用的共享本意,从而扭曲了数权共享制度体系。其次,数权共享不仅要完成数权共享利益的分配,还要创新数权基本制度的设计与安排。由于涉及因利益重新分配而引发的各种矛盾,要审慎做好数权共享的制度性"嵌入"工作。最后,要对现有权利保障制度进行重新设计,建立与数权共享理念保持一致的保障制度,更好地实现数权共享的理念和精神。

三 数权法的立法前瞻

(一)数据保护模式的实践探索

目前,全球已有110余个国家或地区制定了专门的个人数据保护法。在大数据、人工智能、区块链等技术兴起之下,域外个人数据保护法已进入新一轮修法阶段。

1. 国外数据保护的立法模式

欧盟专门立法保护模式。早在1995年,欧盟就出台了《个人数据保护指令》,"制定了严格而规范的个人信息保护法律框架,并要求各加盟国建立统一的个人隐私保护法律、法规体系以保证个人数据在加盟国之间自由流通。"这被称为"欧盟模式"。2018年欧盟正式实施《一般数据保护条例》,对新形势下个人数据保护做了新规定,成为数据保护立法的里程碑。"欧盟模式"主要有以下三个特点:第一,统一立法;第二,视个人数据为基本人权;第三,执行机构以独立的个人数据保护机构为主。① 统一立法模式的优点是全面系统,易于理解和执行,缺点是对不同个人数据处理的不同需求缺乏充分考虑。

美国部门立法保护模式。美国个人数据保护制度是在隐私权判例法的扩张以及部门单行成文法的制定中逐步建立起来的。美国的个人数据保护自成一派,被称为"美国模式"。这种模式有三大特点:第一,部门立法;第二,强调维护个人数据的正常使用;第三,注重行业自律。② 部门立法的优点是照顾到了个人数据处理的差异性,但缺点是标准多样化,会增加数据保护的成本,降低保护的力度(见表4)。

日本综合立法保护模式。日本对于非公共机构的数据保护,一开始倾向于鼓励行业自律而不是全国性立法。2003年通过的《个人信息保护法》(2015修订),一改往昔零散立法、部分保护的模式,以统一立法规制所有

---

① 一是统一立法,以综合性立法和全面管理为特点,法律调整的范围包括政府机构和商业机构,只要是个人数据处理,都适用同一部《个人数据保护法》。二是视个人数据为基本人权。个人数据保护被认为具有宪法意义,因而相对经济利益有更高的地位,要优先保护。三是执行机构以独立的个人数据保护机构为主。这些机构在行使授予它们的职权时完全独立,具有调查权、有效干涉权和参加诉讼的权利。而当事人对监管机构的决定不服时可向法院起诉。

② 一是部门立法。美国"并没有制定统一的个人数据保护法,而是针对个人数据滥用危险比较大、个人利益特别需要保护的特殊部门进行特别立法"。这种立法模式的优点在于契合不同部门的具体需要,但也被批评是条块分割,缺乏统一性,留下许多法律空白。二是强调维护个人数据的正常使用。美国没有把个人数据权视为宪法意义上的基本人权,认为除非市场无法调节,否则不会启动联邦立法。尊重个人在数据处理中的权利,强调个人数据的正常使用,鼓励个人与企业自发和私下解决数据纠纷。三是注重行业自律。美国没有独立的数据保护机构,主张通过司法途径解决纠纷。同时,自律机构、企业可较大自主性地采取数据保护措施。

表4 美国与欧盟数据保护模式之立法比较

模式	特点	优势
欧盟模式	• 统一立法 • 个人数据为基本人权 • 执行时以独立的个人数据保护机构为主	• 可以使保护个人信息在一国内明确化 • 可以为个人信息提供统一的保护标准 • 可以为个人信息提供更加规范的保护 • 可以给予当事人充分的救济 • 法律规范具有高度的权威性 • 更容易得到普遍的遵从
美国模式	• 部门立法 • 强调维护个人数据的正常使用 • 注重行业自律	• 个人信息处理行业有保护个人信息的内在动因 • 网络的快速发展性与立法的稳定性将成矛盾 • 不同的行业收集与处理个人信息的情况不同 • 制定和解释规范的成本较低 • 行业自律有着深远的经济原因 • 实施自治性规范深受业界影响

注：参见郭瑜《个人数据保护法研究》，北京大学出版社，2012；齐爱民：《大数据时代个人信息保护法国际比较研究》，法律出版社，2015。

个人数据处理行为。该法将全国范围内适用的原则与各政府部门为其主管的私人部门所指定的具体行动指南相结合，这是日本所独具特色的立法模式。[①]

2. 我国数权立法的国家实践与地方探索

在我国，各界从不同角度、不同学说、不同层面对数权立法进行了探讨，但尚未形成共识。立法层面，我国现行立法体系中尚无任何一部法律冠以个人数据保护之名，有关规定散见于相关部门法中，形成多头而分散的局面。总体而言，数据保护立法缺乏系统性、体系性和连贯性，存在保护范围的有限性和保护标准的模糊性等缺陷。

最新通过的《网络安全法》关于个人数据的规定，与现行国际数据保护规则及立法前沿实现了理念上的接轨。但不论是对个人层面抑或国家层面数据保护的规定仍若隐若现，尚未形成完整的体系，不足以让人"解渴"。

[①] 其形成的原因是日本试图在美国的部门立法和欧盟的统一立法之间的折中，在统一立法的同时又赋予各部门在自我本部门管辖事务的能动权。同年，为辅助该法的具体实施，日本还出台了其他四部相关法律，使该法更具体系性。此外，对以往部门立法各自为政模式中涉及的个人数据保护规定也都进行了完善。

《民法总则》第 127 条规定："法律对数据、网络虚拟财产的保护有规定的，依照其规定。"这是对数据作为一种法律权利的正式承认，首次明确将数据纳入民事权利保护范围。相关的宣示性条款（如第 111 条[①]），让个人数据与隐私权有了更权威的保障，迈出了我国个人数据保护立法的重要一步。但是，民法总则对数据的法律属性、保护途径等仍待探讨的问题的态度是包容审慎的，这为数据专项立法、细化留下了空间。目前，我国的数据安全和个人数据保护已被提上立法议程，但从"数据已成为国家基础性战略资源"层面看，在制度上还缺乏全局性的通盘考虑和战略上的总体设计（见表5）。

表5 《网络安全法》对数据的主要规定

维度	条文
数据安全	第 10 条 "维护网络数据的完整性、保密性和可用性"
	第 21 条 "防止网络数据泄露或者被窃取、篡改"
	第 27 条 "不得提供专门用于……窃取网络数据等危害网络安全活动的程序、工具"
	第 31 条 "一旦遭到破坏、丧失功能或者数据泄露，可能严重危害国家安全、国计民生、公共利益的关键信息基础设施"
个人数据保护	第 40 条 "网络运营者应当对其收集的用户信息严格保密，并建立健全用户信息保护制度"
	第 41 条 "网络运营者收集、使用个人信息，应当遵循合法、正当、必要的原则，……并经被收集者同意。……并应当依照法律、行政法规的规定和与用户的约定，处理其保存的个人信息"
	第 42 条 "网络运营者不得泄露、篡改、毁损其收集的个人信息；未经被收集者同意，不得向他人提供个人信息……在发生或者可能发生个人信息泄露、毁损、丢失的情况时，应当立即采取补救措施"
	第 43 条 "个人发现网络运营者违反法律、行政法规的规定或者双方的约定收集、使用其个人信息的，有权要求网络运营者删除其个人信息；发现网络运营者收集、存储的其个人信息有错误的，有权要求网络运营者予以更正。网络运营者应当采取措施予以删除或者更正"
	第 44 条 "任何个人和组织不得窃取或者以其他非法方式获取个人信息，不得非法出售或者非法向他人提供个人信息"

[①] 《中华人民共和国民法总则》第 111 条规定：自然人的个人信息受法律保护。任何组织和个人需要获取他人个人信息的，应当依法取得并确保信息安全，不得非法收集、使用、加工、传输他人个人信息，不得非法买卖、提供或者公开他人个人信息。

续表

维度	条文
国家层面的数据保护	第37条 "关键信息基础设施的运营者在中华人民共和国境内运营中收集和产生的个人信息和重要数据应当在境内存储"
	第51条 "国家网信部门应当统筹协调有关部门加强网络安全信息收集、分析和通报工作"
	第52条 "负责关键信息基础设施安全保护工作的部门,应当……按照规定报送网络安全监测预警信息"

各地方政府相继出台了大数据发展规划,但围绕数权保护的范围边界、责任主体和具体要求等尚未有明确的标准和规则。就目前地方大数据立法而言,管理性、义务性、惩罚性法规多,保障性、服务性、促进性法规少,高层次、专门性法规的缺失严重制约着经济社会的繁荣发展。贵州省及贵阳市作为我国大数据发展的先行者,以立法引领制度创新,先后出台了《贵州省大数据发展应用促进条例》《贵阳市政府数据共享开放条例》《贵阳市大数据安全管理条例》等地方法规,为国家层面的数权立法提供了理论准备与实践基础。

(二)数权法的立法设想

数据已成为国家主权的战略基石、社会权利的重要来源,引起世界经济格局、利益格局和安全格局发生前所未有的深刻变革。我们正踏进数字经济、数字政府、数字社会构架的文明新篇章,数字文明的开启有赖于数权制度的安排与推动、数权法律的包容与明确,完善我国数权立法刻不容缓。

1. 立法定位

科学的立法定位是构建立法框架的基本前提,为法的制度设计和结构确定提供重要的法理依据。"数权法"是有关数据资源权益保护的法律,与《消费者权益保护法》《网络安全法》《民法总则》等法律法规共同组成我国数权保护的法律体系,因而需注重数权法与其他相关法律之间的衔接与协调,避免纵向重复或横向交叉,消除立法上的矛盾与冲突。"数权法"是数权保护领域的综合性基础法律，基础性法律应更多注重为解决问题提供原则性指南，问题的解决还需要一系列配套法律的制定和配套制度的实施。"数权法"是调整数据权属、利用和保护的法律制度，是权利法、责任法、促进法。以保障数据权利为逻辑起点，本质属性是权利法；以加强数据主体责任为主要线路，根本特征是责任法；以维护数字秩序为基本功能，基本特征是促进法。

2. 立法原则

立法原则是立法活动的重要准绳，也是立法思想的重要体现。数权立法应贯彻制度保障与技术保障并重的原则。法律作为社会调整的重要工具，旨在通过预设的规范将人们的行为纳入秩序的轨道。"技术中立"是立法中的一个重要原则，数权立法既应重视秩序性安全，也要强调技术性安全，进而实现保护数权的重要使命。应坚持审慎监管与保护创新并举的原则，法的价值是法律价值主体借助价值客体的价值属性满足价值目标的集合，数权立法的关键在于实现有效保护数权与促进数尽其用之间的平衡兼顾。应凸显数据安全责任主体共同治理原则，在平衡各方利益，促进数字秩序制度性安全与技术性安全过程中，明确各主体在数据保护与利用中的责任，避免九龙治水、产权不清、权责不明、监管不力。

3. 立法模式

选择怎样的保护模式是我国数权立法无论如何都绕不过去的话题。总的来看，"欧盟模式"更有利于个人数据的保护，而"美国模式"则更符合数据自由流通的需求，两种模式的主张各有其利弊得失。个人数据保护模式争议的核心问题是如何在促进商业化利用和充分保护个人数权之间寻求平衡。在理念上，数权立法要平衡保护与利用的需要。首先，在数据静态保护上，应从权利基础出发，确认个人数据与隐私权为基本人格权；其次，在数据流动过程中，应从正义基础出发，处理好数据的收集、使用与共享中权益分配的公平合理等问题。在制定数权法时，要努力吸收各种保护模式的先进经验，并结合我国法律传统与具体国情做出合理的制度设计。

4. 立法架构

为实现立法定位，数权立法需更新立法理念，以"保障和促进"性取代传统"义务和惩治"性的法律规范，确立"权属、权利、利用与保护"四位一体兼具权利、促进和责任功能的立法架构。

数据权属。数据确权是数权保护的逻辑起点，是建立数据规则的前提条件。不同类型的数据有不同的权属，处于数据生命周期不同阶段的数据也有其不同的归属。在立法中应划清数据的边界，包括政府数据的开放边界、企业数据的商用边界以及个人数据的隐私边界。

数据权利。数据权利是数权立法的重要组成部分，一部没有权利内容的法律无法激起人们对它的渴望。在立法中，应当赋予数据主体相应的权利，如数据知情权、数据更正权、数据被遗忘权、数据采集权、数据可携带权、数据使用权、数据收益权、数据共享权、数据救济权等。不仅要有数据的所有权人控制、使用、收益等权利的规定，也要有他人利用数据的权利的规定，如用益物权、公益数权、共享权等。

数据利用。数据的价值在于利用，在坚持数尽其用原则前提下，开发数据商用、政用、民用价值，催生全产业链、全治理链、全服务链"三链融合"的数据利用模式。数权规制的目的是维护公共利益和公共安全并促进个人数据的自由共享，因此，公民须让渡一定程度的数据权利。在立法中，力争以一定的标准实现合法保护与合理利用二者之间的平衡。

数据保护。保护责任是法律、法规、规章必不可少的重要组成部分，如果一部法律缺乏保护责任的规定，该法律所规定的权利和义务就是一些形同虚设的规则。数据采集、存储、传输、使用等环节都需要强化安全治理，防止数据被攻击、泄露、窃取、篡改和非法使用。此外，数据事关国家安全和国家权益，需要在国家层面对数据主权另行保护。

参考文献

连玉明：《大数据蓝皮书：中国大数据发展报告 No.1》，社会科学文献出版社，2017。

大数据战略重点实验室：《重新定义大数据》，机械工业出版社，2017。

大数据战略重点实验室：《块数据3.0：秩序互联网与主权区块链》，中信出版社，2017。

王利明：《物权法研究》（第四版），中国人民大学出版社，2016。

陈晓敏：《大陆法系所有权模式历史变迁研究》，中国社会科学出版社，2016。

白桂梅：《人权法学》（第二版），北京大学出版社，2015。

陆小华：《信息财产权：民法视角中的新财富保护模式》，法律出版社，2009。

周林彬：《物权法新论——一种法律经济分析的观点》，北京大学出版社，2002。

〔德〕鲍尔、施蒂尔纳：《德国物权法》（上册），法律出版社，2004。

高奇琦、张鹏：《论人工智能对未来法律的多方位挑战》，《华中科技大学学报》（社会科学版）2018年第1期。

吴汉东：《人工智能时代的制度安排与法律规制》，《法律科学》2017年第5期。

陈红岩、尹奎杰：《论权利法定化》，《东北师大学报》（哲学社会科学版）2014年第3期。

傅克谦、屈庆平、孙浩：《权利的应然与实然》，《河北学刊》2012年第3期。

姚轩鸽：《权利视野中的"共建共享"》，《中国发展观察》2007年第5期。

王利明：《物权法定原则》，《北方法学》2007年第1期。

刘雪斌：《法定权利的伦理学分析》，《法制与社会发展》2005年第2期。

孟勤国：《中国物权制度的基本构想》，《现代法学》1996年第2期。

文正邦：《有关权利问题的法哲学思考》，《中国法学》1991年第2期。

综 合 篇

Surveys

B.10
激活数据学与大数据解决方案

摘　要： 大数据时代，数据爆发增长、海量集聚，人类积累数据的能力远远超过分析和处理数据的能力。数据拥堵、数据失真、数据安全等问题接踵而至，加剧了社会的不确定性和不可预知性，造成了人类认识世界和改造世界的障碍。为此，本文基于复杂理论和块数据理论的应用实践，创新性地提出激活数据学的理论和实践体系，并系统性地探索其理论基础、运行规律和应用模型。激活数据学是以充分发挥人机群体智能为核心，综合运用数据科学、生命科学、社会科学和智能科学等提出的海量数据存储、处理和利用的解决方案。激活数据学的提出对于解决海量数据困扰，清除认知障碍，破解未来数据拥堵难题有着重要的现实意义。

关键词： 数据拥堵　复杂理论　块数据理论　激活数据学

一 超数据时代的数据困惑

（一）小数据时代、大数据时代和超数据时代

人类对数据的认知最早可溯源至"数觉"[①]，并从数觉逐渐形成数的概念、数的方法和数的科学。基于人类对于数据价值认识的视角，我们可以将数据的演化过程粗略地分为三个阶段，即小数据时代、大数据时代和超数据时代（见图1）。

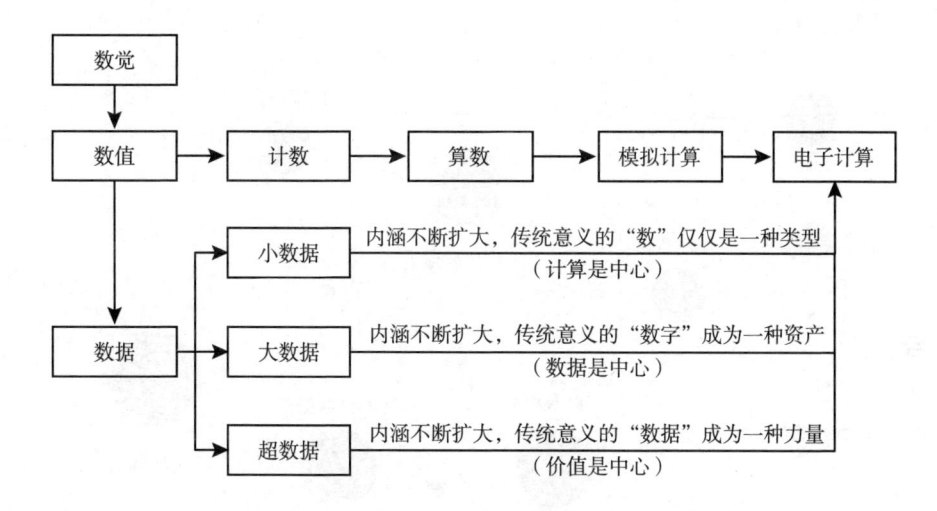

```
数觉 → 数值 → 计数 → 算数 → 模拟计算 → 电子计算

数值 → 数据 → 小数据：内涵不断扩大，传统意义的"数"仅仅是一种类型（计算是中心）
           → 大数据：内涵不断扩大，传统意义的"数字"成为一种资产（数据是中心）
           → 超数据：内涵不断扩大，传统意义的"数据"成为一种力量（价值是中心）
```

图1 从数觉到超数据

人类社会进入工业文明以来，在摩尔定律的推动下，信息技术快速发展，计算、存储和传输数据的能力以指数速度增长，二极管、电子芯片、集成电路等电子电路器件从"无"到"有"，半自动化、自动化系统从"有"到"优"，人类逐渐解放双手，进入以操作和管理"0"和"1"为标志的

[①] 数觉，指的是在一个小的集合里，增加或减去一个元素的时候，即使未曾直接知道元素增减，也能够辨认到其中有所变化。

小数据时代。小数据时代，数据独立存在于不同的系统和平台，一方面，没有与其他数据建立连接，造成数据未被使用、分析甚至是访问，形成了一个个分散、孤立、碎片化的点数据（见图2）。另一方面，由于数据处理能力的局限性，人类的管理和决策几乎不能依靠数据进行精细化、精准化的分析和预判，如同茫茫大海上漂泊的船只，找不到方向。当面对大规模数据运算需求时，人们只有利用整体与部分之间的关系，用部分已掌握的数据去推算和了解整体。例如，在分析全球癌症发病率和死亡率时，医学科学家们没办法获取和处理全部数据，只能选取部分患者数据进行统计分析，从而达到对整体数据的推算。而这种抽样统计的方法也成为小数据时代统计分析的主要工具和方法论。

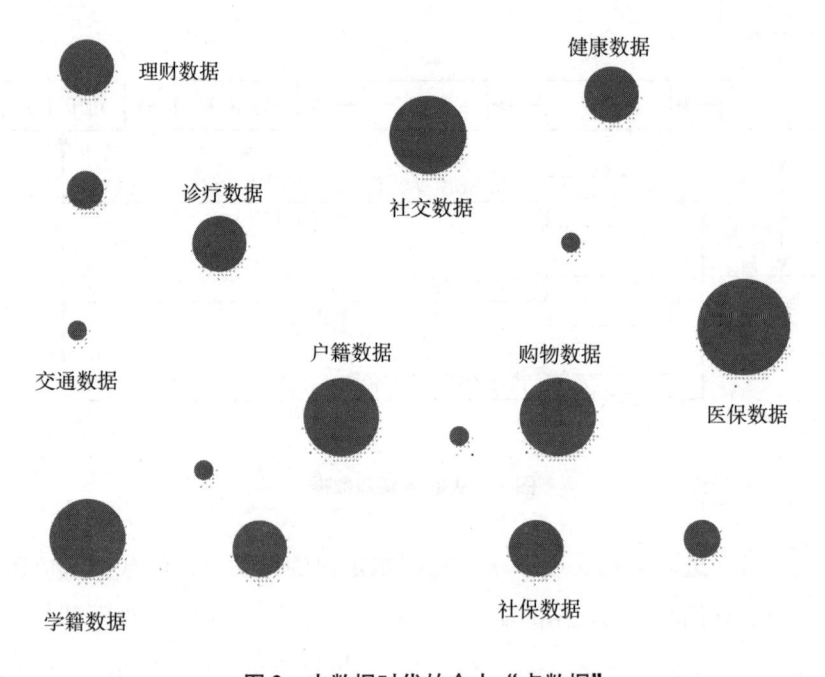

图2　小数据时代的个人"点数据"

大数据是万物的数字刻画，被视为工业革命的后续。超数据时代成为大数据时代发展的后半场，是大数据时代全面采集、存储、积累的必然结果。随着5G、物联网、人工智能、区块链等新一代信息技术与经济社会各个领域的快速发展与深度融合，数字、文字、图像、音频、视频等极大丰富了数据种类与规模，数据以前所未有的速度极速增长和积累。超数据时代，普惠泛在的信息网络体系人人共享，数据连接型社会孕育而生，互联网变成基础设施，万物"在线"，一切皆可数据化，视频监控、光学观测、健康医护、智慧管理等每一个应用场景、每一个传感器和智能终端都会源源不断地产生复杂、多元、异构的海量数据，这些海量的数据更恰当的描述应该是"无限"的数据，都是实时无间断地生成、传输和存储的。超数据时代里，一方面人们对于数据资源的使用水平和效率大大提高，另一方面庞大的数据规模也容易造成数据超载与数据膨胀，极大地挑战了人们对数据的分析、处理和应用能力（见表1）。

表1 小数据时代、大数据时代与超数据时代的对比

对比内容	小数据时代	大数据时代	超数据时代
数据量	数据量小，以 KB、MB、GB 为存储单位	数据量大，以 TB、PB、EB 为存储单位	数据量超大，以 ZB、YB、BB 为存储单位
数据结构	数据结构简单，以结构化数据为主	数据结构多样，主要包括结构化数据、半结构化数据和非结构化数据	数据结构复杂，包括结构化数据、半结构化数据、非结构化数据、抽象化数据和暗数据等
数据价值	数据价值密度高	数据价值密度低	数据价值密度极低
数据来源	数据来源简单	数据来源繁多	数据来源繁多、复杂、异构
产生速度	数据产生、变化速度慢	数据产生、变化速度快	数据产生、变化速度极快
存储设备	数据存储设备昂贵	数据存储设备价格相对低廉	数据存储设备价格低廉

（二）超数据时代的数据拥堵

数据拥堵就像交通拥堵一样。人机物三元世界源源不断产生数据的规模远远超过了人类存储、传输、分析、处理和应用数据的能力，使得有限的存储资源、网络资源、计算资源难以承载海量、复杂、失控的数据，造成濒临崩溃的数据拥堵困境。

1. 海量：多元、离散与失真

万物互联的超数据时代，数据成为人机物三元世界的客观映射。数据大爆炸导致海量数据激增①，垃圾数据和无效数据泛滥，使得人类产生了"看得到却用不到"的数据焦虑。这些海量、无效、离散的数据中，既包括人脑和电脑能够识别的结构化数据和非结构化数据，也包括只有人脑才能识别的抽象化数据，还包括至今人脑和电脑都无法识别的暗数据，这些数据维度离散、质量较低、价值密度也较低，使我们对数据的认识和研究变得更加复杂，给数据存储技术、处理技术以及应用等相关技术的研发和使用带来了巨大挑战。

2. 复杂：数据复杂、计算复杂与系统复杂

数据复杂性主要表现为数据结构和类型多样、关联关系繁杂、质量参差不齐，使得数据的感知、计算、理解和表达等多个环节面临着前所未有的困难和挑战，导致以往全量数据计算模式下时空维度上计算复杂度的激增，以往的数据检索、主题发现、语义感知等分析与挖掘任务变得异常困难。计算复杂性主要表现为数据检索速度慢、任务周期长、分析能力弱。超数据时代不断激增的数据多源异构、规模巨大、快速多变等特性使得以往的机器学习、数据挖掘等计算方法不能有效支持超数据的处理、分析和计算。系统复杂性主要表现为数据吞吐率要求高、并行处理能力要求强，同时，作业单位能耗约束高。

3. 失控：混沌与无序的数据安全风险

超数据时代，数据采集、存储、传输变得简单便捷的同时，数据风险问题也迫在眉睫，尤其是风险意识和安全意识薄弱、关键信息基础设施的安全可靠性差、黑客攻击、技术环节薄弱和管理漏洞以及法律的缺失和滞后都加大了风险的发生频率和危害程度，使得数据风险日趋失控，数据安全保护面临严峻的挑战。超数据时代数据所引发的数据安全问题，并不在于技术本

---

① 据国际数据公司（IDC）统计，2011年全球数据总量已经达到1.8ZB，并以每两年翻一番的速度增长，预计到2020年全球将总共拥有35ZB的数据量，数据量增长近20倍。

身,而是在于数据资源的开放、流通和应用导致的各类风险和种种危机。这种风险和危机的核心是颠覆,颠覆的本质是破坏、解构和重构,直接导致结构和功能的变化,这会加剧社会的不确定性、不可预知性和不可控性。超数据时代,数据风险发生的原因是多方面的,但更为深刻的是伦理方面的原因。数据高风险的背后是人性失落、道德失范和行为失序等问题。

(三)数据拥堵的治理范式

数据拥堵是人类社会数字化快速发展的必然结果,是阻碍人类认识未来、走进未来、创新未来的绊脚石。数据拥堵的来临将会像交通拥堵一样,严重影响人类的正常生活和工作,使得人类被垃圾数据、无效数据、干扰数据层层包裹,造成对认识世界和改造世界的认知障碍。如何对数据拥堵进行治理已成为超数据时代最重要也是最急需解决的数据难题。

1. 数据拥堵的本质

造成超数据时代的数据拥堵有四个方面的原因:一是小数据时代"点数据"的重复录入、重复采集和大数据时代"条数据"的增量化积累,导致的海量数据激增;二是现有数据库存储架构和存储技术多数是基于大数据时代甚至是小数据时代设计的,难以支撑超数据时代海量数据存储、调度和任务分发,造成速度响应困境;三是由于超数据时代数据种类、数据格式和数据质量复杂多样,关联关系繁杂,现有数据存储模式难以应对不断变化的数据存储需求;四是由于超数据时代,万物"在线",一切皆可数据化,数据增量的速度不再受"摩尔定律"的限制,数据大爆炸每时每刻都在上演。

2. 数据拥堵与数据治理

高质量数据是超数据时代的数据"石油",是数据分析和数据应用最理想的数据来源。数据治理[①]是形成高质量数据的必要环节。数据治理是通过

[①] 数据治理的英文是 Data Governance,《DAMA 数据管理知识体系指南》一书给出的定义:数据治理是对数据资产管理行使权力和控制的活动集合。

"技术"和"管理"打出的一套持续改善的"组合拳",贯穿于数据的全生命周期管理过程中(见图3)。基于数据治理的方法论,超数据时代数据拥堵的治理将不在于获取越来越多的数据,而在于数据的去冗分类、去粗取精和热点减量,把数据从"厚"做到"薄",从"大"做到"小",在不明显提高技术要求和增加经济成本的条件下尽可能提高数据的质量,保障数据的高安全性、高可用性和高价值性。坚持以科学的办法解决科学的问题,创新数据治理思维,从数据科学、生命科学、社会科学、智能科学等角度探索治理数据拥堵的新范式。

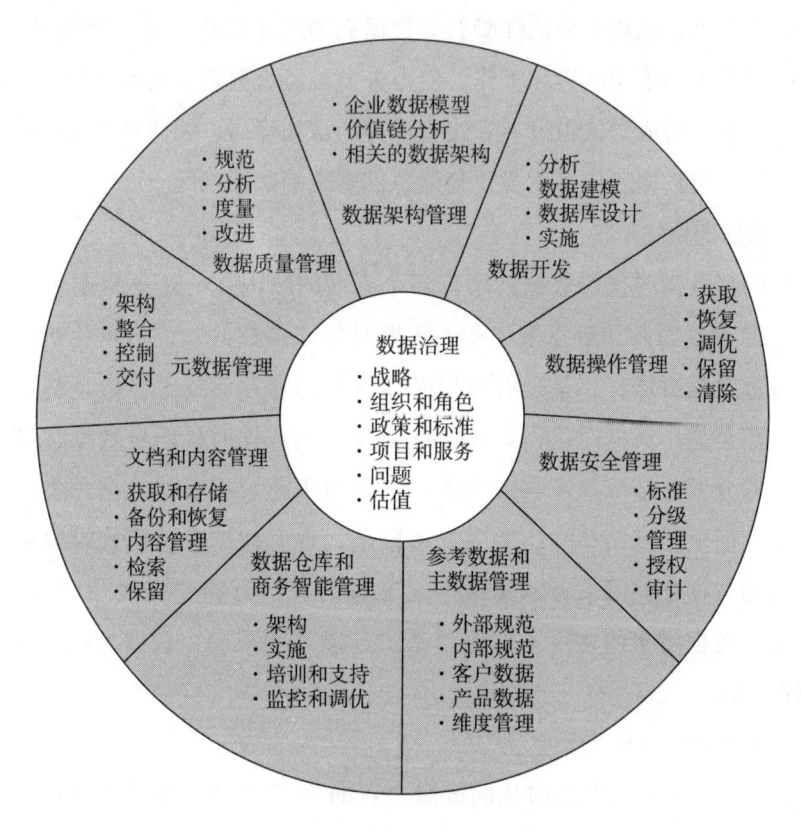

图3 数据治理与数据管理

资料来源:高亮,《数据治理:让数据质量更好》,《中国教育网络》2014年第12期。

3. 数据拥堵的块数据治理范式

块数据是具有高度关联性的各类数据在特定平台上的持续聚合[①]，是一种新的数据观，打破了小数据时代"点数据"和大数据时代"条数据"存在的数据孤岛和数据垄断。块数据是基于人脑结构的以人为原点的数据社会学研究的方法论，具有主体性、高度关联性、多维性、强活性和开放性五大特征，是人脑数据思维和人脑数据处理模式的技术化实现，是最好的数据分解器和激活器。块数据的类人脑结构和思维模式给数据拥堵治理提供了无限种可能。例如，基于数据全生命周期"倒序"的视角，数据拥堵治理可通过探索预言性数据分析问题[②]，从"足够多"的数据，到"刚刚好"的数据，再到"有价值"的数据的按需约简，以减少无效数据的干扰。基于生命科学的视角，可探索并赋予数据"遗忘"和"封存"的特性，使数据具有"人脑"的思维和能力，遗忘无效数据，封存弱关联数据。基于社会科学的视角，进行以人为原点的数据社会学多维度分析，优先挖掘并使用强关联数据，并对弱关联和无关联的数据进行合理剔除与减量。基于智能科学的视角，可探索类脑智能的处理模式，以人机群体智能推动线上的机器与线下的人进行"重混"，共同完成一场人类新的大分工、大调整，进而实现从源头治理数据拥堵。

二 激活数据学：基于块数据理论的大数据解决方案

（一）复杂理论与激活数据学

1. 复杂性与复杂性科学

复杂性是一种系统属性，一种整体涌现性，正如钱学森所说："复杂性

[①] 大数据战略重点实验室：《块数据2.0：大数据时代的范式革命》，中信出版社，2016。
[②] 预言性数据分析问题：建立一种理论，对求解一个问题达到某种满意程度需要多大规模的数据量给出理论上的判断。当数据量小于这个判断值，问题解决不了；数据量达到这个判断值，就可以解决以前解决不了的大问题；而数据量超过这个阈值，对解决问题也没有更多的帮助。

离不开系统,只说复杂性不够,要用系统。"① 但并非一切系统都具有复杂性,复杂性只可能出现在开放的、具有显著内在异质性的、多层次的、非线性的或者动态的复杂巨系统中。即所谓复杂性,可以简单地理解为把开放性、巨型性、显著的组分异质性、多层次性、非线性、动力学特性整合起来所涌现出来的系统特性。复杂性科学是研究如何认识和处理复杂性的科学知识体系。按照钱学森的现代科学技术体系观点,复杂性科学具有"三个层次、一架桥梁"的结构模式。即,处理复杂性的工程技术,关于复杂性的技术科学,关于复杂性的基础科学,通向哲学的桥梁——复杂性科学的哲学分论。粗略地说,复杂性科学是研究各种开放复杂系统的方法论,就与人的关系看,它们存在于客观世界的五大层次,即人脑、人体、社会、地理和整个宇宙,形成一种圈层嵌套结构(见表2)。②

表2 简单性科学与复杂性科学的对比

对比内容	简单性科学	复杂性科学
研究对象	简单性	复杂性
知识论	分科的学问	跨科的学问
宇宙观	机械论	有机论
认识论	反映论	映构论
方法论	还原论	涌现论
逻辑工具	标准逻辑	非标准逻辑
实践基础	实验室实验	社会现场实践
思维方式	分析思维	系统思维
社会属性	西方的科学	世界的科学
	工业-机械文明的科学基础	信息-生态文明的科学基础
	资本主义的科学基础	社会主义的科学基础

资料来源:苗东升,《复杂性管窥》,知识产权出版社,2014。

① 钱学森:《钱学森书信》,国防工业出版社,2007。
② 苗东升:《复杂性管窥》,知识产权出版社,2014。

2. 激活数据学的提出

人类之所以有智能，是因为大自然的长期选择和进化，使人成为一个开放复杂的巨系统。人脑是"人"这一复杂巨系统的核心中枢，具有情感、思想、认知和意志等高级功能，支配着人的行为，使人成为复杂性之首。激活数据学是基于块数据理论研究人工生命与自然生命交互、融合、碰撞的科学，简单地说就是研究类脑智能的科学。激活数据学以充分发挥人机群体智能为核心，综合运用系统科学、数据科学、生命科学、社会科学和智能科学等提出的海量数据存储、处理和利用的解决方案，具有自进化、自寻优、自学习、自组织、自适应等特征，是多维度大数据分析的方法论。

（二）激活数据学的运行机理与技术架构

数据搜索、关联融合、自激活、热点减量化和群体智能是激活数据学的五大核心技术架构，也是五大运行环节（见图4）。激活数据学通过推动高度智能化的数据和高度数据化的智能深度碰撞与激活，一方面提高智能系统的置信度，避免人工智能技术的局限性所造成的风险甚至危害；另一方面建立人类参与的混合增强智能，将海量数据通过人机混合增强智能实现最佳释放，进而推动线上的机器和线下的人进行重混，共同完成一场人类新的大分工、大调整，推动人类社会进入"人脑＋电脑"的云脑时代。

1. 数据搜索：智能感知

数据搜索是激活数据学运行的第一步，是智能数据的准备阶段。激活数据学中的数据搜索能够智能感知和理解外部世界的复杂性，延伸和继承人类的感知功能，使机器可以像人一样通过"眼睛""鼻子""耳朵""皮肤"等器官和组织智能化按需感知外部环境的信息和数据。激活数据学中的数据搜索是一种自主性、自学习性和自判断性的预见性搜索，是智能搜索技术的高级形态。其搜索模式既延续了传统数据搜索的方式与方法，又增加了其自身独特的智能优势，使数据搜索的范围更全面，数据搜索的质量更优异，数

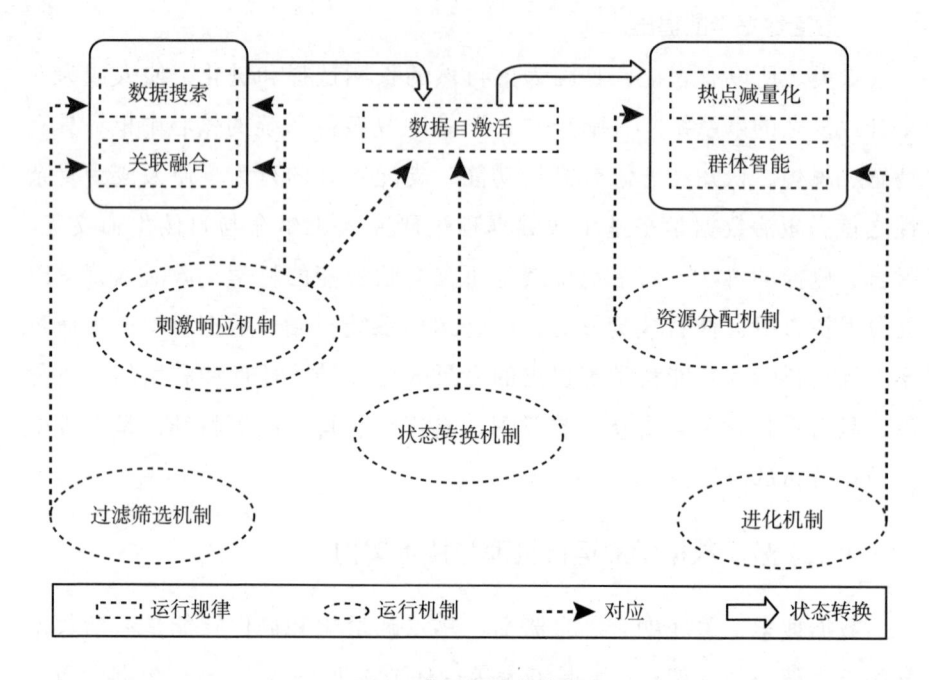

图4 激活数据学模型

据搜索的方式更智能。

2. 关联融合：智能聚合

关联融合是激活数据学运行的第二步，是智能数据的预处理阶段。激活数据学中的数据搜索目的是让搜索的数据更全、更优、更智能，但也存在一个问题，即搜索到的多源、多维、多类型数据之间难以自发地建立连接，特别是建立价值连接。激活数据学中的关联融合正是解决这一问题的方法论，通过特征提取、情景关联、降维去噪、跨界重构等手段将浅层关联的甚至是无序的单维度数据建立关联关系或强关联关系，形成智能"块数据"，打破"点数据"孤立、"条数据"割裂的数据孤岛现状，为自激活阶段提供动态的、活跃的智能关联数据集。

3. 自激活：智能决策

自激活是激活数据学运行的第三步，是数据的个体智能决策阶段。激活数据学中的自激活是激活数据状态、释放数据价值的临界点。自激活阶段的运行机理和大脑神经元的运行机理相似。神经元①主要由细胞体、树突和轴突三部分组成。神经元大致分为激活和非激活两种状态。当神经元通过树突接收到足够强的信号时，就会被激活，否则处于非激活状态。类似的，数据单元按照活跃程度可分为潜动源、动源和热动源②三种状态，且状态之间在一定条件下可相互转换。潜动源状态和动源状态的数据单元可以通过深度学习增加活跃度，实现向热动源状态的跃迁。同时，处于热动源状态的数据单元也可以在一定程度和范围内激活临近的数据单元，使之向热动源状态跃迁，形成一个个的智能体。

4. 热点减量化：智能筛选

热点减量化是激活数据学运行的第四步，是将数据单元自激活后形成的个体智能决策集进行按需约简和热点减量的过程。热点减量化的本质是智能筛选，其目的是在系统层面达到帕累托最优③，实现资源的最优化配置。激活数据学中的热点减量化引入了人脑"遗忘"和"封存"的机制。遗忘和封存是人类的天性。遗忘是将对人脑记忆刺激度较小的或者是毫无刺激的无效记忆有选择性地彻底删除，而封存是将对人脑暂时无用但以后可能会有用的记忆进行"休眠"，在需要的时候再"唤醒"该部分记忆。激活数据学中的热点减量化通过"遗忘"和"封存"可以智能地筛选出更有价值和更符合初衷的个体决策，以降低最终决策的不确定性和不可预知性。

5. 群体智能：智能碰撞

群体智能是激活数据学运行的第五步，也是单向运行流程的最后一

---

① 神经元又称神经细胞，是构成神经系统结构和功能的基本单位。神经元是具有长突起的细胞，它由细胞体和神经突起构成。神经元的突起是神经元胞体的延伸部分，由于形态结构和功能的不同，可分为树突和轴突。

② 潜动源状态，是指数据单元处于休眠等待状态，只进行热点数据处理，如简单的存储和数据交换。动源状态是数据单元的一种常态，相比潜动源状态，数据单元在该状态下较为活跃，不仅会进行热点数据处理，还会根据一定的算法规则进行热点逻辑计算和分析预判。热动源状态的数据单元具有很高的能值和辐射力，可执行热点数据计算、热点逻辑计算，还可依靠自身的高活跃度带动临近的数据单元节点，一定程度上影响它们的状态跃迁。

③ 帕累托最优是指资源分配的一种理想状态，是公平与效率的"理想王国"。

步。因为激活数据学在整体上是一个开放可循环的线性流程,同时在局部各环节或者几个环节间也可以组成小的循环流程。群体智能的核心在于智能体之间的智能碰撞,智能体可以是机器,也可以是人类。激活数据学中的群体智能的运行机理类似于人类的头脑风暴。智能碰撞是把传统强调专家智能模拟转移到群体智能,智能体的构造从逻辑和单调走向开放和涌现。想法在群体之间有效流动和碰撞,使得群体不断进化,能够更好地适应复杂多变的外部环境。在人和智能体组成新型的智慧群体中,智能碰撞能够让人类和机器智能相互学习,充分发挥各自优势,使得人机之间劣势互补、优势增强,借助互联网平台能够高效重组群体,形成更广泛、更精准的群体智能。

(三)激活数据学诠释了块数据的运行规律

综上所述,激活数据学以发现海量复杂数据的潜在关联和预测未来为目标,以复杂性研究为理论基础,以人工智能为技术基础,以融合人类认知能力和计算机快速运算及海量存储的能力为核心,是多维度大数据分析的方法论和新的大数据研究范式。激活数据学中的群体智能运行机理为超数据时代的数据拥堵治理提供了另外一种可能。数据搜索、关联融合、自激活、热点减量化、群体智能五个运行环节构成了激活数据学模型化运作的完整流程。其中,数据搜索是块数据系统依据某种信号组织相关数据的行为。关联融合以智能聚合价值数据为目标,通过挖掘数据间的关联关系,将多源数据关联、融合、重构、整合成一个智能数据集。自激活是激活数据学的核心环节,是数据价值释放的临界点,数据自激活的过程类似于人类神经系统中神经元的活动过程。热点减量化是数据单元自激活后,降低数据噪声,可使数据分析的结果更加准确。群体智能则是数据价值创造和放大的过程。激活数据学客观描述和诠释了块数据的运行规律和内在机理,解决了人类面对海量数据的数据拥堵困扰,丰富了以人为原点的数据社会学的理论与方法,让不确定性对抗确定性成为可能。此外,激活数据学填补了块数据理论的研究空白,让人们从块数据的实践探索走向理论研究,这将更为广泛、更为深入地推动块数据的发展。从某种意义上来说，激活数据学将对传统的大数据思维产生颠覆式的影响，并在大数据领域开辟新的战略制高点。

三　激活数据学的应用场景

（一）激活数据学与自动驾驶

自动驾驶汽车可以被理解为"站在四个轮子上的机器人"，利用传感器、摄像头、雷达等智能感知环境，使用 GPS 和高精度地图确定自身位置，从云端数据库接收交通信息，利用处理器使用收集到的各类数据，向控制系统发出指令，实现加速、刹车、变道、跟随等各种操作。自动驾驶技术可以分为多个等级，行业内采用得较多的是美国汽车工程师协会（SAE）和美国高速公路安全管理局（NHTSA）制定的分级标准。按照美国汽车工程师协会的标准，自动驾驶汽车按智能化和自动化的实现程度分为 L0～L5[①] 6 个等级（见表3）。目前，L0、L1 主流车型已经基本普及，L2、L3 正在普及，L4、L5 雏形初现。激活数据学的应用，有望推动 L5 级自动驾驶汽车的早日量产和普及。

自动驾驶作为人工智能时代极具前景和挑战的应用场景，其技术要求极为复杂，涉及多种最新的智能和控制技术，包括自动控制、人工智能、计算机视觉、大数据处理等众多先进技术。从数据传输和交互的视角看，目前正在研发的 5G、6G 移动互联网技术以及中国科学院提出的"普惠泛在的信息网络体系"在未来的应用场景中也会得到广泛的应用。智能感知技术、智能处理技术和智能决策技术更是无人驾驶汽车的核心技术。激活数据学作为基于复杂理论及混沌研究的关于未来大数据乃至超数据时代的理论假说，是

[①] 美国汽车工程师协会（SAE）将自动驾驶分为 6 个等级，包括：L0（无自动化）、L1（驾驶支援）、L2（部分自动化）、L3（有条件自动化）、L4（高度自动化）和 L5（完全自动化）。

大数据技术、人工智能技术等新一代信息技术的综合集成，是人机群体智能的解决方案，在推动自动驾驶的发展方面具有先天的技术优势和理念优势。

表3 自动驾驶不同分级标准及定义

自动驾驶		名称	SAE定义	主体			系统作用域
NHTSA	SAE			驾驶操作	周边监控	支援	
0	0	无自动化	由人类驾驶者全权操作汽车，在驾驶过程中可以得到警告和保护系统的帮助	人类驾驶者	人类驾驶者	人类驾驶者	无
1	1	驾驶支援	通过驾驶环境对方向盘和加减速中一项操作提供驾驶支援，其他的驾驶动作都由人类驾驶员进行操作	人类驾驶者和系统			部分
2	2	部分自动化	通过驾驶环境对方向盘和加减速中的多项操作提供驾驶支援，其他的驾驶动作都由人类驾驶员进行操作	系统			
3	3	有条件自动化	由无人驾驶系统完成所有的驾驶操作，根据系统请求，人类驾驶者提供适当的应答		系统		
4	4	高度自动化	由无人驾驶系统完成所有的驾驶操作，根据系统请求，人类驾驶者不一定需要对所有的系统请求做出应答，限定道路和环境条件驾驶			系统	
	5	安全自动化	由无人驾驶系统完成所有的驾驶操作，人类驾驶者在可能的情况下接管，在所有的道路和环境下驾驶				全域

资料来源：腾讯研究院，《人工智能》，中国人民大学出版社，2017。

激活数据学下的无人驾驶，其技术原理和运行模式主要是利用车载传感器来智能感知车辆的外部环境和内部环境，并将智能感知所获得的外部数据（如道路、车辆位置、障碍物等信息）和内部数据（如发动机运行状态、轮胎压力承载情况等）进行关联融合，形成实时环境感知的"块数据"，再根据数据单元间的数据引力波，刺激数据状态的跃迁，激活数据，形成智能数据集，并通过人机群体智能推动高度数据化的智能与高度智能化的数据相互融合，对高度关联的数据进行智能的碰撞和激活，以形成最优决策智能指导并控制车辆的转向和速度。未来，基于激活数据学的无人驾驶汽车发展成熟后必将更加安全，它能智能探测行驶环境中存在的危险和潜在危险因素，智能采取减速、刹车、停让等安全措施，规避风险，避免安全事故发生。

（二）激活数据学与城市大脑

城市是人类最伟大的发明，也是人类文明最重要的标志。在快速发展的现代城市阶段，城市服务、城市管理和城市配套跟不上城市发展的速度，城市极易催生"城市病"，导致城市承载力和城市发展规模的匹配度失衡，进而造成交通拥堵严重、生态环境恶化、垃圾围城、水资源污染等诸多城市弊病。面对这些困难和挑战，传统的"大数据+城市"的解决方案早已显得捉襟见肘。

"城市大脑"是阿里巴巴集团2016年提出的以大数据、人工智能等新一代信息技术综合治理各种"城市疑难杂症"、提升城市文明、激发城市活力的一整套技术解决方案。[①] "城市大脑"的核心是机器智能，让机器的智能中枢去自我调节、管理和调配城市资源，以实现与人类良性互动。

"城市大脑"是一个高度复杂、开放的巨系统。激活数据学是基于块数据理论的大数据解决方案，对复杂理论进行了有益的继承和延续，对于优化"城市大脑"布局结构，完善城市服务体系有着得天独厚的技术优势。基于激活数据学的"城市大脑"其技术体系可以分为五个层次：第一层是数据搜索系统，即智能感知系统，主要负责连接智能传感器、摄像头、污水监测装置、路况数据采集装置等，以实时按需采集数据为主要目的，并将采集到的海量数据按照一定的格式和规范传输到后台"块数据"中心，是"城市

---

① 2017年云栖大会上"城市大脑·交通小脑"正式发布，交出了杭州城市大脑运营的周年答卷：与杭州交通数据实时联动的128个信号灯路口，试点区域通行时间减少15.3%，高架道路出行时间节省约4.6分钟。在主城区，城市大脑日均事件报警超过500次，准确率高达92%。

大脑"的"眼睛"与"耳朵"。第二层是数据集聚中心，即块数据中心，主要负责连接其他相关的大数据体系，例如，政府大数据、行业大数据（交通大数据、医疗大数据、社保大数据等）、人文大数据、社会大数据等，并将这些海量数据进行关联融合，以提高数据的兼容性、多维性和多样性。第三层是自激活平台，是"城市大脑"的核心中枢，主要通过各类算法和数据模型，激活数据，使数据从潜动源状态、动源状态向热动源状态跃迁。第四层是热点减量层，是对"城市大脑"已激活数据的约简和减量，将"大数据"变成"小数据"的关键步骤。第五层是智能决策平台，即群体智能平台，主要负责对各场景进行智能决策，给出最优解决方案，并输出到城市管理和城市服务的各个场景。

（三）激活数据学与医疗影像

医疗影像数据被称为医疗数据中的"黄金"或者"钻石"，正在成为医疗机构的核心资产。从"量"的视角，医疗影像数据占医疗数据的90%以上，从数据来源来看，医疗影像数据主要由X光、CT、磁共振成像（MRI）、正电子发射型计算机断层显像（PET）等医疗设备产生。据统计，放射科医生数量年增长率为2%，但医学影像数据年增长率高达63%，急需人工智能等新一代信息技术推动医疗影像变革，提升医疗影像诊断的效率和质量。

食管癌是指从下咽到食管胃连接部之间食管上皮来源的癌，包括食管鳞状细胞癌、食管腺癌、食管胃交界腺癌等，是全球高发恶性肿瘤之一，在我国发病率排第5位、死亡率排第4位。根据《2015中国癌症统计数据》，2015年我国食管癌预估新增发病人数为47.79万，死亡人数为37.5万，占全球总患病人数的50%。食管癌的常规检查包括影像学检查、拉网及内镜检查、血液生化检查、肿瘤标志物检查等。其中，食管造影检查是可疑食管癌患者影像诊断的首选。针对食管癌的早期发现、早期治疗是诊疗的关键，早期五年内治疗的生存率超过90%，而中晚期五年生存率则低于15%。但是由于基层医疗机构水平和能力的限制，医疗机构缺乏完善的筛查手段和医疗设备，医护人员缺乏足够的认知和专业能力，导致我国对早期食管癌的检出率较低，远不足10%。

腾讯觅影正是基于图像识别、深度学习、大数据处理、人工智能等技术，对数百万张内窥镜食管图像进行深度训练学习，达到对早期食管癌病灶的有效智能识别，以用于辅助医生临床诊断降低漏检率。腾讯觅影对食管癌的智能识别流程如图5所示。目前，腾讯觅影对早期食管癌识别的准确率高达90%，且完成一次检查的时间已经可控制在数秒之内，极大地改善了我国传统诊疗手段早期食管癌检出率不到10%的现状。激活数据学是以充分发挥人机群体智能为核心，综合运用数据科学、生命科学、社会科学和伦理学等提出的海量数据存储、处理和利用的解决方案。激活数据学与医疗影像诊断的有机结合，有望突破现有技术方案的不足，更大程度地提高检查准确度与检测效率。

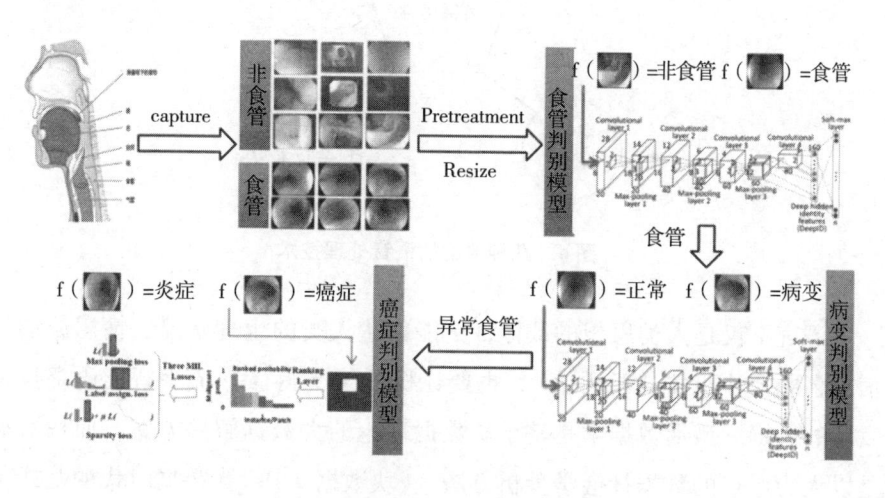

图5 觅影智能识别食管癌的流程

资料来源：互联网医疗健康产业联盟，《医疗人工智能技术与应用白皮书》，2018。

（四）激活数据学与智能语音

智能语音技术作为一种新的非接触式人机交互技术，在技术上涉及语音识别、语音合成、声纹识别、语音评测、人机对话、自然语言处理等多项关键技术（见图6），在学科上涉及语言学、声学、信号处理、大数据科学、人工智能等多个学科，在应用场景上涉及社会生活的方方面面，尤其在学习教育、对外翻译、汉语国际推广等重要领域，都有着广泛的应用和推广价值。目前，智能语音存在两大技术瓶颈：一是面对夹杂噪声、自噪声、鸣笛、混响等复杂环境时，机器端容易"听不清"。二是智能程度不高，智能语义识别、声音与视觉的融合感知等问题亟待突破，容易导致机器端"听不懂"。

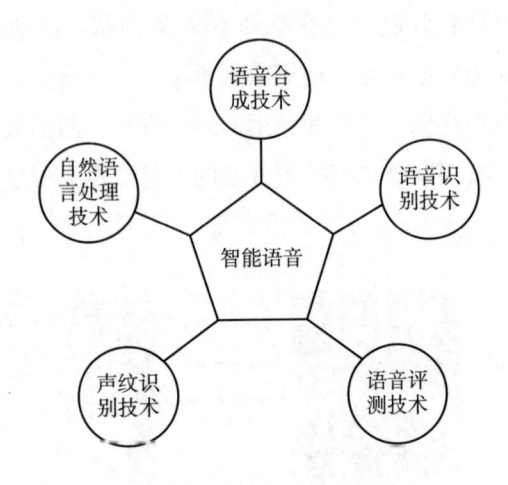

图6　几种典型的语音处理技术

语言不仅是人类思想的载体，更能传达人类的生理状况、情感波动等信息，既要让机器"听得清"，也要让机器"听得懂"成为智能语音技术发展的关键。激活数据学是基于块数据理论的大数据解决方案，而块数据是以人为原点的数据社会学分析方法。《块数据2.0：大数据时代的范式革命》指出："社会学是运用科学的方法研究社会与人类行为的综合性学科，它包括社会经济学、社会心理学、社会历史学、社会行为学，甚至包括法律、伦理、宗教等内容。"社会学研究本身的综合性和研究对象的复杂性决定了其更多地强调相关性，这与智能语音中的数据处理方式相同。激活数据学对于智能语音提升的作用在于，通过数据搜索、关联融合、自激活、热点减量化、群体智能这一整套技术和方法察觉语言背后的隐含信息，能听见并听懂语言背后的语言逻辑、心理逻辑、生理逻辑和科学逻辑。

参考文献

维克托·迈尔－舍恩伯格：《大数据时代》，浙江人民出版社，2013。
苗东升：《复杂性管窥》，知识产权出版社，2014。
李军：《大数据从海量到精准》，清华大学出版社，2014。
王崇骏：《大数据思维与应用攻略》，机械工业出版社，2016。
大数据战略重点实验室：《块数据2.0：大数据时代的范式革命》，中信出版社，2016。
大数据战略重点实验室：《重新定义大数据》，机械工业出版社，2017。
腾讯研究院：《人工智能》，中国人民大学出版社，2017。

B.11 《大数据百科全书》的理论框架与研究方法

摘　要： 大数据发展日新月异，新的应用需求和实践问题层出不穷，社会各界越来越重视大数据的基础研究。百科全书作为知识门类的概述性著作，是开展和推动基础性研究的重要载体。从这个角度来说，《大数据百科全书》的编纂及所构建的理论框架，将成为衡量我国大数据发展水平的重要标志之一。本文聚焦《大数据百科全书》理论框架，重点阐述其研究策略和方法，深入剖析理论框架的形成过程和依据，为大数据学科的体系建设提供有价值的参考。

关键词： 大数据　百科全书　理论框架

2017年5月，我国大数据领域第一部系统全面介绍大数据相关知识的专业百科全书——《大数据百科全书》正式启动编纂工作，该书将由大数据战略重点实验室负责研究编纂，并经全国科学技术名词审定委员会审定发布。《大数据百科全书》将在科学方法论的指导下，以历史和发展的眼光，对大数据知识体系进行全面梳理，并以专业百科全书的形式编纂成书，其研究与编纂是对大数据学科体系建设重要的探索。

一　《大数据百科全书》编纂的必要性与理论框架构建的重要性

（一）《大数据百科全书》编纂的必要性

21世纪以来，大数据理论与应用领域迅速扩展，大数据知识体系日益呈现横向交叉、纵向分化的立体化发展趋势。随着大数据与社会经济的关联进一步紧密，大数据安全、数据权保障等问题实实在在地摆在人们的面前，人们越来越需要系统的有关大数据的理论和方法体系来解决这些问题。

1. 顺应大数据理论研究需要

目前，大数据在全球蓬勃发展，各类大数据新技术得到广泛应用，社会各界对大数据的关注和研究也越来越多。一方面，人们对于大数据的认知越来越明确，大数据领域的新概念和理论不断涌现和更新。另一方面，大数据研究热度持续上升。根据中国知网的统计数据，1995年，与大数据相关的文献总量只有61篇，而2017年全年的文献量达到112500篇。

著名科学史家霍尔顿曾说过："科学的主要任务，就是要从那些混乱和不断变化的现象中探索出一个有秩序和有意义的协调一致的结构，并以这种方式解释和超越直接的经验。"① 大数据横跨计算机科学、社会科学、系统科学等多个学科领域，其知识领域呈现综合性强、覆盖范围广泛的特点，在其发展过程中更需要我们从纵横交错、纷繁庞杂的经验知识中总结出它发展的逻辑，挖掘出大数据的共性科学问题，从而为大数据领域的事实提供一种正确、直接的解释说明。

2. 顺应大数据实践应用趋势

大数据的发展一直呈现应用驱动、工程优先的特点，对大数据进行研究不仅是对数据本身的研究，同时也涉及大数据背后的价值挖掘，即将其视为一种新工具或者新方法的研究。目前，大数据应用的解决方案已经从实验阶段发展到应用阶段，其价值主要体现在大数据的驱动效应上。一方面，大数据能够推动并实现巨大的经济效用，改变企业经营模式和管理决策的思维模式。另一方面，大数据也是提升国家治理能力、推动政府转型的新工具。通过使用数据整合，实现数据系统的共享化和自动化，可以提高政府治理的精准性和预见性，推动政府治理体系的创新，增强公共服务能力。同时，数据整合和运用能够为科学决策提供有效的牵引。

---

① 黄顺吉：《科学论》，河南大学出版社，1990年。

（二）《大数据百科全书》理论框架构建的重要性

《大数据百科全书》的编纂是一个复杂的系统工程，主要涉及调研、总体设计、框架设计和选条、组稿和撰写、科学内容审定、编辑加工、成书定稿、排校通读八个基本阶段（见图1）。其中，框架设计和选条是全书编纂工作的关键步骤。有人认为"框架是一部百科全书选择条目和编纂工作的工具"，还有人提出"框架是百科全书编纂工作的大纲，是百科全书知识体系的表现形式"。编纂百科全书和建筑房屋一样，要先搭起一个架子，确定一个总体结构。没有总体结构，或结构不合理都直接影响编纂工作。因此，框架在编纂百科全书工作中有着举足轻重的作用。

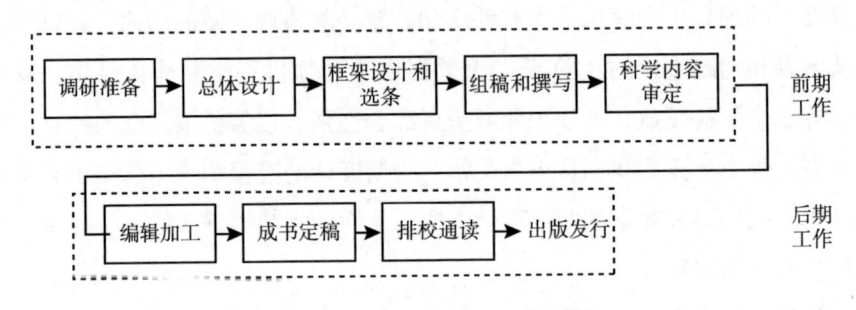

图1　《大数据百科全书》编纂流程

《大数据百科全书》的理论框架是以百科全书基本特性为出发点，将大数据领域的概念和知识，按学科体系划分出不同板块，建立以条目为单元的多维立体知识体系，最后在处理交叉和全面平衡的基础上形成全书的条目总表。它反映了学科和知识领域的分支体系、条目结构层次、条目的内容提要。由于大数据领域的学科体系尚不完善，共性问题并不凸显，《大数据百科全书》的理论框架的构建将是一次极其有意义的尝试。

二　《大数据百科全书》理论框架构建的基本考虑

学科体系是百科全书框架设计的基础，自从中世纪培根创立科学分类法以来，就出现了在科学分类法的基础上设计百科全书框架的思想。科学分类法是科学家进行学科知识体系研究探索的方法，运用科学的分类方法，我们才能将大数据领域中分散无序、错综复杂的知识单元分门别类地区分开并理顺相互之间的关系。但百科全书框架并不完全等同于学科体系，而是将相关学科体系以百科全书的知识组织方式呈现出来。百科全书的理论框架是百科全书编纂者基于科学的知识分类构建的，用于向读者介绍相关知识概念的体系。因此，在学科体系的基础上，百科全书框架还需要依据百科全书的基本性质和特点进行设计。

（一）理论框架构建的理论基础

《大数据百科全书》理论框架构建的基本理论是学科学。学科学是一门研究学科结构、特征、战略、方法、组织的一般规律的学问。它借鉴一般科学方法，探讨总结学科层次之间的相互交错的关系及成长规律。学科学主要包括学科模式学、学科结构学、学科计量学、学科信息学和科学心态学等分支。其中，学科结构论指导我们采用动态、发展的观点认识和构建《大数据百科全书》理论框架。学科结构是学科体系的骨架，体现了学科的内在逻辑。静态分类结构与动态机体结构统一是学科体系的重要特征之一。从某种意义上说，知识单元、理论板块围绕着学科的特定研究对象和研究内容，按一定的学科内在逻辑发展融合，形成相对稳定的学科理论体系。同时，随着学科建设的加强和理论研究的深化，知识单元也不断更新淘汰，并以更优的方式重新组合。

由此看来，《大数据百科全书》理论框架不仅是大数据各理论板块、知识单元的静态结集结构，更是一种学体动态结构[①]，即在大数据体系中存在若干相关学科群体以及由学科群体凝聚而成的学科集团，每一学体围绕着特定主体对象进行跨学科的总结和整体性概括，而这些学体又随着科学技术的演进而不断变化重组和完善。

---

① 学体动态结构，是指学科体系中已出现的一种关于物质世界体系的某一方面的大知识单元。

（二）理论框架研究的技术路线

学科体系主要的研究构建方法有中图法、文献计量学方法、内容分析法、访谈法等。中图法即为中国图书馆图书分类法，目前是我国图书馆最常用的分类法。中图法将人类知识首先划分为5个基本部类，在此基础上，再分出22个基本大类，并在基本大类依次向下展开，划分出若干个下级类目，每个类目代表一类知识范围，用类目名词界定和代表这类知识范围并用类号表示。① 运用中图法，可以逐一追溯上位学科，进而描绘出整个学科体系的交叉分支情况。然而随着学科体系的不断外延和发展，中图法的一些分类已经无法涵盖所有学科，部分分类更新过慢。文献计量学方法是采用统计学等计量方法，对收集的文献情报进行比较、分析以发现相应的规律特征的一种方法。在构建体系时，往往用于学科发展历程以及主要学科研究领域的考察。内容分析法以文献为研究对象，通过对其客观、系统地描述和分析，进行层层推理的研究方法。专家访谈法是通过研究人员与调研对象的面对面交谈和观察获取相关信息和资料的方法。除此之外，还有专家会议、逻辑思辨等研究方法。在实际的研究过程中，大多数研究根据实际情况将几种研究方法相结合展开分析。

根据《大数据百科全书》的特性，综合上述研究方法，《大数据百科全书》理论框架的研究思路（见图2）确定为：首先深入研究分析大数据理论体系的本质特征和问题，确定《大数据百科全书》理论框架的逻辑起点；从逻辑起点出发，运用内容分析法、历史研究法，对大数据发展现状进行考察，分析当前大数据在社会经济活动中各种问题，总结归纳出《大数据百科全书》理论框架的多维逻辑主线；结合百科全书学和学科学的基本原则，确立框架标准，划分出不同层级的框架结构；最终，归纳出《大数据百科全书》的理论框架。

---

① 刘淑娥、景娜：《图书馆应用实践教程》，清华大学出版社，2015。

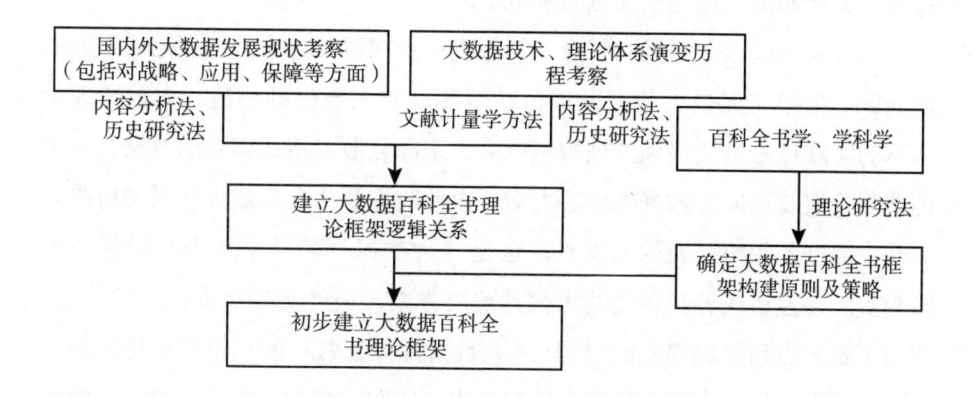

图 2　《大数据百科全书》理论框架的研究思路

三　《大数据百科全书》理论框架的构建过程

基于学科体系的一般构建策略，《大数据百科全书》理论框架从大数据理论体系的本质特征中推导出框架体系的逻辑起点，并依据大数据体系的现状特征明确理论框架的划分依据，推演归纳出逻辑主线，构建出合乎逻辑的知识体系，即《大数据百科全书》的总体框架。

（一）确立理论框架的逻辑起点

1. 理论框架的逻辑起点

构建《大数据百科全书》理论框架首先要聚焦大数据体系的逻辑结构，而对大数据体系的逻辑结构的梳理首先要确定它的逻辑起点。逻辑起点是一种理论或一门学科研究的出发点，是理论或学科研究中的思维起点。关于逻辑起点，黑格尔在《逻辑学》中为逻辑起点提出的三条质的规定：①逻辑起点应是一门学科中最简单、最抽象的范畴；②逻辑起点应解释对象的最本质规定，以此作为整个学科体系赖以建立的基础，而理论体系的全部发展都包含在这个胚芽中；③逻辑起点应与它所反映的研究对象在历史上的起点相符合（即逻辑起点应与历史起点相同）。①

结合逻辑起点的定义和特点，我们进一步探讨分析大数据理论体系的本质问题。根据《促进大数据发展行动纲要》对大数据的描述，大数据理论体系的实践核心是关注和处理数量巨大、来源分散、格式多样的数据，从中创造新价值并形成大数据的解决方案。由此我们认为，形成大数据的解决方案是大数据各领域研究的出发点，也是《大数据百科全书》理论框架的逻辑起点。通过形成各行各业的大数据解决方案，最终实现数据社会的建立，即由逻辑起点到逻辑终点的过程。《大数据百科全书》的理论框架构建是以形成大数据的解决方案为出发点，解析出各实践领域和实践范畴所涉及的大数据知识，并归纳出逻辑主线，从而构建相对科学、完整、符合学科发展逻辑规律的体系。

2. 理论框架的构建原则

作为工具书，《大数据百科全书》是以条目为基本单元介绍知识，它既要把完整的知识"切割"成"碎块"方便读者的寻检，又要把以条目形式出现的一个个小的知识主题组合在一起，构成能够体现学科知识内部有机联系的整体。这就必然和单纯运用科学的知识分类方法所产生的体系结构有所不同。另外，尽管科学分类是框架设计的基础，但由于每部百科全书的编纂指导思想不同，百科全书的种类、档次不同，设立的框架也会各不相同。根据大数据发展的特性，我们总结出《大数据百科全书》的编纂思路，为《大数据百科全书》理论框架的构建做出指导。

①以国家大数据战略作为指导，重视我国大数据发展的特殊性、前沿性，突出数据作为基础资源和创新引擎的作用，以前瞻性的视角，体现我国数据驱动型创新体系和发展模式。

②瞄准世界科技前沿，把握全球大数据发展的必然性态势，汲取全球大数据基础研究之精华，凸显大数据为世界发展和社会治理构建的中国方案，形成世界影响力。

---

① 何克抗：《关于教育技术学逻辑起点的论证与思考》，《电化教育研究》2005年第11期。

③立足当下,以解决实际问题为出发点,突出大数据作为创新技术和解决方案,在各领域科学决策和优化治理方面的应用,呈现对实践的指导价值。

④着眼未来,介绍大数据的最新知识。同时,适应大数据目前发展的阶段性和高速变化性特点,既要反映稳定的学术进展,又要对具备较长生命力的最新研究成果进行收录。

⑤框架构建时,既要注意大数据学科内的体系性,又要具有跨界融合思维,抓住大数据给其他行业带来颠覆性创新的特点,呈现大数据与其他学科和其他技术的关联、交叉与融合。

(二)考察大数据发展现状

《大数据百科全书》理论框架构建的基础在于研究者对大数据的深刻认识,包括对研究对象、研究内容的特殊性进行分析。首先要对当前大数据的整体发展现状进行深入细致的研究,以归纳出大数据知识体系的现状特征,为初步确立框架层级提供参考。由此,我们对国内外大数据知识体系、大数据国家战略及大数据现实发展状况分别进行考察。

1. 知识创新现状考察

关于大数据知识创新的现状(见图3),我们通过对大数据学术期刊的文献进行研究分析来考察。我们参考借鉴了《全球大数据产业技术创新态势及相关政策研究》中基于文献计量学方法的学科演变及研究热点。该研究主要选取 Web of Science 数据库中的4个引文数据库,采用统计同济大学图书馆数据库,提取文献信息时间为 1994~2014 年。

目前,大数据研究领域形成如下特点:①大数据研究领域涉及面非常广泛,具有较强的跨学科性。一方面,大数据领域涉及学科不仅包括信息科学、计算机科学等技术科学,也包括了经济学、教育学、心理学、管理学等社会科学。另一方面,大数据重点相关的学科领域,除了数学、物理学等基础科学外,也出现了生物学、环境学、运筹管理学和经济学等应用学科,说明大数据技术已经逐步渗透到各个应用学科领域。②从学科研究方向来看,

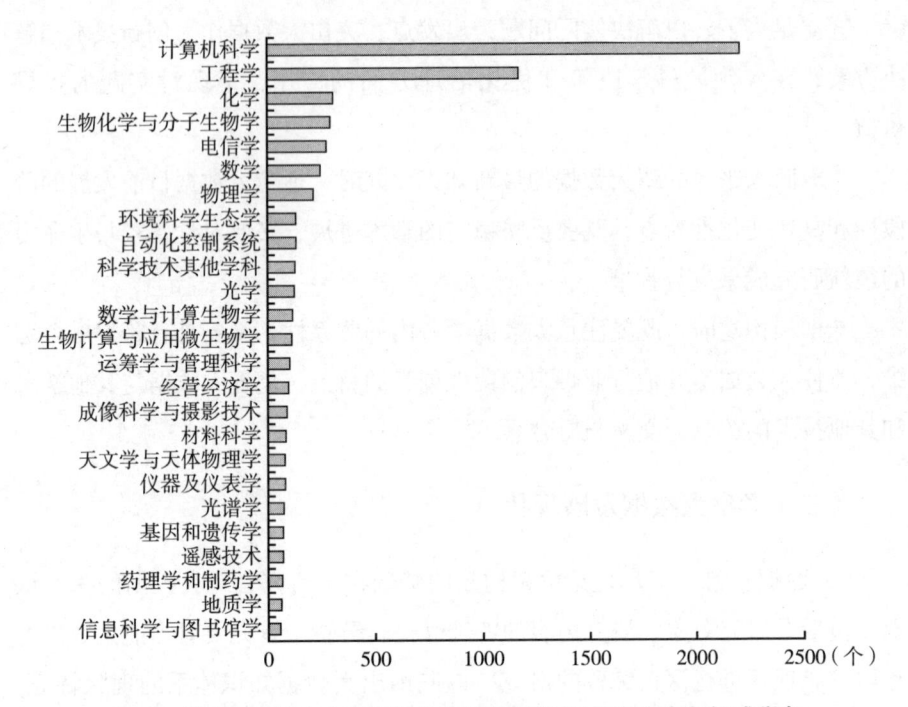

```
计算机科学
工程学
化学
生物化学与分子生物学
电信学
数学
物理学
环境科学生态学
自动化控制系统
科学技术其他学科
光学
数学与计算生物学
生物计算与应用微生物学
运筹学与管理科学
经营经济学
成像科学与摄影技术
材料科学
天文学与天体物理学
仪器及仪表学
光谱学
基因和遗传学
遥感技术
药理学和制药学
地质学
信息科学与图书馆学
```

         0   500   1000   1500   2000   2500（个）

图3　1994~2014年大数据相关文献数量前25位研究方向领域分布

资料来源：Web of Science。

计算机科学仍然是主要研究领域，主要围绕大数据技术所涉及的理论方法、计算机软件、硬件等，涉及的学科分类包括计算机科学理论方法、计算机科学与信息系统、计算机科学与人工智能、计算机科学的硬件架构、计算机科学的软件工程和计算机科学的跨学科应用程序等内容。③大数据技术在生物信息领域中有着较为深入、持续和活跃的应用。尤其是涉及蛋白质、DNA、基因表达、肥胖、生物数据集等。由此，我们可以看出，大数据理论知识来源具有广泛性，跨学科研究应成为《大数据百科全书》理论框架的重要趋势。

在大数据研究热点（见表1）方面，近两年主要集中在以下六个方面，这些大数据研究热点反映了现阶段国内外大数据界共同关注的重点领域，这些领域在研究方向上呈现技术热点较多而理论方法论相关内容较少的特点。

表1 大数据研究热点

热点	具体内容
生物工程和健康领域大数据问题	包括大数据在医疗保健和转化医学中的应用、生物信息云的大数据处理、云计算并行处理的应用、21世纪的全球流行病学和监测等
全球分布式网络的构建	包括自组织与技术—社会—体化的网络系统,全球参与的开放平台,模型和数据之间的连通性更大、更快的通信模式,下一代数字地球内容,开源平台等
社会网络分析	包括机器学习、社会感知和社会挖掘,商业智能新框架,社交网络分析与情绪表达模式,自然语言处理等
数据科学及其在科学研究领域带来的影响和新兴分析技术	包括《哈佛商业评论》发表的《数据科学家:21世纪最性感的职业》,生命科学等数据驱动型科学面临的问题,选举和调查中的数据分析,文学风格如何进行大规模时空定量分析,新兴的海洋生物分析技术等
大数据时代的隐私与信任机制	包括大数据时代隐私图景的变化,为公众服务的大数据研究中的信任机制等
大数据对当前社会的总体影响	包括《哈佛商业评论》发表的关于大数据带来的管理革命的研究,大数据时代面临的六种挑战,大数据和未来的生态系统等

2. 大数据知识传播载体考察

《大数据百科全书》理论框架的构建离不开对相关的知识体系的借鉴和参考。在大数据知识传播的载体方面,我们主要考察大数据相关的专著和教材。我们以"大数据""数据科学"等为关键词,在读秀学术等数据库中检索2005年至今的大数据教材与论著,同时在中国国家图书馆搜索与大数据相关的论著和百科全书,再通过内容分析法对搜集到的与大数据相关的图书进行分类。

运用此方法,我们共检索到4566条与大数据相关的专著和教材,大体可以分为大数据技术理论、大数据应用、大数据发展保障三类。其中涉及大数据发展保障的专著数量种类较少,而大数据技术理论和应用相关专著种类较多,体现出与社会学、经济学等的交叉趋势,说明大数据技术理论和应用体系相对成熟,应成为我们重点梳理的对象,同时关注大数据发展保障体系的完善。大数据专业课程及教材方面,教育部公布的我国目前开设的与大数据相关的7个本科专业,包括数据科学与大数据技术、信息与计算科学、统计学、应用统计学、计算机科学与技术、软件工程、信息管理与信息系统。

一些基础成熟的学科教材比较丰富，如计算机、信息等相关教材，相比较而言，针对大数据的教材数量较少。

3. 大数据战略文本考察

在大数据相关产业应用和理论体系的发展和完善的过程中，政府的支持是大数据发展的主要驱动力。从我国的发展现状来看，形成了"行动纲要—各专项规划—地方配套政策措施"为一体的大数据战略体系。对于大数据战略重点的研究和把握是我们深入理解大数据现状的前提和基础。据不完全统计，截至2018年2月，我国各级政府公开发布的大数据相关战略文本超过130个（见图4）。

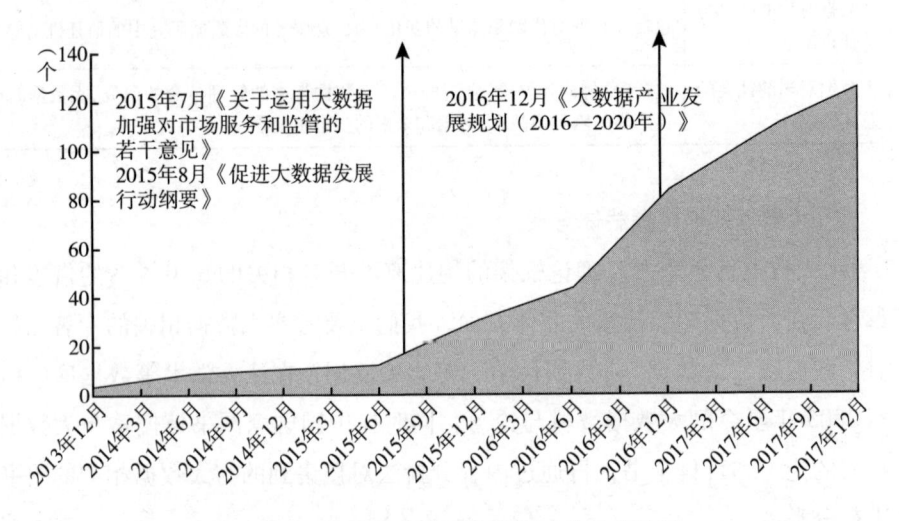

图4 2013~2017年我国大数据政策发布数量

资料来源：各级政府公开文件。

（三）明确理论框架的划分依据

《大数据百科全书》理论框架是以大数据的学科体系为基础，由若干大数据相关的知识互相联系、互相制约而成，包括大数据的理论、方法、应用和历史等分支专题，其核心内容将在框架的分类系统或条目总表中体现出来。《大数据百科全书》理论框架的划分就是对大数据知识体系按其内在联系进行分类，并以符合逻辑的排列形式表达出来。

由于大数据体系研究的缺乏，我们可以借鉴传统学科体系的划分视角和方法（见图5）。目前国内的学科体系存在科学学角度、学科学角度、实践论角度和学科理论体系特征四种划分视角。结合大数据体系自身特点和百科全书框架要求，着眼于大数据的基础、历史、方法、应用等宏观维度，依据"理论—应用—发展史"的学科构建方法，我们提出《大数据百科全书》理论框架的逻辑主线，以此主线贯穿大数据体系，绘制出立体的、网状的知识体系。

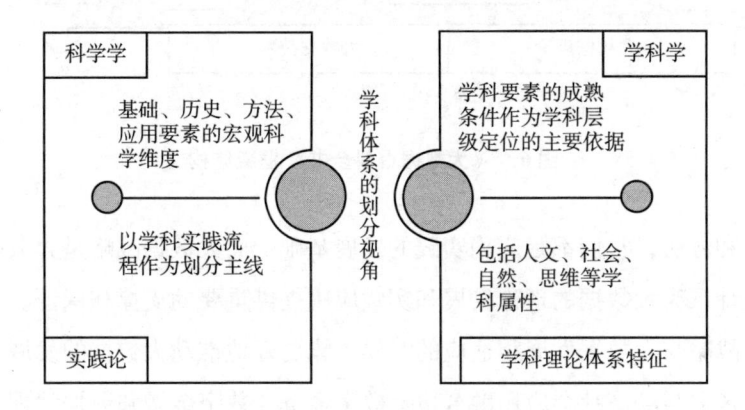

图5 学科体系的划分视角

（四）构建《大数据百科全书》总体框架

以提供大数据的解决方案为出发点，围绕大数据关键知识单元及其逻辑关系考虑，我们从大数据的发展支撑、大数据对人类经济社会带来的重大影响、大数据发展保障以及大数据史四个方面来构建《大数据百科全书》理论框架完整的知识主题系统，共包含9个部分（见图6）。

大数据发展支撑包括大数据理论、大数据战略和大数据技术。从广义上看，科学理论的研究包括基础理论性研究和具体技术性研究两个方面。大数据理论是大数据在学科领域中遵循的基本规律，而大数据技术研究是在大数据理论研究的基础上，依据对大数据理论中相关规律的认识，探寻改造的具

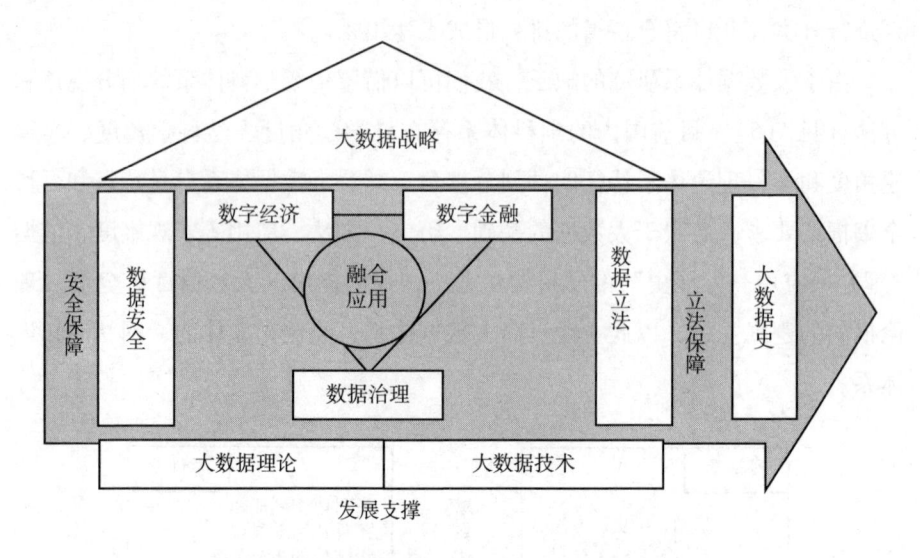

图6 《大数据百科全书》框架结构

体手段和方法，它们都是应用实践的发展基础。而大数据战略是大数据最顶层的设计，为大数据的理论发展和实践应用提供重要的支撑和保证。只有当大数据战略与大数据发展相适应的时候才能更好地推动大数据的发展。

大数据与经济社会应用融合包括数字经济、数字金融和数据治理。数字经济、数字金融、数据治理是大数据创新应用的最重要的三个细分领域，通过对其研究，深入认识大数据对人们生产生活的影响机理。一方面，基于大数据等新一代信息技术的发展，数据已经作为重要资源与新生产要素形成新的交易市场，并带来了新的商业模式，同时，使得各产业和生产技术的数字化改造得到很大的提升，整个社会逐步呈现出数字化的生产生活方式。另一方面，在大数据与IT技术相互融合的趋势下，数据治理的体系和方法发生了深刻变化，政府和社会组织运用大数据进行治理实践逐步深入。

大数据发展保障包括数据安全和数据立法。数据安全和数据立法的建设是推动大数据健康发展的重要保障。安全方面，现有的信息安全手段已经滞后于大数据时代的变化，不能满足新形势对信息安全的要求，大数据的安全防护问题愈发凸显，而惯常使用的数据分布式处理技术又加大了数据泄露的风险。法律方面，相关法律法规的缺位导致能够开放的数据不开放，需要保护的隐私被暴露。

大数据史。从大数据概念的首次提出到其全面落地成为重要的国家战略，在此过程中出现了对大数据发展起着关键推动作用的里程碑事件，通过对其进行梳理研究提炼出大数据演进历程的关键因素。

四 创新点与问题

《大数据百科全书》理论框架的研究是一个艰深的科学探索过程，具有高度抽象性、思辨性以及产出的困难性。其重要意义在于尝试对日益复杂的大数据知识进行科学分类，通过对大数据知识体系及大数据战略的考察，进一步厘清大数据体系的逻辑主线及相互之间的逻辑关系，推演出相对完整并较为合理的诠释大数据知识发展逻辑规律的体系框架，丰富和促进大数据体系研究，为进一步构建大数据学科体系提供了新思路。其理论创新点主要包括：①提出《大数据百科全书》理论框架是静态结集结构和学体动态结构的结合体；②确立了《大数据百科全书》理论框架的逻辑起点为"大数据的解决方案"；③推演出划分《大数据百科全书》理论框架的理论、应用、保障、历史四条逻辑主线。

同时，框架研究归纳总结理论框架的形成历程与研究方法，为日后的学科建设提供方法论借鉴。尤其是《大数据百科全书》框架的体系构建在传统意义的学科建设视角的基础上，立足复杂性科学的视野，更注重大数据体系的融合性。

《大数据百科全书》的研究虽然有了一些成果，但也存在一定的局限和问题。一是虽然大数据工程技术的进步为大数据的发展提供了技术保障，但大数据理论与方法体系研究却滞后于社会经济建设实践，对于大数据理论的探索有待进一步深入。二是《大数据百科全书》理论框架既具有相对的稳定性，同时又具有发展的演进性。由于大数据理论和实践的不断发展更新，大数据的框架体系必然是一个开放的、动态系统，它将随着科学的发展、社会的进步、认识的深化，不断丰富和完善，而目前的框架体系只是对现阶段大数据体系的分析梳理，还需要持续地进行跟进修订，为大数据实践创新提供有益的启示。

参考文献

金常政：《百科全书论》，上海辞书出版社，2011。

张艳：《护理学学科体系构建与发展策略》，人民卫生出版社，2015。

党倩娜、曹磊、罗田雨：《全球大数据产业技术创新态势及相关政策研究》，上海科学普及出版社，2015。

B.12 大数据与实体经济融合发展的对策研究

摘　要： 当前，数据不仅成为与土地、技术、人力资源、资本等共同推动社会经济发展的重要力量，而且也成为提升全要素生产率的关键要素。以大数据和实体经济深度融合发展为内涵的新经济形态正在形成，深刻影响着现代化经济体系的形成。当前，我国经济发展正处于新旧动能转换的关键时期，通过推动大数据与实体经济的深度融合，充分利用大数据的理念和技术实现传统动能改造和新动能培育，是新时代我国经济社会发展的客观需要，对实现创新驱动实体经济发展有着重要的意义和广阔的发展前景。

关键词： 大数据　实体经济　融合发展

当前，我国经济发展已从高增长阶段进入高质量发展阶段。加快大数据与实体经济的深度融合，是促进我国经济结构转型升级的重大战略选择。近年来，全球经济形势错综复杂，我国国内经济的下行压力不断加大，但中国经济发展总体上保持平稳，经济结构的调整和转型升级正在稳步推进。以大数据、人工智能等新一代信息技术汇聚而成的新生动力，正大力驱动中国经济向着中高端的方向发展。进入新时代，我国发展的核心问题是经济结构调整、发展方式转变以及技术创新，大数据在以上各个方面都有着发挥重要作用的广泛空间，正在成为我国经济发展转型升级的重要驱动力。

一 大数据和实体经济融合发展的重要意义

（一）实体经济是大数据应用场景的主要源泉

大数据作为一种新的理念、新的技术、新的生产要素，应用场景不仅是其价值所在，更是其获得发展的源泉。没有应用场景，大数据就是无根之萍、无源之水，其应用和发展也将受到局限。

自2015年国务院颁布《促进大数据发展行动纲要》以来，大数据在我国发展迅猛，大数据产业规模不断扩大，种类不断丰富。大数据产业业态可以分为三大类，如表1所示。

表1 大数据产业业态分类

核心业态	核心业态是指关于数据本身的产业服务，是贯穿数据全生命周期，围绕大数据核心业务、大数据关键技术等形成的产业形态。主要包括数据采集、数据存储、数据加工、数据挖掘与分析、数据交易、数据安全与服务、大数据中心、大数据云平台建设运营等产业。核心业态是大数据产业的基础，为整个大数据产业链提供支撑
关联业态	关联业态是与大数据核心业态紧密联系的产业形态，这类业态在业务开展过程中会产生大量数据，并以通过数据运用为客户提供服务为主要业务模式。主要包括电子商务、呼叫服务、智能终端、集成电路、互联网金融、软件和服务外包、电子材料和元器件等信息产业
衍生业态	衍生业态的核心特点是融合，是指大数据等新一代信息技术在各个行业领域内融合应用所产生的业态，是大数据与传统经济融合发展的产物。主要包括智能制造、智慧交通、智慧农业、智慧教育、智慧能源、智慧旅游、智慧物流、智慧健康和智慧环保等

衍生业态作为大数据产业业态的种类之一，不仅是大数据与实体经济融合发展的产物，更是大数据产业中范围最大、应用最广、占比最高的产业业态。当前，我国大数据产业规模和结构尚不成熟，主要集中在核心业态和关联业态，衍生业态作为大数据产业发展的新阶段，虽然才刚刚起步，但其发展前景十分广阔。通过与实体经济的融合发展，衍生业态必将成为大数据产业发展的主战场，助力大数据产业发展迈向新的高度（见图1）。

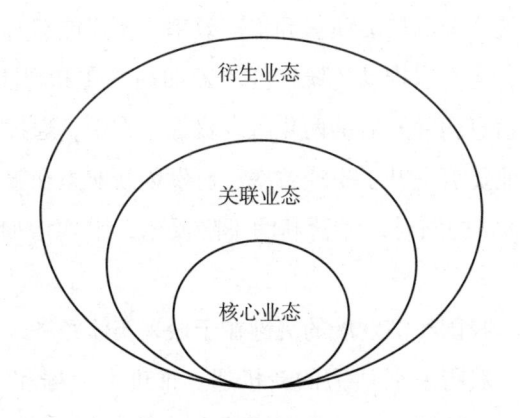

图1 核心业态、关联业态和衍生业态间的关系

（二）大数据是实体经济转型升级的时代机遇

近年来，受国内生产成本上升及国际经济增速放缓等因素的影响，我国实体经济面临很大的发展困境。突出表现为以下几方面。

首先，增速明显降低。近年来我国实体经济下行压力大，下行态势明显。据统计，2015年我国全部工业增加值增速达到1992年以来的最低值，仅为5.9%。2016年以来，在国家宏观政策的调控下，规模以上工业增速开始回暖，呈现缓中趋稳的态势，但增长的绝大部分来自非主营业务。

其次，盈利能力大幅下降。随着原材料、人工等价格的不断上涨，实体经济的运营成本持续走高，实体经济企业的经营环境趋紧，整体经营状况持续恶化，亏损面持续扩大，企业的盈利能力大幅下降。

此外，结构性矛盾更加突出。我国的产业调整明显滞后于需求结构的升级，现有的产业结构难以满足居民不断增长的生活品质需求。我国实体经济面临的最尖锐问题就是低端产能过剩与高端产品短缺并存，其本质原因就是实体经济的产业结构不合理和供需结构不匹配。产能过剩目前主要集中在传统行业，但一些新兴产业也开始出现产能过剩的苗头。

大数据作为一种新兴技术手段、新的思维方式，已经成为传统产业改造升级的助推器。通过对大数据理念和技术的融合运用，可以改造提升传统产业，显著提升传统产业的产品质量和生产效率。不仅能够有效降低传统产业的生产经营成本，还可以推动传统产业不断向高端化和智能化的方向发展。例如，在工业和信息化部开展的两化融合贯标工作中，通过运用大数据等信息技术，贯标企业显著提升了生产效率、研发创新能力和服务水平，在运营成本平均下降8.8%的同时，经营利润不降反增，平均增加6.9%，综合效益获得显著增长。

进入新时代，我国经济发展的关键在于振兴实体经济，而大数据正是实体经济转型升级、获得发展活力的新机遇。推进大数据和实体经济深度融合，利用大数据改造传统产业，对于推进传统产业转型升级、激活传统产业发展生机具有重要意义，是我国通过创新驱动实现实体经济转型发展的重要路径。

（三）大数据与实体经济融合形成发展新动能

当前，新一轮科技革命和产业变革正在全球范围内兴起，以大数据、人工智能、物联网等为代表的新一代信息技术得以广泛应用，不断涌现出一系列新业态和新模式，同时也催生了一种新的经济形态——"新实体经济"。所谓"新实体经济"，是指大数据、互联网等新一代信息技术与实体经济融合发展催生的新产业、新业态和新模式，新实体经济为我国经济发展带来新的增长点，培育壮大了新的发展动能。相较于传统实体经济，新实体经济有几个明显特征。

更加小型化的组织方式。全球分工和集中生产是传统实体经济的主要生产组织方式，对于新实体经济而言，其组织方式具有小型化、专业化和扁平化等特征，以创新型小微企业为主，有些甚至是没有生产车间、只有运营总部的虚拟企业或网络企业。

更加精细化的制造模式。减材制造方式是传统实体经济的主要制造模式，这种制造模式从制造毛坯开始，要经过各种机床的加工处理，比较浪费材料。而新实体经济的制造模式则是增材制造方式，3D打印就是其中的代表。增材制造通过数字化的叠加式制作形成产品，实现了节约生产，更加个性化的生产方式。传统实体经济服从规模经济的要求，主要以批量化、规模化和标准化的方式生产，新实体经济则在大数据、互联网等新一代信息技术的基础上，实现生产方式向大规模、智能化的个性化定制转变。

虽然新实体经济有着典型的新特征，但其与传统实体经济并非对立关系，相反，新实体经济是传统实体经济的延伸，是实体经济与时俱进的产物。作为大数据与实体经济融合发展所催生的新经济形态，新实体经济所带来的新兴产业发展浪潮不断催生新的发展动能。同时，经过先进技术的改造提升，传统实体经济能够焕发新的生机和活力，发展为新实体经济，当对传统产业的改造提升达到一个新的高度以后，也会成为新动能。

二 大数据与实体经济融合发展的主要方向

实体经济的范围十分广泛，它几乎涉及人们生活生产所需的方方面面，涵盖了工业、农业、服务业三次产业的大多数领域，在这些领域中，大数据均有广泛的应用场景。

（一）大数据在工业领域的应用

发展制造业是振兴实体经济的重中之重，推进大数据、物联网、人工智能等新一代信息技术在工业领域的融合运用，可以打造以智能化生产、网络化协同、个性化定制和服务化延伸为特色的智能制造新模式。

1. 智能化生产

智能化生产是指利用先进的信息技术和制造工具对生产流程进行智能化改造，完成数据在不同部门和不同生产系统之间的流动、采集、分析与优化，进而实现设备性能感知、智能排产、过程优化等智能化生产方式。通过建立智能工厂，深入开发和利用工业大数据，在工控系统、工业云平台、智能感知元器件等核心环节实现突破，可以帮助企业有效实现网络化、数字化和智能化转型，进而构建智能化生产的智能制造新模式。

2. 网络化协同

新一代信息技术的发展给传统的协同制造赋予了新的内涵和应用。实体经济企业借助大数据、互联网和工业云平台，实现生产、管理、质控和运营等系统的全面互联，构建企业之间众包设计、协同研发、供应链协同的新生产模式，不仅可以将获取资源的成本有效降低，还能把资源的利用范围大幅扩展，从而打破传统的封闭生产，以产业协同替代单打独斗，实现高效、便捷、低成本的现代生产方式，显著提升产业的整体竞争力。

3. 个性化定制

近年来，随着算法、柔性化生产等能力的提升与应用，个性化定制蓬勃发展。互联网特别是移动互联网的普及极大提升了企业与用户的交互深度和广度，从而广泛获取用户需求。在此基础上借助智能工厂和大数据平台，运用大数据分析建立排产模型，能够精准对接用户需求将用户需求，直接转化为生产排单，实现以用户为中心的个性定制与按需生产，有效满足市场多样化需求，解决制造业长期存在的库存和产能问题，实现产销动态平衡。

4. 服务化延伸

通过为产品添加智能模块，产品联网和产品运行数据采集将成为可能，利用大数据技术对产品相关数据进行挖掘分析，可以提供多样化的智能服务，实现由卖产品向卖服务拓展，打造"制造+服务"的新模式，对产品的利润空间扩展和价值链条延伸都有巨大帮助。当前，以服务为中心替代以产品为中心正在逐渐成为制造业的新经营方式，这不仅可以帮助企业减少对资源等要素的巨额投入，还能增加产品附加值，更好地满足用户的品质需求，从而提高综合竞争力。

（二）大数据在农业领域的应用

农业领域的大数据融合主要包括生产管理精准化、质量追溯全程化和市场销售网络化三个方向。

1. 农业生产和管理

通过对技术的融合运用，构建现代农业发展模式，可以实现现代农业生产实时监控、精准管理、远程控制和智能决策。基于遥感监测、地面调查、网络挖掘等技术，构建"天空地人"四位一体的农业大数据可持续采集更新体系，可以实现农业生产数据的关联整合、时空分析与智能决策，并以此为依据优化农业产业布局、调整农业结构，促进农业生产和管理精细化、精准化和智慧化。

2. 农产品质量安全

针对农产品长期存在的质量安全问题，可以运用大数据技术实现农产品质量安全可追溯。通过农产品二维码，任何一个农产品都有自己的唯一标识，扫码即可在农业大数据平台上查询该农产品的生产所在地、生产日期、生产单位、产品检测等数据，在此基础上形成生产有记录、信息可查询、质量有保障、责任可追究的农产品质量安全追溯体系，精准、高效地追溯农产品，降低食品安全风险。

3. 农产品市场销售

在农产品销售方面，可以利用大数据实现精准营销，而发展农村电商是这一目标得以实现的基础。通过培育农村电商主体、提升其电商应用能力，建立农产品冷链物流、信息流、资金流网络化运营体系，并在此基础上建立数据互联互通、信息开放共享的农村电商公共服务系统，利用大数据精准化、差异化地进行农产品推送，从而有效破解"小农户与大市场"对接难题，提高农产品流通效率。

（三）大数据在服务业领域的应用

我国服务业在三产中的占比已经超过50%，服务业成为我国经济增长的主动力。服务业也是数据积累最多、数据更新最快、大数据应用场景最丰富、大数据发展前景最广阔的领域。该领域的大数据融合应用主要包括平台型服务业、智慧型服务业和共享型服务业三种类别。

1. 平台型服务业

针对旅游、物流、信息咨询、商品交易等领域平台经济，可以融合各领域基础网络、综合管控系统、流量监控预警系统、应急指挥调度系统、公共无线网络、视频监控系统、电商平台、微信平台、手机 APP 等应用系统为一体,将数据资源整合并转化为新型融合服务产品,提升管理、服务、营销水平。

2. 智慧型服务业

利用大数据不仅可以培育智慧物流、智慧商贸、智慧科技服务、智慧工业设计等智慧生产性服务业,还可以发展智慧医疗、智慧养老、智慧文化等智慧生活性服务业,推动服务业发展迈向高端化、智能化、网络化。

3. 共享型服务业

通过将大数据与交通出行、房屋住宿、生活服务等领域的共享经济相融合,同时建立共享经济发展相配套的社会信用体系、技术支撑体系和风险管控体系,可以有效培育共享经济的发展潜力、激发共享经济的发展活力。

三 我国大数据与实体经济融合发展的阶段与主要特征

从发展水平上看,我国大数据与实体经济融合发展才刚刚起步,尚处于初级阶段,主要体现在以下方面:

首先,融合范围不广。近几年,大数据在全球范围内掀起了一波发展浪潮,但对于实体经济的大部分行业来说,大数据只闻其声不见其形,仍旧属于新鲜事物。在实际生产生活中,大数据与实体经济的融合范围并没有理论研究上的那么广,其主要原因是实体经济企业普遍存在着两种现象:第一种是不懂大数据,很多传统行业对大数据一知半解,没有系统性、全面性的认识;第二种是不接受大数据,很多传统行业对大数据这种新鲜事物有排斥心理,接受度不高。前者导致想利用大数据实现转型升级的实体经济企业没有融合发展的能力,后者导致传统行业错失发展机遇,在虚拟经济的竞争下生存日益艰难。

其次,融合层次不高。相较于互联网、金融等行业领域,实体经济的软件实力普遍较低,而大数据作为新一代信息技术,其发展门槛较高。很多实体经济企业迫于技术力量不足、资金投入不足、自身认识不足等方面的原因，其大数据融合运用普遍停留在浅表层，没有将大数据技术和理念渗透到企业生产、销售等方面的各个环节，不能形成大数据运用闭环，这种层级较低的融合运用并不能有效发挥大数据在实体经济中的作用。

此外，我国大数据与实体经济的融合发展不平衡，主要体现在行业间不平衡、区域间不平衡两个方面：第一，行业间融合水平差距大。首先，虚拟经济领域的大数据应用远远领先实体经济领域。大数据兴起于谷歌、亚马逊等互联网公司，我国大数据应用也主要集中在以 BAT 为代表的互联网公司以及金融、证券等领域的企业。其次，实体经济领域内各个行业的大数据应用水平差距大。多年来，在"两化融合"（即以工业化促进信息化，以信息化带动工业化）的实施下，工业领域尤其是制造行业的数字化、集成互联、智能协同水平增长迅速，大数据应用最为广泛；服务业与虚拟经济的交叉领域较多，数字化基础设施较为完善，大数据应用也较为丰富；农业受限于行业特征，数字化基础设施最为薄弱，大数据应用最少。第二，区域间融合水平差距大。大数据与实体经济融合发展的区域差异主要来源于三个方面：一是两化融合水平；二是数字化基础设施水平；三是地方政府对大数据与实体经济融合发展的支持和投入。根据相关研究，我国大数据与实体经济融合发展水平总体呈现出"沿海高、西南高、西北低、东北低"的态势。

四 大数据与实体经济融合发展面临的主要问题

在我国经济结构调整、传统产业转型升级、经济发展方式从高速增长向高质量增长转变等国家战略的实施过程中，大数据与实体经济融合发展的前景可观、作用巨大、成效显著，但同时我们也应该认识到融合发展中面临的诸多问题和挑战。

（一）政策和制度体系不完善

在国家层面，推动大数据与实体经济融合发展已经成为今后一个时期我国经济发展的重要内容，但地方政府在具体落实的过程中仍旧面临着许多问题,最典型的就是重引导轻支持。

首先是重引导。大部分省、市推动大数据与实体经济融合发展的主要方式是引导大数据企业与实体经济企业合作。这种引导方式成功的核心在于企业因此所获得的效益。效益是企业的生命线,大部分实体经济企业在看不到大数据带来的效益之前,会质疑与大数据融合发展的投入产出比,从而降低了融合发展的积极性。这种情况下,实体经济企业即使响应政府号召开展与大数据的融合发展,在实际过程中也会尽量减少投入,其政治意义更为突出。从一定程度上看,这种脱离企业自身需求缺乏自发性和主动性的融合并不能真正推动实体经济的转型升级,甚至会造成资源浪费。

其次是轻支持。对实体经济而言,与大数据融合发展虽然能带来转型升级,但转型升级的背后必然是"伤筋动骨",在大数据时代,很多大型企业不如小型企业适应和发展得快的原因就是害怕"伤筋动骨"。这种转型必然会迎来资产重组、产业结构调整、组织人事变化等全方位的企业变革,而且这种变革所带来的不一定就是转型升级,由于市场的不确定性,也存在转型失败的风险。在这种情况下,若没有政策上的大力支持,即便知道大数据确实能带来巨大的发展机遇,很多实体经济企业也不敢或不愿意去尝试。当前,政府管理部门仅仅是通过项目形式予以适当资助,缺少完善的正向激励机制,其支持性政策相对较弱。

(二)实体经济的大数据发展基础差

受传统产业的经营模式所限,实体经济企业发展大数据的基础条件差,主要体现在以下几个方面。

首先,实体经济企业创新意识薄弱。很多企业总是看重创新的风险而忽视创新的成就,这些企业普遍存在观望心理——总希望别人先去创新,等这种创新有了实质性的进展和成效后再施行"拿来主义",进行模仿跟进。这样的行为让创新产品、市场、行业无法尽快完成自身职能使命,主动拥抱大数据融合创新更是无从谈起,企业转型发展的速度也因此变得缓慢。

其次,实体经济企业数字化水平不高。大量实体经济中小企业仍处于数字化和信息化的初级阶段，内部数据尚未实现整合和标准化，更谈不上对企业外部数据的开发和利用。实体经济企业大量历史数据资源仍然以非电子化、非标准化形态散落在企业内部、政府有关部门、行业组织、省外合作企业之间，难以形成企业块数据、行业块数据、区域块数据。大部分对实体经济有用的数据都来自于其行业本身，因此，通过融合发展实现大数据引领实体经济转型升级，提升实体经济信息化水平迫在眉睫。

另外，实体经济企业的大数据技术薄弱。目前，大数据技术主要集中于互联网、电信、金融等数字化程度较高的虚拟经济行业，相对虚拟经济来说，实体经济企业的大数据技术及相关设施十分欠缺。没有相应的大数据技术作为支撑，大数据与实体经济的融合就难以实现。对于实体经济企业来说，加大大数据技术融合创新的研发和培训投入，提高实体经济企业的大数据技术实力与提升其数字化水平同样重要。

（三）大数据基础产业体系不成熟

数据作为关键生产要素是大数据与实体经济融合发展的核心，决定两者高度融合的重要因素之一是数据资源的广泛性、便捷性、合法性和安全性。近几年，在国家大数据战略行动的实施下，大数据的发展取得了巨大成就，但数据资源的发展依然面临许多问题，这些问题不仅制约着大数据本身的发展，更影响着大数据与实体经济的融合发展。

第一，数据资源开放共享程度低。近年来，全国各地政府都在积极推进数据资源的开放共享，各类政府数据、公共数据开放共享平台相继建成并投入使用。但必须指出的是，我国的数据资源开放共享还处于起步阶段，很多单位和机构对于将自身积累几十年的数据资源开放共享出来的意愿不高，甚至有抵触心理。而成功开放共享的数据也普遍存在数据质量不高、数据类型单一等状况，难以满足大数据与实体经济融合发展的需要。

第二，数据权属界定不明确。目前，关于数据的所有权和隐私权等权利属性均没有明确的界定，在大数据与实体经济融合发展的过程中，这必然会产生一系列不可预估的法律风险。数据权属的正确界定可以将数据的权责分工、利益分配以及使用边界等界定清楚,让大数据与实体经济的融合发展有序化、科学化、合法化。

第三,数据标准规范不健全。标准是世界的通用语言,数据标准是数据资源获得有效利用的前提条件。大数据与实体经济的融合涉及各行各业,如果没有健全的数据标准规范,各个行业领域之间进行数据流通、使用和管理的成本就会很高,这对大数据与实体经济的融合发展是极为不利的。

第四,数据安全保障体系尚未建立。无论是对大数据还是对实体经济来说,数据安全都是最关键的。尤其是对实体经济而言,与大数据融合发展既是机遇又是挑战。因为一旦发生数据安全事故,有可能会对实体经济产生巨大的影响,有时候甚至会造成毁灭性打击。

(四)大数据复合型人才短缺

人才短缺是我国各地区、各领域在不同发展阶段都会遇到的共性问题,同样,人才问题也将会成为影响甚至阻碍大数据与实体经济融合发展的重要因素。当前,大数据与实体经济融合发展的人才需求主要体现在两个方面:一是大数据领域专业人才。大数据最基础的部分是数据分析和数据价值挖掘,要实现这些,就需要大量的大数据领域专业人才。这类人才主要负责大数据专业技术上的工作,包括数据的获取、存储、清洗、加工、建模和传输等数据处理全过程,以及对数据统计结果的甄别与分析、对数据分析结果的评估与展示等数据价值挖掘工作。二是跨领域大数据应用人才。大数据的优势在于跨界融合,这也是大数据与实体经济融合发展的价值所在。要推动跨界融合,就需要大量既了解行业业务需求又掌握大数据技术与管理知识的跨领域大数据应用人才,这类人才才是实现大数据与实体经济高质、高效融合的关键。

无论是大数据领域专业人才还是跨领域大数据应用人才,复合型都是其必备的典型特征。前者需要对数学、统计学、数据分析、机器学习和自然语言处理等多方面知识综合掌控,后者则需要对行业的具体应用需求以及大数据理念、技术和管理等都有很深的认识。值得注意的是,目前高校和研究机构中设置大数据专业的虽然在不断增加,但仍然不能满足日益增长的市场需求,且所设专业主要集中在大数据专业领域,缺乏跨领域大数据应用的专业设置,这会导致信息技术与行业需求结合的复合型大数据人才更为紧缺,将会严重制约大数据与实体经济的融合发展。

五 加快大数据与实体经济融合发展的对策建议

当前,大数据与实体经济融合发展作为国家大数据战略行动的重要内容,正处于抢先机、占高地、引潮流的关键节点,我国应将其作为今后经济社会发展的重点之一,结合各地实际明确大数据与实体经济的融合发展路径和对策,加快和提速融合发展的进程。

(一)全面提升数字化基础设施建设水平

数字化对国家经济的增长有着显著作用,据统计,每当数字化程度提高10%时,相应经济体的人均GDP就会迎来0.5%至0.62%的大幅增长。因此,推进经济数字化已经成为许多国家发展经济的重要动能。大数据是信息化和数字化发展的新阶段,推进大数据与实体经济的深度融合,可以显著加快各个传统行业的数字化转型。

党的十八大以来,我国大数据发展呈现良好的势头,数字化转型不断取得新的突破。当前,我国大数据基础设施正在不断完善。推动大数据与实体经济的深度融合,需要在现有数字化转型成果的基础上,全面提升数字化基础设施建设水平,应将重点放在两个方面:一是提升大数据基础设施水平,比如软件、硬件、IT服务、数据基础服务、数据平台服务以及宽带网络的提速降费等;二是提升实体经济企业的数字化基础设施建设水平,通过相关政策引导和支持实体经济企业开展信息化提升和数字化改造工程,为企业创造与大数据融合发展的基础。

(二)加快培育和完善大数据产业体系

当前,我国初步形成了以龙头产业引领、上下游产业互动的大数据产业体系，为大数据与实体经济融合奠定了坚实基础。这得益于我国在大数据资源建设、技术研发和融合运用等方面的迅速发展。据统计，我国2016年的电子信息产业主营业务收入达到17万亿元，是2012年的1.5倍，年均增速约11.6%，在国民经济的各个主要行业中始终排名前列。

大数据产业体系是大数据与实体经济融合发展的关键支撑，在现有成绩的基础上，继续培育和完善大数据产业体系，是加快大数据与实体经济融合发展的必由之路。其中，数据采集、存储、分析、交易、安全等核心业态是大数据产业体系的基础，而关联业态和衍生业态则是大数据产业体系的关键，政府应当制定积极的产业政策来推动大数据与实体经济的融合。同时，还应充分发挥大数据等新一代信息技术的先导作用，向经济社会各个领域延伸大数据应用，加快构建以互联网、大数据等技术为依托的新型产业体系，从而提升服务保障民生和推进产业转型升级的能力，引领实体经济持续健康发展。

（三）推动大数据与实体经济融合走向纵深

要真正实现实体经济的转型升级，大数据与实体经济就要从现在的浅层融合转向深度融合，这就需要在意识和行动上共同发力。

在意识上，要树立大数据思维。当前，全球各地都在积极布局大数据战略，大数据应用已经成为世界各国科技和产业界竞争的焦点。树立大数据思维，突出大数据在生产要素和生产力中的关键地位显得尤为重要。我国应当一如既往、持续坚定地将大数据思维作为一种重要的发展意识，将其深入渗透到国家发展规划、产业结构调整、企业生产经营等方方面面。同时，要更加重视大数据的潜在价值，充分发挥大数据在每一个生产服务环节上提升价值的功能性作用，从而实现实体经济的产业发展和管理方法论的数据化和智慧化。

在行动上，要加大融合发展的力度。大数据与实体经济融合发展对我国经济的转型升级和创新发展具有十分显著的作用。鉴于此，我们应当重点研究大数据驱动经济增长的机制和原理，重新审视其潜能和动能，以更大力度实施国家大数据战略行动，率先从体制机制上破除发展障碍，将大数据和实体经济的融合发展推向更深层次，实现跨越地域、部门、层级、业务和系统的协同管理和服务，从而形成以数据驱动创新、以创新引领发展的新模式。

（四）拓展大数据在实体经济各行业的应用

当前，我国行业数据资源的采集、流通和应用能力不断提升，大数据与实体经济各行各业的融合运用发展迅速，涌现出一批具有影响力的大数据应用，其中，电信、商贸、食品、农业、能源、公共安全、文化创意等领域表现最为突出。例如，电信领域的数据与人口数据融合分析可绘制出人口迁徙地图，与商业数据融合分析可为商圈店铺选址提供分析服务，与交通数据融合分析可以指导城市交通管理等。

但我们也应该认识到，在实际生产生活中，行业之间和行业垂直领域还没有形成大数据应用链条，大数据在各个行业的应用还比较单一和孤立。大数据与实体经济的融合发展不仅应在深度上发力，也应在广度上持续拓展。通过拓展大数据在实体经济各行业的应用，不仅可以构建大数据的多元化应用场景，让大数据获得生存和发展的土壤，同时也能全面性地提升实体经济各行业领域的大数据应用水平。

（五）利用大数据提升传统行业的转型升级能力

利用大数据提升传统行业的转型升级能力是加快大数据与实体经济融合发展的关键。未来，大数据在工业、农业、服务业等领域的融合将不断拓展。在这个过程中，应当充分发挥大数据对传统产业的变革作用，通过大数据加速变革传统行业的经营模式和管理方式，加速创新商业模式和服务模式，以及加速重构产业价值链体系。以工业为例，大数据对现在工业的各个环节都能起到很好的改造作用。在设计环节，通过基于大数据的C2M（顾客对工厂）模式可以有效提升工业的个性化设计水平；在生产环节，流水线作业在大数据的监控和优化下，可以准确地实现健康管理和故障预测，不仅能降低能源和材料的消耗，还能有效提升产品的质量水平；在销售环节，利用大数据可以提升产品销售的精准度，实现精准营销，从而促进产销对接。随着传统行业与大数据融合程度的不断加深，传统产业各个环节上的数据链条将被陆续打通，并逐渐形成全流程的数据闭环，届时，大数据对实体经济的变革作用将会越来越明显，实体经济产业也会因此焕然一新、充满生机。

参考文献

闫树：《加快大数据与实体经济深度融合》，《人民邮电》2017年11月2日。

戚克维：《加快新一代信息智能技术与实体经济深度融合》，《中国经济时报》2017年12月14日。

陈文玲：《互联网与新实体经济》，《中国流通经济》2016年第4期。

张虹、曹雅雯：《中国互联网金融驱动实体经济发展的对策研究》，《天中学刊》2017年第1期。

工业和信息化部：《大数据产业发展规划（2016—2020年）》，中国工业和信息化部网站，www.miit.gov.cn，2016。

贵州省人民政府：《贵州省实施"万企融合"大行动 打好"数字经济"攻坚战方案》，贵州省人民政府网站，www.gzgov.gov.cn，2018。

潘启龙：《给实体经济植入大数据之"芯"》，《贵州日报》2018年1月5日。

B.13
美俄欧盟跨境数据流动监管的国际借鉴

摘　要： 在数字经济全球化发展环境下，跨境数据流动已成为常态，且对全球经济增长的贡献率日益上升。跨境数据流动对于国际贸易发展意义重大，同时也是各国数据安全管理的重点领域。中国作为世界第二大经济体，加之"一带一路"倡议带来的发展预期，越来越多的中国企业开始"走出去"。在此情况下，对跨境数据流动实施有效监管是我国发展对外贸易、保护个人隐私和维护国家主权的现实需求。本文通过对美俄欧盟近年来跨境数据流动监管的主要做法和国际规制面临的核心问题进行研究与借鉴，找到适合我国的监管模式，可有序推动数据跨境双向流动。

关键词： 跨境数据流动　监管模式　数字经济　国际借鉴

"跨境数据流动"① 是数字经济时代各经济体之间的一种新要素流动形式，是全球经济一体化的重要支撑和典型形态。"跨境数据流动"并不是新出现的概念，实际上已经有30多年的规制历史，是一个涉及利益主体繁多、涉及利益关系复杂的领域，同时涉及国内政策和国际协调。在世界范围内，各国出于不同的立场分歧和竞争博弈，在跨境数据流动监管领域逐渐演化出由欧盟、美国、俄罗斯为代表的三种规制路径。我国应当充分借鉴国际经

---

① "跨境数据流动"最早由OECD《关于隐私保护与个人数据跨境流动的指南》提出，并将其定义为点到点的跨越国家、政治疆界的数字化数据传递。联合国跨国公司中心对跨境数据流动的界定是：跨越国界对存储在计算机中的机器可读的数据进行处理、存储和检索。

验，明确我国数据安全的"红线"，在跨境数据流动领域实现国家安全、公民权益、经济发展等多个价值目标的有机协同。

一 跨境数据流动监管概述

（一）限制数据跨境流动的原因和动机

自由与开放并不意味着毫无限制。跨境数据流动一方面极大地促进了全球经济一体化发展，另一方面也给公民、企业和国家带来了安全威胁。各国政府出于政治、经济、法律和其他因素的考虑，颁布了相关限制性措施。限制数据跨境流动的原因和动机是多样的，主要分为以下两类。

一类是合法的公共政策目标。如限制性措施考虑到对网络空间安全、知识产权、个人隐私的保护等。经合组织在《互联网政策制定原则报告》中鼓励畅通全球数据流通渠道的同时，建议各国政府在制定行业发展和监管政策时应当兼顾其他考虑，政府应当加强对个人数据、儿童、消费者、知识产权以及网络安全的保护。

另一类是国家间数据主权的博弈。云环境下数据跨境转移愈发容易，体现在数据资源分配方面的马太效应[①]尤为突出。众多发展中国家和不发达国家受限于本国的科技发展水平，云数据的跨境转移削弱了其对本国数据及其相关设施的管辖和控制，于是试图通过建立完善的数据保护法规体系，加强对数据跨境转移的规制，扭转在国际数据竞争中的劣势地位，但结果往往适得其反。部分国家制定极端的数据本地化政策，这种政策背后的动因较为复杂，除隐私保护和信息安全外，还涉及国内信息监控和产业保护等目标。数据跨境转移虽然给国家安全带来了诸多风险和漏洞，但是过分阻碍跨境数据流动可能对国际贸易、投资和经济增长产生不利影响。

---

① "马太效应"（Matthew Effect），来自于圣经《新约·马太福音》中的一则寓言故事，是指强者愈强，弱者愈弱的两极分化现象，普遍存在于社会的各个领域。

（二）跨境数据流动监管的对象和内容

在公共管理视野下，基于保障个人权益、商业利益、国家安全以及实现数据权平等化的目的，可以将跨境数据流动监管的对象和内容分为以下三个方面。

第一，在个人层面，首先是保障个人数据安全，其监管内容主要是数据控制者和数据处理者对个人数据的处理活动，包括收集、记录、存储、修改、传输等行为。其次是保障公民基本的数据权，如删除权、遗忘权、知情同意权等。

第二，在企业层面，跨境数据流动监管应当保障行业数据安全，以及确保企业等数据控制者明确并履行自己的义务与责任，其侧重点为在商业活动中企业数据处理行为是否具有合规性，合规性审查主要指数据本身是否涉及敏感数据，处理行为是否符合法律政策要求。

第三，在国家层面，应当明确个人、企业、政府在监管方面各自的责任与义务，其监管内容主要是跨境数据流动是否与国家利益、社会公共利益等相符。

（三）跨境数据流动主要的监管模式

纵观世界各国，主要有以下三种监管模式。

1. 市场自我监督

市场自我监督是指依靠市场各方主体（企业之间、企业与个人之间以及个人之间）的私法行为对数据的产生、处理行为进行约束，进而实现一定程度上的数据监督。主要有两种实现方式：一是市场主体之间的合同约定，通过合同来约定各方权利、义务；二是行业自律，市场主体通过自由协商、主动采取数据保护措施实现监管，还可以同其他企业共同设立行业组织，制定行业准则和行业标准，引导行业自律。市场自我监督成本最低，企业、个人的自由空间大，契合市场规律，但不足以独立、公平地实现数据监管。

2. 法律政策监管

法律政策监管是一种自上而下由政府主导的监管方式。一般有两种方式：第一，政府经多方协商制定法律或者政策，作用于各方主体；第二，政府通过法律政策赋予现有政府机构监管权力，或设立专门的、独立的监管机构实施监管权力。这种监管方法操作性强、作用范围广、具有强制力，但需要较长适应期，执行成本较大。

3. 技术平台监管

技术平台监管主要指以互联网平台作为技术基础实施监督管理活动，利用互联网的资源共享化、服务对象化及信息高速公路的特点，凭借大数据、云计算的数据处理能力，搭建技术平台，进行实时监测、反馈、分析、预警等。技术平台监管模式不仅能实现信息共享，还能发挥及时、高效、便捷等优势。

二 美、俄、欧盟跨境数据流动监管的主张与方法

（一）美国：推行宽松的跨境数据流动政策

作为数据强国，美国在信息通信产业上占据全球领先优势地位，因此在跨境数据流动监管领域，其总体立场是倾向于淡化国境边界，支持并促进数据的全球自由流动及利用，反对其他国家或地区制定阻碍跨境数据流动的限制性措施。美国认为，各国在个人数据隐私上的过度保护会限制电子商务的发展，形成非关税贸易壁垒。因此美国在个人数据的收集、处理和流通方面，将网络环境下的行业自律视为最有效的监管方式，政府部门多倾向于提出原则性建议，具体由市场主体协商实施。

美国在法律层面没有限制个人数据跨境传输的明文规定，不代表对跨境数据流动完全没有限制。对于在美国开展业务的国外网络运营商，相关部门会对其进行安全审查并签订安全协议，同时规定其将通信基础设施和相关数据设置存储在美国境内。此外，对于民用和军用相关技术数据，美国主要依

据《出口管理条例》（Export Administration Regulations，EAR）和《国际军火交易条例》（International Traffic in Arms Regulations，ITAR）对其实施许可管理，相关主体需要获得出口许可证才能出口数据。

此外，双、多边贸易协议是美国在国际贸易中作为对其他国家数据保护的妥协，监管本国数据收集、处理、流通行为的主要渠道。以欧盟为例，欧盟认为数据自由流通将严重威胁欧盟地区的个人数据安全，因此欧盟采取严格的数据保护制度，美国为了保证本国企业在欧洲的正常经营，2000年12月，美国商务部与欧盟建立《安全港协议》，旨在调整美国企业出口以及处理欧洲公民的个人数据的相关事宜。《安全港协议》规定，承诺签署该协议并接受欧盟隐私保护规定的美国企业，可以使欧洲数据在两地区间自由流动。《安全港协议》于2015年被欧盟法院宣告无效。[①]

在《安全港协议》宣布无效后，2016年7月14日，欧盟与美国达成《"欧美隐私盾牌"协议》（以下简称"隐私盾协议"），恢复美国企业在欧洲的运作。与"隐私盾协议"配套的还有2016年6月2日签订的《"美国—欧盟保护伞"协议》，即《数据隐私和保护协议》（Data Privacy and Protection Agreement），以及2016年2月24日由奥巴马签署的2015年《美国司法赔偿法案》（US Juridical Redress Act of 2015）。"隐私盾协议"完善了《安全港协议》的不足，美国企业将履行更加严苛的义务，并且美国对相关企业负有监管责任。

近年来，从产业界诉求和关键资源安全角度出发，美国对于跨境数据流动的态度从强调"自由流动"到"正常流动，合理限制"方向转变。2014年，美国向WTO提交最新电子商务提案，建议WTO制定规则要求成员在跨境数据流动政策方面兼顾经济利益和公众利益，采取必要措施确保数据安全。可以看出，美国正在重新审视其监管思路（见表1）。

---

① 奥地利人施雷姆斯（Schrems）在2013年向爱尔兰数据保护监管部门提起集体诉讼，质疑美国社交网站脸谱网利用《安全港协议》将欧盟成员的公民个人数据传输到美国的合法性，诉讼经爱尔兰高等法院向欧盟法院提起后，欧盟法院在2015年10月6日做出判决，宣布《安全港协议》无效。

表1　美国跨境数据流动监管法律法规、协议汇总

法律法规名称	跨境数据流动监管内容	颁布时间
《出口管理条例》	对军民两用产品和技术相关数据出口管制	—
《国际军火交易条例》	对用于军事或防务目的的产品和技术相关数据出口管制	—
美欧《安全港协议》	对美国企业处理和进出口欧洲公民数据进行规制	2000年签订 2015年欧盟法院宣布无效
《美韩自贸协定》	规定双方努力避免对跨境数据流动施加不必要的障碍	2012年签订
《跨太平洋伙伴关系协定》	规定缔约方在实施合理限度的合法公共政策目标之外不得歧视和变相限制跨境数据流动	2016年12个成员共同签署 2017年1月美国宣布退出
《"欧美隐私盾牌"协议》	作为《安全港协议》的替代方案，强化了欧盟的数据主权和美国企业对欧盟数据的保护义务，确保美国在美欧跨境数据流动过程中受到明确的限制和监督	2016年7月14日签订

（二）欧盟：构建高标准跨境数据流动规范体系

欧盟各国在数据保护立法领域处于先导地位，在对待数据保护的态度和立场上一贯采用较为严格的标准，同时将此高规格的标准延伸到跨境数据流动监管领域，致力于构建规范的跨境数据流动规则框架及在欧盟内部形成统一、高效的数据监管机制。

1. 欧盟跨境数据流动规则框架

1980年，经济合作与发展组织（OECD）颁布了《关于保护隐私与个人数据跨国流通指南》，共包括5章22条规定，规定了其成员国内适用的基本原则，主要包括8项：收集限制原则、数据质量原则、目的明确原则、使用限制原则、安全保障原则、透明原则、个人参与原则和责任原则。同时规定了在国际适用的基本原则，即自由流通及合理限制原则。该指南要求成员国避免以保护隐私和个人自由为由，超过保护的必要程度，创设阻碍个人数据跨国流通的法律与政策，除非其他成员国未实质遵守指南的各项规则。该指

南实际属于推荐性指南,对成员国的立法仅仅起到建议和指导的作用,不具有国际法上的强制力。

1981年1月28日,欧洲理事会各成员国签署《有关个人数据自动化处理之个人保护公约》,被称为《108公约》。该公约对缔约国都具有约束力,并且仅限于经自动化处理的个人数据。《108公约》的适用主体不仅包括公共机构,还包括团体、基金会、企业、公司、协会,以及其他直接或间接由个人组成的机构。在具体内容方面,《108公约》设定的数据跨境转移规则基本类似于《OECD指南》。在判断数据出口国是否对数据进行了适当保护时,可以通过该国的立法和有关数据流动的合同条款判断。

1995年,欧盟颁布《关于个人数据自动处理和自由流动的个人保护指令》,对欧盟28个成员国有约束力,各成员国必须通过国内立法予以执行。指令明确限制成员国向非成员国的跨境数据转移,也进一步给各成员国建立起一套具体可行的数据保护政策。该指令大大强化了欧盟各国个人数据的保护水平,明确了成员国必须设立数据监管部门进行个人跨境数据转移的事先审查制度和批准制度。

2016年4月14日,欧盟委员会历时四年正式批准《一般数据保护条例》。条例将于2018年5月25日正式生效。条例共分11章99条,第5章规定了向第三国或国际组织转移个人数据的规则,其中第44条规定了转移的总体原则。第45条规定了在充分条件基础上的转移,在评估第三国保护水平的充分性上,欧盟委员会应特别考虑第三国对个人数据的保护规则和相关综合性和专门性立法、第三国是否存在独立有效运行的监管机构以及已经缔结的国际协定,同时欧盟委员会设立至少4年定期检查机制来保障该条款的实施。另外,第46条规定了遵守适当保障措施的转移、第47条规定了公司约束规则、第48条规定了未经欧盟法律授权的转移与公开、第49条规定了特殊情形下的例外规定、第50条规定了个人数据保护的国际合作(见表2)。

表2 欧盟跨境数据流动监管法律法规汇总

法律法规名称	跨境数据流动监管内容	颁布时间
《有关个人数据自动化处理之个人保护公约》	设定经自动化处理的个人数据的跨境转移规则	1981年
《关于个人数据自动处理和自由流动的个人保护指令》	成员国可以将正在处理或将在转移后处理的个人数据转移至第三国,其条件是在不影响对本国法律遵守情况下,该第三国能够提供充分的保护水平。第三国所提供的保护水平的充分性应当根据数据的性质、数据处理操作的目的和持续时间、数据来源国和最终目的地国、有关第三国的现行一般性和单行法律规则以及该国实行的行业规则和措施来判定	1995年
《一般数据保护条例》	替代先行的《95指令》,在评估保护水平的充分性时需特别考虑第三国或国际组织的法律规则、是否存在一个或多个独立有效的管理机构来负责确保数据保护规则的遵守以及已经缔结的国际协定	2016年

2. 欧盟跨境数据流动监管机制

欧盟监管机制主要有以下几个方面。

第一,一站式监管机制。企业成立地所在国家的监管机构将作为主导监管机构,对企业的所有数据活动负有监管权,其效力辐射全欧,不同成员国数据保护机构与主导监管机构进行一致性协作。

第二,完善的咨询机制。为保证监管的协调统一性,主导监管机构的监管决定充分吸纳不同成员国数据保护机构的意见,欧盟数据保护委员会在各成员国意见有冲突不能协调一致时接管处理。

第三,设立数据保护专员岗位。强制要求使用个人数据的公共机构或团体、超过250名员工的企业以及其他持续监控和收集个人数据的组织设立数据保护专员岗位,任期至少为2年且可连选连任。数据保护专员职责独立,必须具备专业的数据保护知识和懂得相关政策法规,确保企业数据处理相关行为合规,在企业操作违规时数据保护专员需承担相应的法律责任。数据保护专员的姓名和联系方式向监管机构以及大众公开。

第四,设立欧盟数据保护委员会。数据保护委员会是一个独立的监督机构,主要职责是促进各成员国数据监管机构的相互合作,协调处理个人数据跨境隐私保护的相关问题,并向欧盟委员会提出个人数据保护的建议,由每个成员国的监管机构和欧洲数据保护监督员的负责人组成,每年需要进行年度总结和报告。

第五,合作监管机制。主监管机构与其他监管机构之间的合作主要集中于:交换所有相关信息(电子形式和标准格式)、提供协助、开展联合行动。相互协作的内容包括信息要求、监督措施。协助请求应包含请求的目的和理由在内的所有必要信息。在费用方面,除非各方就收费或补偿达成共识,否则不得收取费用。但如果请求者无权请求或者与欧盟及成员国的法律相矛盾,监管机构可以拒绝协助。

第六,监管机构联合行动。联合行动涉及的事项包括联合调查和联合执行措施。但采取上述行动需要保证其他成员国的成员和职员参与,当数据控制者或处理者在数个成员国有营业场所或者数据处理操作可能实质影响数个成员国的多数数据主体时,这些成员国的监管机构都得参与。

(三)俄罗斯:实施数据本地化留存规制

除了美国和欧盟主导的两种规制路径外,很多国家也立足本国实际立场对跨境情景下的数据安全做了单边规制,俄罗斯就是其中之一。斯诺登揭露美国全球监控计划后,俄罗斯开始高度重视本国数据安全,对数据跨境传输实行防御性严格限制,通过立法、修法确立数据本地化留存的制度,要求本国公民个人数据必须留存在俄罗斯境内,"本地化"政策从出台开始就未停止过争议。

从立法基础和立法体系上看,俄罗斯具有较为完善的数据管理法律制度。关于跨境数据流动的监管主要涉及两部法律,一是《关于信息、信息技术和信息保护法》,确立于2006年,主要调整数据拥有者、运营者、使用者需承担的保护义务,预防将数据传递给无权获取的人员或者以非法方式获取数据,并规定监管机构定期进行检查。二是《俄罗斯联邦个人数据法》,该法规定数据控制者在向第三国传输个人数据时需确保第三国会对数据主体权利实行同等水平的保护。

2013年"棱镜门"事件后,俄罗斯相继颁布两个法令,对现行法规进行修改,旨在加强对数据跨境传输的监管。2014年5月7日,俄罗斯发布第97号联邦法令对《关于信息、信息技术和信息保护法》进行修正,增加了数据境内保留要求,同时要求数据控制者有义务提供所保留的个人数据给国家安全机关。同年7月,发布第242号联邦法令,同时对前述两部法律进行了修正。增加使用境内数据库收集和处理数据,并且事先将数据库位置信息告知数据监管机构。

通过两次对数据保护法的修订,俄罗斯以立法的形式确立了数据本地化留存的基本规则:一是公民个人数据需在境内保存且所在数据库必须位于境内;二是处理个人数据需使用境内数据库,即在境内进行相关处理活动;三是具有配合相关部门执法告知相关信息的义务。自2015年正式实行以来,俄罗斯监管机构对境内企业进行积极的监督检查,虽然实行严格的限制性政策,但对违反规定的企业在处罚尺度上相对温和,只进行了轻微罚款和责令6个月的整改期限(见表3)。

表3 俄罗斯跨境数据流动监管法律法规汇总

法律法规名称	跨境数据流动监管内容	颁布时间
《关于信息、信息技术和信息保护法》	主要调整相关主体在进行寻找、获得、传递、生产和传播信息以及使用信息技术和进行信息保护时产生的法律关系	2006年
《俄罗斯联邦个人数据法》	旨在保障公民个人数据处理中的权利和自由,并对个人数据的跨境转移提出了同等保护的要求	2006年
第242号法令《就"进一步明确互联网个人数据处理规范"对俄罗斯联邦系列法律的修正案》	对两部数据管理法律同时做了修改。确立了俄罗斯数据本地化留存的制度,要求俄罗斯公民个人数据必须存储在俄联邦境内的服务器上	俄罗斯总统普京2014年7月签署 2015年9月1日生效

三 跨境数据流动国际规制面临的核心问题

（一）如何平衡跨境数据自由流动与数据保护的关系

跨境数据流动规制条款常见于各国数据保护法中，实际上跨境数据流动和数据保护背后的动因既存在补充关系也存在博弈关系，跨境数据自由流动背后的动因是经济体在国际贸易中对利益的追求，数据保护背后的动因是国家对个人、企业、国家安全的考量。目前各国均是以这两者的平衡作为跨境数据流动规制的宗旨，但就在何种程度上达成平衡和协调尚未有一致意见。

解决这一问题的思路是，在制定监管规则时，需坚持"限制性措施能够保障政府在合理范围内实现其合法公共政策目标，以及能将对国际贸易产生的障碍降到最低"的原则。这就要求在本国法律或者双、多边协定中明确界定合法例外的具体范围。

（二）如何协调各国之间跨境数据流动监管的法律冲突

在对跨境数据流动进行监管时，由于相关主体可能位于不同国家，很难单靠本国监管机构实施有效监管。如果出现违反本国数据保护法的情况，首先会面临本国数据保护法在域外的效力问题，以及和他国法律冲突的法律选择问题，同时还存在跨境执行的困难。在跨境环境下，监管机构可能会受限于资源限制、救济不充分、法律分歧等实质性障碍。

欧盟通过制定条例和指令，运用法律对成员国跨境数据流动的行为进行强约束，确保了数据在欧盟境内的自由流动，但其前提条件是成员国应允接受其约束力或将相关规制条款转化为相一致的国内法，相当于放弃了本国数据保护自主权。将欧盟的例子扩大到全球层面，意味着如果既要实现跨境数据的自由流动，又要确保数据安全，并解决各国法律体系的冲突，意味着需要建立全球统一的、有强约束力的监管机制，这样必须使各国将数据保护的自主权让渡给一个超主权机构，或者形成统一的具有约束力的协定。参与国际规制，一方面可以弥补本国数据保护法的限制和不足，另一方面也是为达成规制目标，向更强约束力和执行力演化的客观要求。

（三）如何规制涉及国家和政府部门数据的跨境流动

考察包括欧盟、OECD、APEC 等国际组织制定的跨境数据流动规制条款，其适用范围均限定于经济贸易语境下的个人数据，对于国家和政府部门数据的跨境流动均没有提出相应的规制。在实际情况中，尤其是各国实行政府信息化、数字化以来，政府部门收集了大量的数据，其中既包括大量公民的个人数据，也包括本国企业、社会组织以及国家相关的数据，政府是大数据时代最大的数据持有者，对政府部门数据的跨境流动进行规制尤为必要，越来越多的国家在本国数据保护法中对政府数据制定了比个人数据跨境流动更严格的规定，但这主要属于单边规制。

在以后的相关国际协商中，除商业环境下的个人数据跨境流动规制外，各国政府有必要将政府数据的跨境流动规制列入讨论内容。应当了解的是，政府数据事关国家主权问题，尽管通过各国协定进行规制和协调存在很多困难，但各国仍应当尽量达成共识，一方面既能确保国家安全，另一方面尽最大可能降低对贸易的阻碍，防止以国家安全的名义进行贸易保护。最后，对政府数据的跨境流动可依据安全等级差异，采用分级管理的模式进行灵活规制。

四 国际经验对我国实施跨境数据流动监管的启示

（一）我国跨境数据流动监管现状考察

在法律政策监管方面，我国目前没有一部专门规制跨境数据流动的法律，相关规定较为分散（见表4）。2017 年 6 月 1 日实施的《中华人民共和国网络安全法》总体上为我国数据监管确立了大致框架。

(1) 在数据监管方面，明确国家网信部门、国务院电信主管部门、公安部门和其他有关机关以及县级以上地方人民政府部门为监管主体。①

（2）在个人层面，明确网络运营者的安全、合法、正当、公开等义务，设立投诉、举报制度。

（3）在社会层面，要求网络运营者实行网络安全等级保护制度，保障网络免受干扰、破坏或者未经授权的访问，防止网络数据泄露或者被窃取、篡改，且鼓励市场协商形成行业自律机制。

（4）在国家层面，国家对关键信息基础设施实行重点保护，明确运营者的义务和责任，严格限制关键信息的储存和跨境流通，要求网络运营者和监管机构应当制定并完善预警和应急制度。

（5）在法律责任上，赋予监管机构责令停业整顿、警告、罚款、关停、吊销营业执照等行政处罚权，同时也明确了监管机构的违法责任。

表4 我国跨境数据流动法律汇总

法律法规名称	跨境数据流动内容	颁布时间
《中华人民共和国刑法》	分则专章规定危害国家安全罪，第一百一十一条为为境外窃取、刺探、收买、非法提供国家秘密、情报罪	1979年
《中华人民共和国档案法》	第十六条规定：集体所有的和个人所有的对国家和社会具有保存价值的或者应当保密的档案严禁卖给、赠送给外国人或者外国组织。第十八条规定：属于国家所有的档案和本法第十六条规定的档案以及这些档案的复制件，禁止私自携运出境	1987年
《中华人民共和国保守国家秘密法》	第二十五条规定：机关、单位应当加强对国家秘密载体的管理，任何组织和个人不得有下列行为：（四）邮寄、托运国家秘密载体出境；（五）未经有关主管部门批准，携带、传递国家秘密载体出境。第二十六条规定：禁止非法复制、记录、存储国家秘密。禁止在互联网及其他公共信息网络或者未采取保密措施的有线和无线通信中传递国家秘密。禁止在私人交往和通信中涉及国家秘密	1988年
《中华人民共和国出入境管理法》	第七十七条规定：对外国人非法获取的文字记录、音像资料、电子数据和其他物品，予以收缴或者销毁，所用工具予以收缴	2012年

---

① 《中华人民共和国网络安全法》第8条：国家网信部门负责统筹协调网络安全工作和相关监督管理工作。国务院电信主管部门、公安部门和其他有关机关依照本法和有关法律、行政法规的规定，在各自职责范围内负责网络安全保护和监督管理工作。县级以上地方人民政府有关部门的网络安全保护和监督管理职责，按照国家有关规定确定。

续表

法律法规名称	跨境数据流动内容	颁布时间
《中华人民共和国国家安全法》	第二十五条规定:加强网络管理,防范、制止和依法惩治网络攻击、网络入侵、网络窃密、散布违法有害信息等网络违法犯罪行为,维护国家网络空间主权、安全和发展利益	2015年
《中华人民共和国网络安全法》	第三十七条规定:关键信息基础设施的运营者在中华人民共和国境内运营中收集和产生的个人信息和重要数据应当在境内存储。因业务需要,确需向境外提供的,应当按照国家网信部门会同国务院有关部门制定的办法进行安全评估;法律、行政法规另有规定的,依照其规定	2016年
《征信管理条例》	要求在中国境内收集的所有信用信息均应在境内整理、存储及处理。信用报告机构必须在中国境内备份数据库,不得通过互联网或存储媒介传输在中国境外收集的信息	2013年
《人口健康信息管理办法》(试行)	禁止在境外数据中心存储个人健康信息	2014年
《保险机构信息化监管规定》(征求意见稿)	外资保险机构信息系统所载数据转移至中华人民共和国境外的,应当符合我国有关法律法规。本国保险机构的信息必须存储在中国境内	2015年

（二）我国跨境数据流动监管存在问题

尽管跨境数据流动监管是备受公民和国内外企业关注，以及事关国家大数据发展和网络空间安全的重要议题，但我国跨境数据流动监管无论从法律政策还是管理实践上来看，仍然存在很多问题。

首先，我国跨境数据流动监管宗旨过于窄化。我国现行法律法规主要是对数据流出做出限制性管控，从国际趋势、经济利益以及国家安全角度来考虑，跨境数据流动监管的宗旨应当是通过合理的保护鼓励数据在国家与国家间双向自由流动，而不是将系统性的监管机制窄化为单边管控。

其次，我国跨境数据流动监管权力分散。由于未能形成统一、完善的数据监管机制，数据监管呈现出权力分散、职能重叠的局面，数据监管主体多而乱，可谓"九龙治水"。如网络安全领域，监管主体包括国家网信部门、国务院电信主管部门、公安部门等有关部门，在金融征信领域，监管主体为国务院征信业务监督管理部门。

再次，我国跨境数据流动监管模式单一，效率低下。数据监管不仅包括法律政策监督，还包括市场自我监督和技术平台监督。在我国，法律政策监督占主要地位，在一定程度上忽略了市场自我监督和技术平台监督的协同作用，过多依赖于政府部门监管。

最后，我国跨境数据流动监管缺乏国际协作。我国跨境数据流动监管缺乏与域外国家构建双、多边合作机制和互信机制，主要采用的监管方式是利用安全审查和本地化留存，对我国发展数字经济不利。

（三）我国跨境数据流动监管对策建议

跨境数据流动监管是新经济全球化趋势下、数字经济蓬勃发展时代我国一项无法回避的任务。中国在跨境数据流动监管领域基础较为薄弱，应该广泛学习借鉴国外较为成熟的规制体系，分步骤推进监管实践，同时根据实践经验调整确立符合中国实际的跨境数据流动监管模式。

第一，构建跨境数据流动法律政策监管规范体系。坚持"安全优先，保护数据安全前提下促进数据正常商业使用与转移自由，保护个人数据权利，保障数据跨境流动中的数据主权"等基本原则，夯实政府实施跨境数据流动监管的法律基础，完善顶层设计，设立独立权威的跨境数据流动监管机构，划清界定监管范围、监管权责、监管职责等法律要素，为企业提供明确的数据跨境流通和可利用的行为指南。

第二，推进跨境数据流动行业自律制度的建设。行业自律制度建设可以为企业间数据流动制定更灵活的规则。引导企业提升隐私保护意识，建立内部数据保护规制体系。国家促进社会各方共同协商，形成合理有效的行业行为准则，建立统一的跨境数据流动安全评估机制和相关标准，企业可以自愿选择接受特定的标准，并通过评估判断其是否达标，达标企业允许进行跨境数据流动。

第三，搭建网络安全平台加强技术监管。在法律政策监管和行业自律市场自我监督之外，加大数据安全技术领域的研发投入，切实提高我国数据安全技术水平，搭建数据监管平台，加强技术平台监督的协同作用。

第四，建立跨境数据流动国际合作机制。数据跨境流动是新技术条件下所有参与经济全球化的国家都必须面临的问题。面对这一世界性新议题，各国需要密切开展国际合作，积极参与联合国、国际组织有关数据跨境流动技术运用规则的拟定，开展与全球数据大国的技术合作，形成数据跨境流动话语体系，实现数据跨境流动保护的国际化、体系化、法治化。

第五，加强关键基础设施和重要领域数据的安全协议控制。加强国家信息基础设施保护，切实提升数据安全保障与防范能力。划定重点领域数据库的范围，建立分级管理制度，根据数据安全等级区分可跨境自由流通数据、限制流通数据、相对禁止流通数据和绝对禁止流通数据。建立安全操作制度，明确行为主体的安全保障义务，加强日常监管，加重违法行为的行政责任和刑事责任。

参考文献

韩静雅：《跨境数据流动国际规制的焦点问题分析》，《河北法学》2016 年第 10 期。

黄宁、李杨：《"三难选择"下跨境数据流动规制的演进与成因》，《清华大学学报》（哲学社会科学版）2017 年第 5 期。

邓志松、戴健民：《限制数据跨境传输的国际冲突与协调》，《汕头大学学报》（人文社会科学版）2017 年第 7 期。

罗力：《美欧跨境数据流动监管演化及对我国的启示》，《电脑知识与技术》2017 年第 8 期。

何波：《俄罗斯跨境数据流动立法规则与执法实践》，《大数据》2016 年第 6 期。

案 例 篇

Cases Studies

B.14 贵阳市运用大数据助力以审判为中心的刑事诉讼制度改革探索

摘　要： 党的十八届四中全会提出，"推进以审判为中心的诉讼制度改革，确保侦查、审查起诉的案件事实证据经得起法律的检验"。在这一背景下，推进以审判为中心的刑事诉讼制度改革意义重大而深远。近年来，贵阳市创新工作思路、先行先试，在全国率先运用大数据等科技手段来助推以审判为中心的刑事诉讼制度改革，探索出了一条现代科技应用和司法体制改革融合的新路子。本文深入分析了贵阳政法大数据办案系统推进以审判为中心的刑事诉讼制度改革的做法，总结贵阳市运用大数据推进以审判为中心的刑事诉讼制度改革的探索经验，并针对我国司法体制改革实践中的痛点和难点，提出科学、合理的建议。

关键词： 贵阳　大数据　以审判为中心　刑事诉讼　制度改革

长期以来,在我国刑事司法领域,由于运行机制、程序设置、职权配置等因素的影响,我国刑事诉讼呈现以侦查为中心的实践样态。以侦查为中心的诉讼结构模式,导致刑事诉讼通过庭审保障人权和发现事实真相的价值大打折扣。为确保侦查和审查起诉的案件事实真正的经得住法律检验,在全面依法治国的关键时期,党的十八届四中全会提出,"推进以审判为中心的诉讼制度改革。"

新一轮科技革命带来的新技术是司法体制改革的重要力量,遵循司法规律,积极主动拥抱大数据、人工智能、移动互联网等新一代先进技术,既是新时期构建符合司法规律的刑事司法新模式的重要践行举措,也是司法体制改革背景下创新运用科技破解司法难题、推动刑事诉讼制度改革的实质性探索。作为全国司法体制改革的首批试点省份的省会城市,近年来,贵州省贵阳市创新工作思路、先行先试,坚持把改革精神、科技创新和法治思维有机结合起来,创造性地运用大数据破解司法难题,为全国运用大数据推动司法体制改革提供了"贵阳方案"。

一 推进以审判为中心的刑事诉讼制度改革的重要意义

在刑事诉讼领域,长期奉行以侦查为中心的"侦查中心主义",导致庭审成为一种形式、审判走过场的现象时有发生。审判成为一道确认程序,其存在仅仅是为侦查卷宗提供合法证明,这使得许多侦查违法行为无法通过审判得到监督与纠正。随着近年来呼格吉勒图案、聂树斌案等多起冤假错案陆续得以平反,许多司法工作者才意识到,过度偏重侦查环节,容易忽略对审判程序应有的重视,审判成了顺水推舟,这种司法刑事诉讼制度容易导致冤假错案的发生。目前,我国司法体制改革已进入全面深化期,创新推进以审判为中心的刑事诉讼制度改革,不仅有利于完善诉讼程序、转变庭审方式,而且也有助于落实证据裁判原则。

以审判为中心的改革,是破解刑事司法实践中存在不公正问题的重要举措。我国刑事诉讼主要包括三个重要环节,即侦查、审查和起诉。根据我国有关法律法规规定，公安局、检察院、法院三家机关在刑事诉讼中，既要做到分工负责、各司其职，又要做到互相配合和互相制约。但是在实践过程中，这一原则所取得的效果并不好，公检法三机关之间普遍存在制约力度不够、配合力度有余的现象。推进以审判为中心的改革，不仅能够精准发挥审判程序的功效与作用，而且对于破解司法实践中存在的不公正问题也具有重要意义。

以审判为中心的改革，是遵循法治、司法以及现代诉讼规律的应有之义。审判是刑事司法实践中的重要一环，没有通过审判，不可以判决任何人有罪，这既是刑事诉讼设立审判环节的重要价值所在，也是其本来目标所依。如果刑事诉讼偏离了以审判为中心的正确轨道，势必将会对审判程序最后裁决的功能、属性造成影响。因此，推进以审判为中心的改革，是法治社会应有的形态，是提高司法公信力的必然要求，是现代诉讼制度应有的义理。

以审判为中心的改革，是保障人权的必经之路。对于任何一个法治国家而言，莫不重视人权保障与犯罪惩罚两者之间的协调平衡。毋庸置疑，设立刑事诉讼程序，其首要目标就是为了解决罪责刑问题。但与此同时，我们也应该充分地认识清楚，保障人权已成为刑事司法立法与实践探索的一个核心价值目标。推进以审判为中心的改革，对于充分发挥审判的监督功能，在最大程度上保障人权具有重要作用。

二　推进以审判为中心的刑事诉讼制度改革实践中存在的问题

（一）证据标准不一致，且审前程序没有严格对准审判程序

在具体刑事司法实践中，时常会发生以下这种情况：一件刑事案件侦查结束后，公安局认为这已经是铁板钉钉的事情，检察院却以事实不清、证据不足为由将案件退回重新侦查。检察院认为案件事实已经很清楚、可以移交

法院审判的时候，法院却以证据存在瑕疵为由将案件退回重新审查起诉。出现这样的情况，其实不仅与办案人员的工作能力和水平有关，而且与证据标准有很大的关联性。证据是刑事诉讼的灵魂，刑事诉讼制度改革以审判为中心，关键是证据。长期以来，公检法三机关在案件侦查环节和起诉环节没有以审判环节中的法定定案标准作为指引，导致在以往的刑事诉讼实践过程中，存在公安局、检察院和法院各家对案件证据标准认识不同的现象，每个机关都有一套证据标准，且审前程序没有严格对准审判程序，这严重影响了司法最后的裁决，破坏了司法公信。

（二）网络和系统各自独立，数据标准不一，无法网络互通、数据共享

在刑事案件实践中，办案人员为了破获案件，常常需要获取犯罪嫌疑人的某些信息作为线索，但信息获取的整个过程又是异常的艰难，往往需要几经周转。究其主要原因，是执法司法信息普遍没有互联共享，并且是以领域和系统为阵。长期以来，我国司法执法部门之间信息孤岛现象严重，各部门建立的信息化系统相互独立，且信息化标准不一致，导致部门信息系统标准数据不统一、数据互联共享程度不高、系统互联互通难度大。目前，我国公安局、检察院、法院的网络和系统都处于相对独立的"烟囱"状态，没有统一的数据标准，数据互联共享、信息网上传输等在部门之间难以实现，大量相同的证据材料和法律文书在公安局、检察院、法院环节需要重复录入和持续流转，这不但消耗人力物力，加剧案多人少的矛盾，而且还增加了案件处理的成本，延长了案件处理的周期，这在相当大程度上影响了办案质效。

（三）监督环节有缺失，侦查、起诉、审判相互监督制约力度不够

一直以来，在刑事案件受理过程中，公检法三机关责任分工明确，侦查、起诉、审判三个阶段各管一段，实现了程序自控。但是过分强调责任分工，使得审判对侦查、审查起诉的有效制约不足，侦查、审查起诉对审判的侧重力度不够，导致刑事诉讼过程中司法监督和审查严重缺位。在具体的刑

事司法改革实践中，公检法办案人员独立办案的权力已经获得了很好的保障，但同时存在审前程序与审判程序相互监督、相互制约力度不够，监督环节缺乏等问题。主要体现在整个诉讼环节中缺乏对案件办理的有效监督，导致不同程度的违纪违法行为存在，尤其是违规操作、主观随意性大、插手干预等违纪违法行为，使群众对司法腐败、执法不公等问题的反应越来越强烈。

（四）受人情因素与传统司法理念的影响，导致证据缺乏刚性

在长期的司法实践中，我国公检法三机关办案主要是靠人，受传统司法理念和人情因素的影响，有相当一部分办案人员司法理念依旧传统，只关心实体，而轻视程序，不注重证据原则，导致证据缺乏刚性。主要表现在以下三个方面：第一，证据的收集缺乏刚性。有的办案人员缺乏对证据收集应有的重视，在证据收集上经常犯低级错误。例如，经常漏失对关键证据的收集，不按照规范收集证据，对收集到的证据不按照规定移送，等等。第二，证据的审查缺乏刚性。在证据审查阶段，办案人员对于取证不规范及不符合证据构成要求得到的证据审查不严格、不规范，导致案件虽然已经进入庭审状态，却不满足"证据充分、事实清楚"的法定要求。第三，证据的运用缺乏刚性。案件进入庭审阶段后，由于证据的采集、证据的审查不规范、不充分，加上证据比较零散、不系统，审判过程中法官对证据的运用难以拿捏。

（五）由于个体认识和经验水平等方面不同，造成办案人员存在主观倾向性

个体认识与经验水平出现迥异，往往与个人思维能力、个人知识水平、个人信息存储等要素有关。在刑事司法实践中，案件事实真相往往发生在过去，办案人员只能借助证据间接地认知，而不可以径直去感知，离开了证据，办案人员就无法认知发生在过去的案件事实。由于受不同知识框架、个人认知背景、经验和价值评价等因素影响，警官、检察官和法官在办理同一

案件时表现出了不同程度的主观倾向性，办案人员通过证据所认知的案件事实与客观发生的事实不符。这在一定程度上影响了办案的效率和质量，也损害了司法的公信力。

三 贵阳市创新运用大数据助推以审判为中心的刑事诉讼制度改革的探索与实践

2017年以来，贵阳市针对具体执法司法实践中的痛点和难点，以问题和办案需求为导向，充分借助大数据等现代科技手段，按照切实有效的准则，开发建设了贵阳政法大数据办案系统，该系统的建设有效解决了公检法三家证据标准不统一、监督不到位、网络不互通、数据不共享等问题。

（一）"最先进"的建设思路

1. 以最先进的理念，引领刑事诉讼制度创新

制度建设往往依赖与之相切合的理念，如果没有法律平等、罪行法定、人权保障以及程序正义等现代刑事司法理念，就无法形成以审判为中心的刑事诉讼制度。如果没有疑罪从无和证据裁判等原则，也就不可能全方位落实以审判为中心的刑事诉讼制度。因此，贵阳政法大数据办案系统的开发建设坚持把依法治国、以审判为中心以及大数据创新发展等理念作为思想指导，切实引领刑事诉讼制度创新。

2. 以最先进的技术，提高科学执法办案质效

新一代信息技术已为司法体制改革提供了相应的物质基础和技术保障，关键是取决于我们能不能摒弃旧观念，跟上时代步伐，与时俱进。贵阳政法大数据办案系统的开发建设坚持以现代科技作为技术支撑，充分借助大数据、云计算、人工智能、区块链、移动互联网等信息技术，通过革新审判方式和统一司法标准，实现以审判为中心的刑事诉讼程序重构，以及案件审理环节的繁简分流、快审快结，切实提高科学执法办案质效。

3.以最先进的模式，推动司法体制机制改革

刑事诉讼制度改革以审判为中心，就是要把审判程序的制约作用、引导作用和最终裁判作用发挥出来。对公检法三机关存在的问题，无论是制约配合上的问题，还是刑事诉讼模式上存在的问题，均对其及时给予纠正，这有效避免了案件"带病"进入审判程序。贵阳政法大数据办案系统的开发建设坚持以最先进的模式，在证据规格和标准上把"破案"与"庭审"的要求结合起来，切实推动司法体制机制改革。

（二）"五个一"的核心架构

贵阳政法大数据办案系统是运用大数据推动刑事诉讼制度改革的新技术、新服务和新范式，其核心是"用好一机，建好一库，填好一单，搭好一链，创好一模型"。

1.一机：搭载"证据黑马"移动终端

"证据黑马"是一款可跨平台运行、可安装在移动终端的 APP，其包含法律知识检索、办案辅助工具、办案指导手册、业务资料学习、自我文件管理等主要功能，且通过移动端+PC 端+服务器端组合应用模式，可以实现内容数据实时同步更新。"证据黑马"可为警官、检察官、法官在侦查、审查起诉、审判等环节提供统一适用的证据指引，实现公检法三家"一把尺子"办案。"证据黑马"的使用，相当于为每一名基层办案警官、检察官和法官配备了一名智能助理，它将检察院、法院针对大案要案发生时采取的方式方法，巧妙地运用到许多的普通案件上，从起点上保证了证据的有效、完整，实现了过去"经验式办案"向"规范化办案"的转变。

2.一库：证据数据库

证据数据库即办案人员的法律资料库，由法规知识库、法规文库和法规案例库三个子库组成，涵盖了法律法规、司法案例、办案知识在内的全息法律信息。证据数据库对三个子库数据进行关联分析和智能匹配，进而形成证据知识图谱。无论在何时何地，证据数据库都能够为办案人员提供对法律法规、办案知识、司法案例等相关信息的检索服务和综合查询服务，并对查询

结果加以智能排序后，以文字、语音等多种形式呈现给办案人员。证据数据库的使用，弥补了办案人员能力不足、认识不统一的问题，简化了法律检索工作，提高了办案人员的认知水平。

3. 一单：数据化证据清单

数据化证据清单是以证据指引为指南，以证据标准化、数据化为要求，以可视化窗口为表现形式的一种填写证词、上传证据的交互方式。数据化证据清单可为办案人员提供一种简单、快速、便捷录入证据的窗口和方法，并且录入的证词和上传的证据都是按照统一的标准和格式，实现了证据的数据化采集、数据化存储、数据化流转、数据化分析、数据化验证。数据化证据清单的使用，解决了公检法三家各自业务系统证据录入标准不统一的问题，从源头上规范了证据数据的录入，做到了证据数据可分割、可度量、可计算、可重组、可规范。

4. 一链：自流程化的证据链

自流程化的证据链是在证据数据化的基础上，系统自动存储、自动对比、自动分析、自动推送、自动流转，将作为证据内容的事实与案件事实之间进行关联分析，同时将案件事实相关的佐证相互关联，使案件各个证据能够互相印证并形成完整的证据链。自流程化的证据链可为办案人员提供证据的智能化审查，主动制止证据存在缺项的案件进入审判程序，并经过多种方式向办案人员提醒被阻止的理由，推送存在缺项的证据清单，实现证据数据的多元双向智能流转。

5. 一模型：证据智能审查辅助决策模型

证据智能审查辅助决策模型充分利用最新的大数据技术，将办案所依照的办案流程、证据标准指引、证据的真实性、关联性、合法性特征等进行公式化、程序化的归纳和提炼，并进行科学化、体系化的数学建模，以实现对证据的智能审查和量刑辅助建议。证据智能审查辅助决策模型的使用，切实为办案人员提供了司法辅助决策、证据智能审查等服务，切实推进了司法工作向智能化、科学化和精细化方向发展，切实做到了让办案人员将大量精力集中在少数关键证据的审查上，有效缓解了案多人少的矛盾。

（三）"四个创新"的基本做法

1. 标准创新：制定统一适用的证据指引

针对以往办案各机关证据标准不一致，侦查、审查起诉没有严格做到向审判看齐的难题，贵阳政法大数据办案系统将"六类案件"①作为重要突破口，在贵州省公检法三机关共同制定的《刑事案件基本证据要求》架构内，对贵阳市近3年来"六类案件"中证据存在缺陷导致的不捕、退侦、发回重审等刑事案件进行分析，从中发现一些关键性缺项证据和一些容易出问题的环节。

根据分析结果，结合实际情况，制定统一适用、操作性强的审查起诉、批准逮捕证据指引，保证公检法三机关在相同的证据标准下办案。出台办案证据指引，类似于将过去法检两机关针对大案要案发生时采取先参与导侦的经验做法运用到更多的普通案件上，办案人员根据证据指引按方取药。在很大程度上来说，这规范了公检法三机关的案件办理行为，统一了刑事证据标准。

2. 数据创新，搭建大数据共享应用平台

针对过去公检法三机关的网络和系统没有互联互通、数据标准不统一、数据无法实现共享的问题，贵阳市在公检法三机关网络、系统之外，另辟蹊径，构建政法专网。通过对技术难题的攻关，不仅打破了以往公检法三机关网络"烟囱"和系统"壁垒"的状态，实现了业务高效协同和网络互通，而且市、区（县）政法各机关也一同实现互联互通。在此基础上，对公检法三机关需要共享的政法数据资源，按照交换标准和数据规格统一的原则，推送到贵阳政法大数据办案系统数据交换共享平台，并与公检法三机关各家

---

① 据悉，仅2015年、2016年，占贵阳市刑事案件80%左右的故意伤害、抢劫、杀人、盗窃、毒品、电信网络诈骗"六类案件"中，因证据瑕疵检察院做出不批准逮捕的有356件，占不批准案件数的33.09%；退侦1626件，占受理案件数的13.71%；做出存疑不起诉决定35人，占不诉人数的13.01%。因证据不足法院要求补查补证后下判的有401件，占发回改判案件数的75.6%。

系统的数据标准互相对应，变公检法三机关的政法条数据为政法块数据。

截至目前，贵阳市充分借助贵阳政法大数据办案系统，已经实现了公安机关不用跑腿就可以做到案件报捕和移送审查起诉工作，检察院不用查阅纸质书面材料就可以及时做出拘捕还是不拘捕、起诉还是不起诉的决定，法院可以在第一时间向公安局和检察院的案件负责人提供判决结果。

3. 技术创新，构建证据数学模型

针对侦查、审查起诉和审判三者之间相互监督、相互制约作用不够，监督环节存在缺失的问题，贵阳市充分借助人工智能，结合智能识别算法，经过反复操作与验证，成功地将办案证据指引以数学模型的形式嵌入贵阳政法大数据办案系统，实现了对案件证据存在性、完整性的智能审查。通过自动阻止"带病"案件继续往下流转，以及向办案人员推送案件被阻止的原因和存在的问题等信息，实现了由人工审查向智能审查的转变，迫使办案机关在证据标准、证据规格上，严格按照法律规范和标准对证据进行收取、存储和移送。

与此同时，使办案人员可以把更多精力运用到对一些关键证据的审查上，大幅度减少对简单、基础和重复证据的审查工作，切实缓解了案多人少的矛盾。另外，通过建立大数据资源库，贵阳政法大数据办案系统对办理的每一个案件都实现了全流程电子化档案管理。在今后办案过程中，系统将及时把当前案件同库存案件进行逐一对比，从中找出与当前案件相似的案例，并向办案人员推送。

4. 模式创新，编织"数据铁笼"

按照"数据铁笼"[①] 数据监督权力的理念，结合司法执法权力制约和监

[①] "数据铁笼"是指依托云计算系统平台，运用大数据融合分析技术，把能够纳入网络的行政权力全部纳入网络运行，通过制定统一的数据技术标准，优化、细化、固化权力运行流程和办理环节，合理、合法地分配各项职责，实现网上办公、网上审批、网上执法，实现权力运行的全程电子化，让权力清晰、透明、规范运行，置于社会公众的监督之下。自2015年以来，贵阳市开启"数据铁笼"工程建设，探索构建"用数据说话、用数据决策、用数据管理、用数据创新"的政府治理新机制。截至目前，"数据铁笼"已在贵阳市40个市政府组成部门实现全覆盖。

督的薄弱环节，贵阳政法大数据办案系统搭建了案件自动监督管理模块，将办案人员规范化的执法办案流程和操作固定到平时案件的监管中。经过案件的闭环流转，将人工型、事后型和粗放型三种类型的监督分别转化成数据型、过程型和精确型的监督，实现对权力运行的监督管理。

贵阳政法大数据办案系统在整个诉讼程序容易产生风险的重要环节均设立了风险监控模型，只要办案执法出现异常情况，该系统将把异常的信息通过网络形式传输给办案人员和相关领导，实现了由制度约束向数据监督转变。系统的使用成功地避免了过去案件办理过程中出现的一系列诟病，促使办案人员革新司法理念，一并重视程序和实体的公正，更加规范地开展司法执法活动。

（四）取得四个方面的成效

1. 规范执法行为

贵阳政法大数据办案系统的运行使用，对处在办案一线的办案机关提出了新的挑战，从源头上倒逼办案机关转变取证思维和证据意识，对工作流程进行再造，逐步形成以证据为中心的刑事侦查模式，依法全面客观地搜集证据，真正把程序合法、证据定案、诉讼保障等要求变为硬约束。系统通过科学制定案件证据指引，解决了公检法三机关办案证据标准不一致、证据不能相互印证的问题，增强了办案人员在程序、证据和审判等方面的意识，改变了证据不够充分、证据获取途径不合法、部分核心证据难以得到应有的重视等薄弱环节，规范了办案程序，保证了办案质量。

2. 提高办案效率

诉讼效率是维护司法公正的重要尺度，贵阳政法大数据办案系统打破以往公检法三机关网络和系统相互独立、互联互通困难的状态，统一数据标准，优化案件办理流程，实现了电子卷宗在政法各机关之间可自流程化推送、同步、读取、共享和使用，变人力跑腿为网上传输。电子卷宗的网上阅卷、网上评判、网上流转，有效缓解了案多人少的矛盾，初步实现了规范办案、高效衔接和业务协同，切实提高了办案效率。据统计，系统试运行半年以来，一共处理了427起刑事案件，处理相同案件的时间同比减少了30%。因证据不够充分，做出无罪判决的案件无一起发生，做出不批准逮捕、退回侦查的案件同比分别下降28.8%和25.7%，做出服从判决的案件同比上升8.6%。

3. 维护司法公正

贵阳政法大数据办案系统的运行使用，打破了长期以来侦查决定起诉、起诉决定审判的以侦查为中心的局势，迫使办案机关在证据标准和证据规格上，严格将案件侦破与法庭审判的要求结合起来，按照法律规范对证据进行收取、保存和移送，保证案件事实证据能够真正地经得住法律和庭审的双重检验。从源头上遏止事实不清、证据不足的案件进入审判程序，有效防止了冤假错案，维护了司法公正，实现了党的领导和依法治国的有机统一。

4. 强化权力监督

贵阳政法大数据办案系统通过编织制约和监督司法执法权力的"数据铁笼"，使案件办理整个过程得以实现处处留痕。系统开发建设的权力监督模块，对整个刑事诉讼环节可能存在问题的风险点均设立了监督预警程序。登入系统后，案件处于哪个阶段、案件各诉讼环节的主要负责人是谁等案件基本信息一目了然，网上全过程通透处理，实现了司法办案中权力运行的实时、自动监督，提升了公检法三家内部监督和外部制约的力度，铲除了容易滋生司法腐败的土壤。系统的使用对办案人员的每一个办案行为进行了固化和规范，让违规办案等行为无所遁形，有效地杜绝了个人因素造成的办案的随意性和权力寻租现象。

四 运用大数据助推以审判为中心的刑事诉讼制度改革的思考和启示

（一）扎实推进科技创新与司法体制改革的深度融合

没有信息化就没有现代化，公检法三机关要紧跟科技时代的步伐，敢于创新，善于把现代科技与司法体制改革结合起来，充分借助大数据、人工智能、移动互联网等现代科技手段来破解司法难题，推进以审判为中心的刑事诉讼制度改革，努力构建有别于西方、具有时代发展旋律和中国特色的刑事司法模式。加大司法体制改革与信息化、大数据的结合力度，找准制度改革与技术创新的切合点，深度应用司法大数据对各类刑事案件进行科学分析，促进科学决策。

（二）加快制定全国统一适用的证据标准指引

借助大数据、人工智能等现代技术手段，全面梳理近年来发生的各类刑事案件，并归纳总结其应有的规律和特征；全面梳理近年来造成的重大历史冤假错案，并归纳总结其纠正和防范的主要做法；全面梳理近年来政法机关和基层政法工作者提出的宝贵建议和意见，并归纳总结其主要解决的问题。立足实践问题和司法需求，充分发挥证据标准的指引和规范等功能，加快研究制定与司法裁判条件相符合、与证据法律标准相契合、与案件特征和规律相适应且满足全国统一适用原则的证据标准指引，为办案人员提供深入细致、行之有效的办案指南。

（三）加快完善公检法三机关互相制约的规则

在刑事诉讼实践中，公检法三机关都普遍存在"制约不足，配合有余"的现象，尤其是其他诉讼程序难以有效地受限于审判程序时，通常会造成某些案件起点出错，跟着步步错，最后一错到底。推进以审判为中心的刑事诉讼制度改革，建议公检法三机关要致力于实现制约和配合的有机统一，充分学习和借鉴国外法治国家的经验与做法，制定强制性侦查措施的刑事诉讼审查准则，完善法庭审判认证和质证等规则，通过保证法官居中裁决等途径，达到控辩双方的公平抗衡。

（四）破除网络和系统壁垒，制定统一的数据标准

加快畅通联合的渠道，破除网络和系统壁垒，打通信息孤岛，积极探索

在法院、检察院、公安局三家网络系统之外,搭建同政法各家既互联又互通的网络。加快研究制定统一的数据标准,建立数据共享的池子,按照统一的交换标准以及统一的数据规格,对原来标准不统一、需要共享的数据和电子卷宗进行标准化,并将标准化后的政法数据资源推送到共享数据池,变政法各家"条数据"为"块数据",以实现公检法数据的相互推送、读取、共享和应用。

(五)加快构建全方位、全过程的监督机制

借助现代科技手段,加大力度控制好案件节点和管理好案件流程,做到从立案侦查开始到案件最终裁判整个流程的网络化监控。建立健全案件质量评估,案件全程网上监控,办案人员工作绩效考核等一系列案件管理机制体制。加强对刑事诉讼权力运行的全程、实时、自动监督管理和内部监督制约,全面推行在线诉讼服务生效、电子卷宗和裁判文书上网等,让审判权在阳光下运行,确保监督不缺位、放权不放任。按照"数据铁笼"的理念,充分把现代科技与执法监督结合起来,进一步规范执法司法行为,提高办案质效,实现"阳光办案"。

(六)积极推进智能辅助办案系统的研发与应用

开发智能辅助办案系统是推进以审判为中心的刑事诉讼制度改革落地见效之举,公检法三机关要结合刑事办案流程实际和办案需求,积极推进智能辅助办案系统的研发与应用,努力把大数据、人工智能等先进技术嵌入智能辅助办案系统,以现代技术与审判实践归纳融合的创新模式,逐步实现预警预测和类案推送等一系列完整的智能服务。深度应用庭审自动巡查和智能审判支持等各种智能辅助办案系统,并不断优化和完善系统的功能结构,为办案人员提供全方位的智能化办案辅助。

(七)强化专业办案人才队伍和业务素质建设

人才是司法体制改革的重要保障,没有人才,司法体制改革就难以推

进。公检法三机关要加强各自人才队伍的政治思想教育、廉政教育，提高办案人员对司法工作的认同感、认知和认识水平。不断加强办案人员岗位技能训练和职业素养培训，提升司法职业化水平，通过专业培训、以赛促学等多种形式全面提升全体办案人员的工作能力和业务素质。

参考文献

贵阳市花溪区人民政府：《花溪区积极运用大数据推进刑事诉讼制度改革》，花溪区人民政府网站，http：//www.hxgov.gov.cn，2017。

《"贵阳政法大数据办案系统"：法检公"一把尺子"办案》，法制生活网，2017年5月9日。

洪英杰：《贵阳政法大数据办案系统：运用大数据技术 破执法司法难题》，多彩贵州网，2017年7月7日。

胡永平：《司法改革看贵州：打破信息孤岛 在全国率先实现公检法办案信息互联互通》，《法治中国》2017年7月8日。

陈韵：《大数据倒逼司法改革 贵州经验：破"公检法"联动难题》，云南网，2017年7月9日。

《贵州法院司法体制改革工作综述》，《人民法院报》2017年7月11日。

蔡长春：《运用科技推进以审判为中心的刑事诉讼制度改革：大数据助办案提效确保司法公正》，《法制日报》2017年7月12日。

B.15
"城市大脑"的杭州模式

摘　要： 从大历史观角度来看，每一次技术革新必然孕育新的城市文明，世界城市在数据时代下的今天正呈现智能、安全、和谐的新形态。近年来，中国积极探索大数据、云计算、人工智能等新技术在城市治理和区域发展的应用场景，其中以杭州为代表的一批城市率先启动"城市大脑"建设，运用新一代信息技术解决长期困扰城市发展的拥堵、污染、犯罪、灾害等问题，取得了一定进展，有望形成可复制、可推广的先进经验。

关键词： "城市大脑"　杭州　城市病　数字化转型

城市可持续发展必然依赖于重大技术革新，早在20世纪，城市规划理论家、历史学家刘易斯·芒福德①（Lewis Mumford）就曾将人类城市文明划分为三大阶段：第一阶段是公元前1000~1750年的刀耕火种的始技术时代，如古希腊、罗马和意大利的许多城市都是依靠以水和木材等资源为核心的技术完成城市建设的；第二阶段则是1750~1900年的古技术时代，城市发展的主要资源和技术均是建立在煤和铁之上，如工业革命中英国的伯明翰、法国的洛林及德国的鲁尔区等；第三阶段是1900年以来的新技术时代，即电与合金所主导的20世纪（工业文明晚期）。时至今日，人类已走向数据所主导下的新社会形态，以数据为新的战略资源、网络为新的基础设施、算法

---

① 刘易斯·芒福德：《技术与文明》，中国建筑工业出版社，2009。

为新的生产力的社会轮廓逐渐显现，城市的发展模式、管理体系和文明形态也发生着重大跃升。

2017年11月5日，在科技部新一代人工智能发展规划暨重大科技项目启动会上，阿里云ET"城市大脑"入选了国家新一代人工智能开放创新平台。在此之前的2016年10月，"城市大脑"系统率先在杭州落地并取得了显著的成效。面对工业文明后期所遗留的拥堵、污染、贫富分化、资源短缺等复杂问题，同时为完成超前布局未来世界城市发展制高点的历史任务，有必要总结学习以杭州"城市大脑"等为代表的一系列成功经验，加快推动大数据、云计算、人工智能等新一代信息技术的应用，进一步带动城市及区域内经济发展、公共服务和环境治理。

一 解决"城市病"的新技术视角

（一）城市与"城市病"

城市是人类主要的聚居场所，研究①显示，95%的人都更倾向于住在城市以获得更好的收入和生活，预计到2030年，全球发展中国家的城市人口还将成倍增加。大规模的人口涌入为城市带来居住、交通、安全等方面的新挑战。有数据显示，仅受交通拥堵所影响，英国的年损失约为43亿英镑。而原国务院参事牛文元先生也指出，中国约有十五座城市居民每日因拥堵要比欧洲多浪费4.8亿小时在路上，以上海财富创造速度来计算，这一损失可量化为近10亿元人民币。在大城市病集中爆发的今天，我们看到的是拥堵的交通、日益恶化的环境、无法遏止的传染病、不时爆发的安全事件……传统的解决方案似乎已经失效。

"城市大脑"的出现给破解城市病和完善城市治理带来新的机遇。"城

---

① 联合国人居署：《2016世界城市状况报告，城市化与发展：新兴未来》，https://cn.unhabitat.org/un-habitat-launches-the-world-cities-report-2016/?noredirect=zh，2016。

市大脑"是阿里巴巴在2016年提出的一个全新概念,根据该集团技术委员会主席王坚的表述来看,"城市大脑"是基于人工智能为代表的新一代信息技术,能够综合利用城市内的数据资源,通过全局实时分析,对公共资源进行智能化调配,提升城市治理能力的新型基础设施。

实际上,"城市大脑"并不完全等同于智慧城市,更像是其中的一个"重要器官"。其实质上是一个为支撑智慧城市运行的数据平台,通过数据的聚集、共享、分析,进而优化服务于城市管理中的决策支持和资源调配。形象地说,"城市大脑"就像人脑一样,它接收、存储、分析着遍布全身的神经元所提供的各类信息,并连通指挥着体内每个"器官"工作,意味着城市发展进入"云脑时代"。

(二)"城市大脑"的技术基础

"城市大脑"的良好运行,离不开新一代信息技术的支持。未来学家Ray Kurzweil曾预言,任何技术一旦与信息相连接,那么它将进入指数级发展。也就是说,新兴技术的融合发展,将会发挥超出想象的活力、动力、潜力,这也是近几年大数据、互联网、云计算、区块链等新一代信息技术融合发展后取得重大突破和发展的原因。

大数据时代的到来,使得一切皆可量化。得益于互联网、宽带技术的发展,政府、企业、居民等主体运行所产生的信息得以数据化,存储于各类主体与机构的数据规模迅速增加。通过实现数据的"聚、通、用",构成了"城市大脑"运行的数据支撑。"数聚"能够形成全域化的块数据,实现人类行为的全貌分析,进而预测社会运行的规律,预防和治疗城市问题,促进城市发展。"数通"就是通过数据共享、开放、交易等方式,让数据能够自由地在各行业、企业、政府之间流动,最终打通数据壁垒,让城市中的各种数据保持灵敏的互动性。"数用"使得数据价值最大化,避免资源的不合理使用,使城市运行更有效率。

工业时代,几乎所有的经济活动都是以铁路、公路和机场等物理基础设施为契机发展起来的。而大数据时代,互联网架起了经济发展的桥梁。互联网作为数据传输的基础设施，为"城市大脑"的运行提供了网络支撑。截至2017年上半年，我国所有城市已建成光纤城市，4G基站总数达到299万个。随着5G技术研发应用试验加速，IPv6行动计划实施，将加快城市网络应用服务升级，形成下一代互联网自主技术体系和产业生态，实现新一代信息技术在经济社会各领域深度融合应用。

云计算的出现，给"城市大脑"提供了强大的算力支撑，使得机器能够像人类一样思考成为可能。人脑计算与机器计算的本质区别在于，人脑是一台功能强大但功耗低的超级计算机。云计算可以摆脱存储方式，把数据存储在云端，能够使得成本越来越低、功能越来越强大、共享越来越容易。云计算的敏捷性、超强弹性支撑使得云计算在城市运行中的应用场景越来越普遍。

"城市大脑"实现大数据、互联网、云计算等多种技术的融合应用，保证城市内部结构间的有机优化与协调工作。在它的内部结构中，数据是其生产资料，算法是其生产力，网络是其基础设施，这些要素紧紧围绕着城市数据的采集、存储、分析、呈现而展开。"城市大脑"通过城市交通的智能管理与控制、城市资源的监测与可持续利用、城市环境治理与保护、城市通信的建设与管理、城市发展关键要素（人口、经济、环境等）在可持续发展中决策制定、城市生活的网络化和智能化等方面尝试，不断丰富着城市运行与发展的新场景。

二 "城市大脑"的五大系统构成

"城市大脑"由超大规模计算平台、数据采集系统、数据交换中心、开放算法平台和数据应用平台五部分构成，其五层结构模型借鉴人类大脑结构（见图1）。"城市大脑"把交通、能源、供水等相关的城市基础设施全部数据化，海量的数据为算法研发和机器智能提供原材料，通过数据实现了不同形式的交流，包含人机之间智慧的流动。通过全局化数据分析、整体研判、协同指挥等整体性治理手段，实现了城市的科学管理和智慧决策。

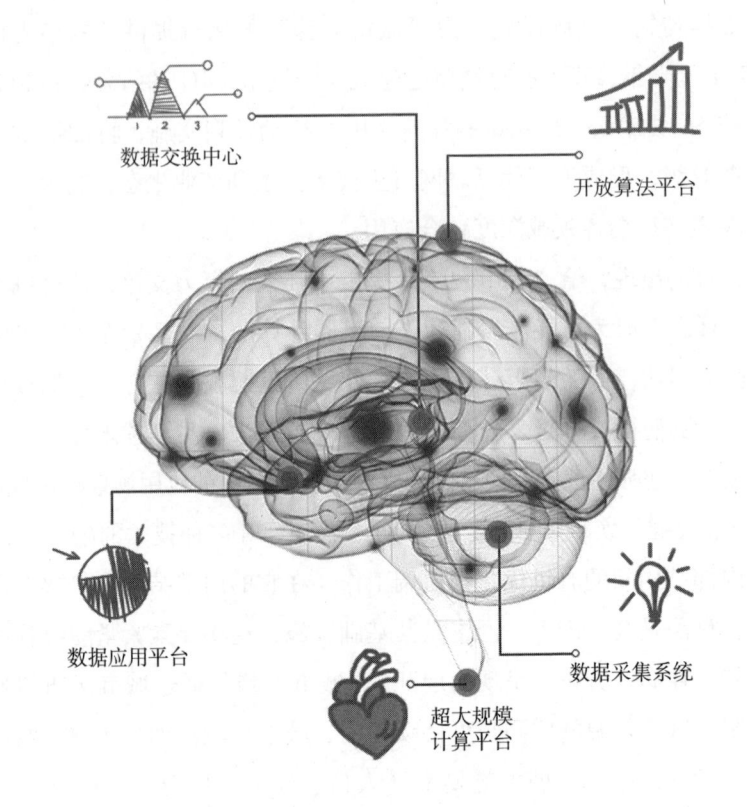

图 1 "城市大脑"系统示意

（一）超大规模计算平台

超大规模计算平台能够将成千上万台通用服务器连接在一起，形成一台超级计算机。2010年，亚马逊的零售网站、网飞和Pinterest等互联网服务搬到亚马逊的AWS上，自此，云计算开始大行其道。阿里的宗旨是把云计算做成一个社会最基础的公共服务，就像电一样，成为互联网经济时代最基础的社会需求，支持国家经济社会的发展。数据的价值会随着时间的流逝而迅速降低，因此需要在数据产生后尽快对其进行计算和处理，从而能够通过数据第一时间掌握情况，这就要求云计算的计算能力能够把数据延迟控制在有效范围内，计算的准确率尽量接近"0误差"。阿里云飞天操作系统作为"城市大脑"超大规模计算平台的核心,为城市提供超强计算能力的公共服务,让"城市大脑"具有"眼疾手快"和"当机立断"的服务能力。

(二)数据采集系统

数据采集系统主要作用是为整体提供数据的采集和传输。这些数据来自城市中各个角落的采集装置,涵盖文字、图片、视频、音频等多种格式。该系统相当于人类的视觉、听觉、触觉和各类神经系统,遍布在城市的各个角落,"城市大脑"仅视频摄像头就有五万多个。数据采集系统使得"城市大脑"能够智能感知物理世界,并在数字空间中以百分百还原的数字化形式呈现,客观反映出现实世界中物体的各种状态和变化,以供大脑运转,为城市管理和社会公众提供各种智能化的服务。

(三)数据交换中心

数据交换中心好比脑核,可以将分散在城市各大数字系统中的各类数据资源加以关联重组,形成适当的数据格式和组合形态,为"城市大脑"做全局决策提供强有力的保障。数据交换中心可以提供相当于人脑通过情景感知、情景关联、多元融合后形成的沟通和学习能力,这个过程不断地进行信息融合演化,最终形成实时、动态、最大化的数据集合,为大脑提供更多的判断情景和思考笔记。

(四)开放算法平台

开放算法平台相当于皮质层。计算是"城市大脑"的基石,而算法则为数据处理插上了翅膀,让整个数据处理效率得到了极大的提高,从而为数据处理节约了时间成本、资金成本等资源成本。开放算法平台通过各类算法和模型的搭建,运算大量数据不断对算法和模型更新,形成一个具有本土特色的有效模型,能够对城市管理运营提供具有地方特色的决策。这也是机器像人一样"思考"的那部分能力所在。

（五）数据应用平台

数据应用平台将以上几个系统精细合作的汇聚成果进行数据消化，形成一个个决策方案，这些方案会经过数据应用平台输出到城市各个场景，为城市的管理和服务提供决策库支持。数据应用平台对应着人类大脑中"表达"和"指挥"等能力。五大系统的通力合作才能高效运转，使得城市获得真正的智慧。

三 杭州"城市大脑"的实施路径与创新成效

（一）实施路径

"城市大脑"率先在杭州落地，这其中既有偶然因素，也有其必然性。在整个项目实施过程中，杭州摒弃"数据己用""交通专治"的固有观念，通过政府部门主导主动主控，企业提供技术支撑，打破数据壁垒，实现政府数据正式面向市场主体开发，在数据利用上真正体现服务民生的价值，在治理体系上真正从专治走向共治，在合作模式上真正形成"企业依靠政府，政府相信企业"的氛围，结成了以企业为主体的协同创新共同体，并从以下三个方面展开合作。

一是以政企合作为框架，搭建组织平台。杭州市政府协调交警、城管、建委等11个政府部门开放高达百亿的数据资源接入项目数据库，涵盖交通、市场、网络、公共服务等各个方面。此外，政府（公安部门）、企业（阿里巴巴）相关人员共同组成了工作专班，萧山公安联合阿里集团、数梦工厂、浙大中控、浙江大华等公司的高端技术专家，进行政企合作实体化运作，具体负责设备安装、调试、维护以及政府部门间的对接协调（见表1）。

二是以数据归集为基础，搭建数据资源平台。"城市大脑"接入了静态和动态两类数据。静态数据方面，主要针对道路、车辆、商场、医院、小区等各种可能影响交通组织的因素，先后整合接入交通、城管、气象、公交等13个

表1 部分企业在"城市大脑"中的分工和贡献

协作方	分工
阿里巴巴	通过人工智能内核进行数据治理
大华股份和中控集团	交通算法和信号灯控制执行
华三通信和富士康	各提供500台高性能服务器用于数据大脑的计算平台建设
上海依图科技	构建神经中枢为道路交通状况建模
杭州数梦工场	提供数据治理及运营中心解决方案

行业部门57类交通相关数据200亿条;动态数据方面,实时接入试点区域内电子警察卡口、治安监控等近1000路视频,日接入视频量达36TB,从而打通了互联网、政务网、公安网、业务VPN网四大网络,唤醒了大量沉睡数据,实现"城市大脑"和前端数据实时互通。

三是以提供算法为核心,搭建通用计算平台。配备500余台超级云计算服务器搭建"云飞天"通用计算平台,利用大数据、云计算、人工智能等技术,对在线监控视频进行结构化处理,配套数据资源平台的海量数据、交通体系仿真模型,用于信号控制配时优化、交通事件感知等现实应用,让路口同一根灯杆上的视频监控和红绿灯这对"既最近又最远"的组合实现了互联互通。

(二)创新成效

杭州"城市大脑"运行实践中,选择率先在交通治理领域进行探索试验,落地实施了特种车辆优先调度、在线信号控制优化、重点车辆精准管控、全域事件动态感知等四大应用。这些应用的实施极大缓解了该市的交通拥堵问题,2015~2017年交通数据系列报告显示[①],杭州已由原先第四大拥堵城市和堵车时间最长的城市,上升至全国第48名(总计100名),在拥有车辆数排在全国前列的情况下非常优秀的完成了交通治理任务。

---

① 高德地图:《2017年度中国主要城市交通分析报告》,http://report.amap.com/share.do?id=8a38bb8660f9109101610835e79701bf,2018。

在线信号控制优化方面,"城市大脑"可通过对交通、医疗、教育、互联网等行业数据建模优化,形成区域化的准"绿网"效应,实现从单条路到区域信号控制实时在线自动优化自动迭代。如杭州交警通过建设"城市大脑"交通信号配时中心,从而实现对信号灯的集中统一调控。该中心作为"城市大脑"最灵敏的双手,可在接收堵点报警后,通过信号灯实时配时优化来实现"消红变绿"。

重点车辆精准管控方面,"城市大脑"可对监控区内的所有机动车辆自动识别比对和持续跟踪,按照工程车、客车、货车、危险品车、非浙A牌照车辆等进行分类,并根据限行规则、法律法规等实现车辆精准管控,从而减少交通违法行为以及交通事故特别是各类重大事故的发生。在车辆识别基础上,"城市大脑"还可对车辆驾驶员进行抠图和人脸识别,用于分析驾驶员行为特征和轨迹,纳入征信系统,做到精准防控。

全域事件动态感知方面,"城市大脑"基于全网多数据源融合,可自动对各类交通事件进行全天候自动巡检,使机器识别视频的能力得到新的飞跃;还可将视频自动检测数据与各类网络数据(如接警中心、高德、微博、舆情等数据)进行匹配比对,融合分析球机与固定枪机卡口视频,对事件轨迹进行完整还原,实现了全面感知、分级报警、精准处理。如今杭州"城市大脑"已实现每天500多次的事件报警,并且将其准确率保持在92%,其中试点区域内有效事件自动报警量总数已超过5400起,让政府部门主动发现异常事件、主动指挥调度处置、及时清除隐患变为现实。

特种车辆优先调度方面,"城市大脑"根据特种车辆的各类需求,对各类资源进行合理调度,有效提升了政府部门对应急事件的处理效率,打通了全自动绿色通道,保障了人民生命财产安全(见表2)。

表2 杭州"城市大脑"在交通领域的应用场景与成效

应用场景	具体成果
在线信号控制优化	在杭州主城区,"城市大脑"调控了莫干山路区域24个红绿灯,通行时间减少15.3%;试点中河—上塘高架22公里道路,出行时间平均节省4.6分钟。在萧山,104个路口信号灯配时无人调控,车辆通行速度提升15%,平均节省3分钟

续表

应用场景	具体成果
重点车辆精准管控	对监控区内的所有机动车辆自动识别比对和持续跟踪,按照工程车、客车、货车、危险品车、非浙A牌照车辆等进行分类,并根据限行规则、法律法规等实现车辆精准管控,从而减少交通违法行为以及交通事故特别是各类重大事故的发生
全域事件动态感知	自动对交通拥堵、交通事故、违法触禁、人群集聚四大类交通事件进行24小时自动巡检,使机器识别视频的能力得到新的飞跃。例如路上发生交通事故,通常流程是当事人或过往车辆主动报警。而"城市大脑"通过交通摄像头实现"秒知",并通知附近执勤交警处理,可节省3~5分钟的黄金救援时间
特种车辆优先调度	根据120、119、110等特种车辆时效性、安全性、迫急性需求,实时对报警、派单、特种车辆调度、最短时间、特种车辆定位、信号协同优先、协调效果等进行评估调研,同时协调路面警车、警力配合。目前经过50余次的实战演练,试验路线车速最高提升超过50%、救援时间缩短7分钟以上

四 "城市大脑"的其他地方实践与应用场景

杭州通过"城市大脑"的实践应用,取得了明显的成效,也吸引了苏州、深圳、重庆等国内其他城市加入更多应用场景的试验探索中。在这些启动在建的项目中,各城市创新出民政、医疗、水务等具体的应用场景。数据资源的开放和挖掘,为城市规划提供强大的决策支持,加强了城市管理服务的科学性和前瞻性(见表3)。

表3 "城市大脑"项目的城市应用案例

地区	政策举措
杭州	2016年10月,杭州发布了全球第一个"城市大脑"计划。率先把城市的交通、能源、供水等基础设施全部数据化,连接城市各个单元的数据资源,打通"神经网络",并连通"城市大脑"的超大规模计算平台、数据采集系统、数据交换中心、开放算法平台、数据应用平台等五大系统进行运转,对整个城市进行全局实时分析,自动调配公共资源
苏州	2017年2月26日,苏州正式启动建设"城市大脑"。并着手构建了"1+3+N"基本架构。即"1"个统一的数据汇聚和运算平台;先行开展交通治理、公共安全监管、城市治理"3"个方向;逐步覆盖民政、教育、医疗、城市管理等"N"个方面的"城市大脑""1+3+N"基本架构

续表

地区	政策举措
衢州	2017年5月9日,衢州市启动"城市数据大脑2.0"项目,包含数据能力共享服务中心、基于数据大脑的算法模型建设、基于数据大脑的大数据应用、数据大脑智能交互平台、数据应用与服务支撑平台、数据大脑运营服务管理平台建设、570路视频分析系统建设、10个综治应用及6个公安应用系统的建设
雄安	2017年11月8日,雄安新区与阿里巴巴签订协议,携手打造以云计算为基础设施、物联网为城市神经网络,"城市大脑"为人工智能中枢的未来智能城市
深圳	2018年1月2日,深圳市龙岗区大数据管理局正式揭牌成立,并建立了集城市运行管理、视频会议、智慧城市体验展示、政务数据机房于一体的"智慧'城市大脑'"
重庆	2018年1月11日,重庆在渝设立区域中心,启动建设基于"城市大脑"的"智能重庆",并在经济发展、社会治理和民生服务三大领域深入应用大数据等前沿技术
西安	2018年1月16日,西安启动建设"城市交通大脑"和"水务大脑",将引入云计算大数据技术,参与该市居民二次供水小区的供水改造、智能化监控、水质监测和大数据分析,提升二次供水管理水平

(一)社会治理

"城市大脑"的出现将有助于深入分析城市现状问题、了解城市变化情况、准确判断城市发展,剖析城市发展动力机制,进一步通过开展城市化动态监测与评估,探索城市化发展的客观规律。在大的城市发展趋势中分析区域协同、生态、社区、交通等综合性问题,思考城市的空间布局和设施配置。此外,"城市大脑"还为实现精细化管理、解决城市管理难题提出了解决方案,通过对数据资源的分析进而以可视化呈现,不但能够客观、实时地反映出城市的基本状况,还能够连接组建全天候、全范围、智能化的监测网络与治理体系,以决策支持带动城市管理水平的进一步优化。

(二)产业发展

"城市大脑"可以协助政府部门更加直观地了解和掌握区域内产业的活跃现状与活力变化趋势,挖掘本地区活跃度高的行业并分析成因,为政府产业升级的后续决策提供参考和依据。"城市大脑"为区域产业集群和产业活力分析画像,利用已经建成的基础数据、分析、展示平台,辅助政府决策,使产业集群效应不断释放,激活产业活力。

(三)公共安全

"城市大脑"作为一个载体,让预测、预警、预防能够在公共安全领域发挥重要作用。它依托人工智能和大数据可视分析技术,赋予公安业务场景决策能力,对公安行业的深度变革起到不可估量的作用。开展"从无到有"的数据挖掘工作,"从点到面"的研判分析,形成案件线索,有效地部署警力,建立快速反应安全防控机制,重拳打击犯罪,维护人民群众切身利益,营造平安环境。

(四)信用监管

在信用监管方面,"城市大脑"对企业失信风险进行评估,实现了对城市辖区企业的高效监管,让企业失信风险和隐患化解在萌芽状态。"城市大脑"基于企业失信风险评估以整合政府各部门产生的企业经营信息,为垂直部门的信用评价进行补充,从宏观到微观最大限度地对企业风险做出预警,使各部门及时发现可能被忽略的失信企业,从而弥补各部门在自己业务的局限下对企业经营信息掌握不全面带来的监管死角,增强政府各部门的事中事后监管能力,避免风险产生。

(五)生态保护

"城市大脑"的核心优势在于利用各种信息通信技术,感知、分析、整合各类环保数据,对各种需求做出智能的响应,使得决策更加切合环境发展的需要。它可以对环境数据进行关联、融合,从而找出新的洞察,为决策提供科学依据,协助环保机构监督环境变化及政府执法。以大气污染防治为例,单一的大气污染数据无法看出问题的实质,但是当气象数据、空气质量实测数据、卫星数据、交通数据等通过模型融合在一起时,会发现更多不一样的结果,便于环保部门及时采取措施。

（六）智慧旅游

"城市大脑"为旅游目的地城市发展规划、精准营销、旅游管理、产品线路及旅游服务提供数据支撑，对旅游市场进行细分，更加有效地确定目标市场和制定旅游发展规划，实现精准营销、业态创新和旅游产业转型升级。同时，"城市大脑"可通过分析旅游热点情况和游客喜好，及时发布相关攻略，为游客提供更加舒适的旅游体验，满足游客多层次、多样化需求。

此外，利用城市的数据资源能够节约城市的时间资源和空间资源。城市为了发展，通常会拿出20%~25%的土地资源用以路网建设。而借助"城市大脑"，可以节约5%的土地，在城市资源紧张的今天，这将是一笔巨大的财富。未来，"城市大脑"还将在交通治理、社会治安、能源供给等领域发挥更重要的作用，最终实现让数据帮助城市来做思考和决策。

五 "城市大脑"对中国城市发展的启示

"城市大脑"是从技术系统整合向城市深度认知转型的起始点，认识好、发掘好、利用好以"城市大脑"为代表的城市智慧平台与系统治理思维，是提升中国城市发展质量的有效路径。

（一）"城市大脑"源于技术创新，落脚于城市管理的系统优化

"城市大脑"的产生与发展具有很强的技术背景。不断更新迭代的信息技术为"城市大脑"的产生提供了必要的契机。然而，如果在"城市大脑"的建设中过于强调技术内容也会带来很多问题。如有些学者和企业着重强调物联网应用和大数据、人工智能等技术因素的核心作用，这样的导向会把"城市大脑"引向机械论的老路，形成新的分割和隔离，对城市系统优化造成更大的伤害，使得系统整合的成本更加高昂。这种重视物而不重视人的策略取向，使得以"城市大脑"为代表的城市智慧系统成为一个高速运转的机器怪物，和真正的智慧集成却越来越远。从根本上来看，"城市大脑"的

指向对象是让城市的物化表现和人类智慧能够更好地结合。这不仅仅是对局部了解的深化和细化，更重要的是提升获得系统全面信息的能力，让更多的主体参与城市规划决策，从而使得城市系统逐步优化，获得多元主体的认同，带动整体社会的进步。

（二）"城市大脑"不是赋予城市智慧，而是增强发现城市智慧的能力

城市发展是不断变化中城市自适应和自组织的结果，可以说能够生存下来的城市都有自生自发的"智慧"。"城市大脑"的成败在于能否高水平地发现城市的智慧，并把它变成城市的行为规则。评价一个城市是否足够智慧，与我们评价一个人是否智慧有相似之处。一个有智慧的人往往对外界环境更为敏感，能够感知到其他人不容易察觉的变化。同时，这样一个智慧的人还能根据变化较快地调整自己的状态，使自己能很好地应对变化带来的新问题。从人的特性来类比，一个拥有智慧的城市应该具有：一是全面透彻的感知能力；二是广泛即时的互联能力；三是智能融合的决策能力；四是开放参与的创新能力。这些方面体现了发现和集成城市智慧的能力，在这个基础之上做出的决策必然会和城市系统产生更好的互动。

（三）"城市大脑"要推动治理模式转变，使个体成为城市真正的主人

我国现有城市的城市管理源于计划管理体系，表现为明显的条块分割，带有明显的线性管理思维特征，是自上而下的管理机制，不同层级的不同机构成为运行的节点，城市功能的设计与实现是围绕这些功能节点而非围绕社会个体的需求来进行的。这种方式的城市管理把便利留给了管理服务提供者而非需求者。如果仅仅把"城市大脑"作为一种技术手段，而不相应地与城市社会管理机构改革、服务流程再造和治理模式创新有机结合。这种技术创新与原有系统的互动效率就会很低，最终很可能被诉病为概念炒作或技术空谈。要想真正发挥"城市大脑"的作用，必须推动城市管理由"线性平

面管理模式"向"纵横双向多维整合的网格化管理模式"转变。"城市大脑"要求开放和共享,"城市大脑"不仅意味着精细和动态的管理,更意味着更大范围更深层次的社会公平正义,意味着市民和政府之间的沟通简单亲切。更深层来说,"城市大脑"的实践更重要的是转变"自上而下的控制式"城市管理观念,更加珍视"自下而上的自生自发"的客观秩序,以终为始地将微观个体摆在首要位置,使城市发展的起点和终点归于一致。

参考文献

徐振强、刘禹圻:《基于"城市大脑"思维的智慧城市发展研究》,《区域经济评论》2017年第1期。

王坚:《在线》,中信出版社,2016。

刘春成:《城市隐秩序:复杂适应系统理论的城市应用》,社会科学文献出版社,2017。

张超文等:《"城市大脑":思考城市文明的第四次浪潮》,《经济参考报》2017年12月28日。

B.16
佛山禅城：区块链技术的政务应用

摘　要： 麦肯锡的研究发现，区块链技术是继蒸汽机、电力、信息和互联网科技之后，目前最有潜力触发第五轮颠覆性革命浪潮的核心技术。在这一背景下，广东省佛山市禅城区运用区块链技术，将城市建设管理和信用体系的构建结合起来，提供了一个新型智慧城市建设样本。本文深入分析禅城应用区块链技术建设"智信禅城"的具体做法，总结禅城区块链技术政务应用的探索经验，并对照国内外区块链应用先进实例，以期对其他地区建设智信城市提供借鉴。

关键词： 区块链　智信禅城　智信城市　信用社会　区块链政务应用

2016年12月，国务院印发《"十三五"国家信息化规划》，首次将区块链技术正式列入其中。作为战略性前沿技术之一，区块链技术的探索和普及，将会给政府治理模式、社会结构以及运行方式带来变革和创新。在区块链技术的支撑下，广东省佛山市禅城区创新性地提出打造"智信城市"的计划，并发布"我是我"IMI身份认证平台、"自信+他信"新型信用评价体系等运用区块链技术打造的应用成果，成为全国首个将区块链技术应用于政务工作的市辖区。这是在信息化时代的背景下，进一步提升政府服务质量、水平和效率，积极探索区块链政务应用的有益尝试。

一　区块链技术政务应用的背景与意义

区块链技术是近年来快速发展并受到国内外政府机构高度关注的一种前

沿技术。2008年，中本聪发表论文《比特币：一种点对点的电子现金系统》，首次提出了区块链的概念。区块链技术是保障比特币的交易安全可靠的多项技术的总称，是包括分布式数据存储、非对称加密算法、智能合约和共识机制等技术的集成运用。比特币是区块链最典型的一个应用，区块链是比特币的底层技术，但其作用并不仅仅局限在数字货币上。目前，区块链技术以其去中心、去信任、可追溯等特征获得了计算机、会计、金融、物流管理等诸多领域专家和业界人士的关注，并被称为是彻底改变企业经营方式，甚至改变组织运作方式的突破性技术。总的来说，区块链技术的应用从最初的金融领域逐步向社会管理和去中心化组织建设等方向延伸。其中，区块链技术与政务的结合是公共管理领域的新亮点。

目前，社会治理现代化对政府执政能力的提升以及政府职能的转变提出了更高的要求，同时也给政务服务带来了更加严峻的挑战。随着经济社会的快速发展，人民群众福祉的提升，要求政府部门采取更加高效的手段开展政务工作。因此政府有必要发挥区块链的巨大优势和潜力，运用区块链技术，打造一个更为高效的行政系统，为群众提供更为便利的政务服务，推动政府公共服务模式和社会治理方式创新。

二 "智信禅城"：基于区块链技术的创新应用

大数据引领我们走进了一个全新的时代，数据日益成为21世纪新的原材料，蕴含着巨大的潜力和能量。在此背景下，禅城区以"大数据"为主线，实施了"一门式"改革、云平台治理、区块链政务创新应用三次重大改革，构筑了社会治理改革与创新的"三部曲"。依托区块链安全、可靠和透明的特点，禅城区进一步创新政务服务改革。2017年6月，禅城区提出了打造信用禅城的"智信禅城"计划。"智信禅城"是基于社会互联化、城市数据化和信用感知化打造的智慧城市的升级版，为数字时代下的信用社会赋予了全新内涵。

"智信禅城"的建设从2017年开始，到2020年结束，为期四年，涵盖了

"智链行动""智信行动""智富行动""智聚行动"四大行动（见表1）。通过赋能于人、赋能于城市、赋能于社会，"智信禅城"对传统城市的本质进行了全方位重塑，利用区块链技术构建了新型社会信用体系建设样本。

表1 禅城区推动"智信禅城"发展的四大行动内容

时间	行动名称	行动内容
2017年	智链行动	初步开发、建设和运营区块链平台、可信数字身份平台、基础开发应用平台、政务惠民应用开发等基础性平台
↓	智信行动	为自然人、法人、社会团体等提供基于可信数字身份、"一门式"行政服务、云治理综合平台的新型社会综合信用及治理平台
	智富行动	凝聚社会资本力量，以"智信禅城"为蓝本，重点投资驱动建设全国的100个智信城市应用推广
2020年	智聚行动	依托开放开源策略，实现平台和虚拟空间的招商引资，通过集群式创新形成智信城市新高地和国际样板

（一）"智信禅城"的平台规划

"智信禅城"，是一个基于真实、可信和安全的基础，运用区块链作为重要支撑技术，通过自然人和法人真实信用身份（IMI）和智信信用体系为核心的平台，构建了包括"我是我"IMI身份认证平台、"我的数据我做主"个人数据空间、"自信+他信"的新型信用评价体系在内的可信生态体系（见图1）。"智信禅城"平台融合了多项服务，涵盖了政府治理、信用建设、生活服务等方面。"智信禅城"的创新在于通过运用大数据、区块链等新一代信息技术，将诚信这一主观问题转化为可以通过数量化描述的事物，打破了原有的社会治理模式，创造性地构建了新型的社会信用体系。

1. "我是我"IMI身份认证平台

"我是我"IMI身份认证平台（Intelligent Multifunctional Identity）是运用区块链等新一代信息技术构建的智慧多功能身份认证平台，融合了禅城区综合治理云平台和禅城区"一门式"政务服务平台上最真实的法人和自然人信息。"我是我"IMI身份认证平台以实名认证为基础，运用区块链可追

```
                    ┌─→ "我是我"IMI身份认证平台
"智信禅城"平
台规划三大建设  ├─→ "我的数据我做主"的个人数据空间
                    └─→ "自信+他信"的新型信用评价体系
```

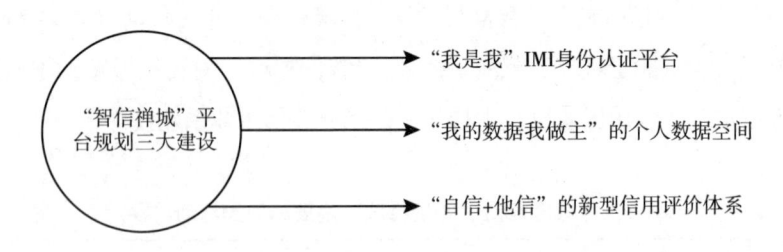

图1　"智信禅城"平台规划三大建设

溯、不可篡改、安全性等特点，有效改变了目前办事人员在网上或自助处理事务时，个人身份信息难以确认的现状，个人在"我是我"IMI身份认证平台就能实现去现场办事的效果。

在"我是我"IMI身份认证平台上，个人拥有对信用身份的控制权，而且身份通过政府相关权威部门认证，具有可信赖性。互联网上显示的个人身份数据信息实际上和个人真实的身份信息是一致的，由此可以明确互联网上信息的真实性。个人在"我是我"IMI身份认证平台完成身份验证，进行身份数据确认后，就可以在IMI身份认证平台的数据终端填写相关表格和录入基本信息，并将办事申报材料提交到"一门式"系统，完成证件办理类、证明出具类、资格确认类和小额津贴类4大类20个事项的办理，足不出户就享受便捷高效的政务服务（见表2）。

表2　IMI身份认证平台可以办理的事项汇总

分类	事项名称	部门
小额津贴	禅城区申请高龄老人津贴	区民政局
小额津贴	禅城区白内障复明	区残联
证件办理	佛山市老年人优待证申领	区卫生和计划生育局
证件办理	国家《流动人口婚育证明》办理	区卫生和计划生育局
证件办理	《广东省计划生育证》核发	区卫生和计划生育局
证件办理	办理一孩登记	区卫生和计划生育局
证件办理	《独生子女父母光荣证》核发	区卫生和计划生育局
证明出具	出具个人参保证明	区社会保险基金管理局
证明出具	基本医疗保险个人账户查询	区社会保险基金管理局

续表

分类	事项名称	部门
证明出具	领取基本养老金证明出具	区社会保险基金管理局
证明出具	社保关系转出登记(养老缴费凭证打印)	区社会保险基金管理局
证明出具	社保关系转出登记(医疗转移缴费凭证打印)	区社会保险基金管理局
证明出具	社保关系转出登记(失业转移缴费凭证打印)	区社会保险基金管理局
证明出具	计划生育情况审核	区卫生和计划生育局
证明出具	生育保险参保职工计生情况确认	区卫生和计划生育局
证明出具	开具个人所得税纳税证明	区地方税务局
资格确认	离退休人员养老金领取资格认证	区社会保险基金管理局
资格确认	领取工伤保险长期待遇人员资格验证	区社会保险基金管理局
资格确认	下岗失业人员免费技能培训报名登记	区人力资源和社会保障局
资格确认	志愿者招募	团区委

2. "我的数据我做主"的个人数据空间

"我的数据我做主"的个人数据空间是依托自然人库、"一门式"政务服务平台等积累的数据，围绕数据、业务、安全三个维度构建，不仅包括个人主体数据，而且还涵盖了其关系数据的集合。在基于区块链技术的 IMI 身份认证平台上，个人数据的控制权归个人所有，而不归属于中心服务器。

个人数据空间存储经过认证的信息、个人数字身份及提交的数据，是个人真实准确的数据资产，为构建个人贡献度模型、测算个人贡献度和建设社会信用体系等提供重要的数据支撑。传统的大数据应用过程中，普遍存在数据权属不明、数据利用效率不高、数据业务操作不规范、数据安全保护措施不达标等问题。"我的数据我做主"个人数据空间的建立，将有效地解决这些问题，真正实现高效管理个人数据资产、严格防控核心数据泄露、共享多种形态的数据，具有推动社会公共服务精准化、可控化、均等化的作用。

3. "自信+他信"的新型信用评价体系

"自信+他信"的新型信用评价体系是运用区块链技术和 IMI 能力，通过数据交换和共享，整合政府和第三方征信机构的信用信息而构建的信用评价体系。在"自信+他信"的新型信用评价体系中，每条数据都是经过确权的、隐私的、真实的，因此避免了过去大数据征信中存在的数据隐私泄露和权属不明等问题。区块链并不是将各种传统概念上大数据征信中的数据汇合在一起，平台上的每一个数据都是真实存在的，每一个用户在现实中都有相对应的自然人或法人。平台上的信用身份是真实可信的结果，包括权威机构颁发的证件或经过政府相关权威机构证实的身份信息。

作为"信任的机器"，区块链技术将重构传统的信用体系，通过在分布式的海量数据之间搭建桥梁相互验证来制造信任、发展信用，从而使价值交换过程更加顺畅，降低交换成本。同时，区块链具有的去中心化分布式账本技术保证了数据的真实、安全和不可变更。运用区块链技术构建的新型信用评价体系可以从根本上避免信用缺失事件的出现。在"自信+他信"的新型信用评价体系中，所有的信用信息都在网上结绳成链、互联互通，为禅城区政务服务、社会管理和商业应用等场景提供了可信的数据生态，也为禅城物联网、人工智能、移动互联网等新兴产业的快速发展提供了更好的底层支撑。

（二）"智信禅城"的建设成效

1. 提升政府服务的效率和质量

区块链技术在政务领域的有效运用，打破了传统政务服务向"互联网+政务"转型的信用和安全藩篱，进一步实现互联网与政务的深度融合，优化政府业务流程，助力政务服务体验升级。[①] 通过区块链、物联网和大数据等新技术构建的"智信禅城"是政府运作流程模式、政府管理和社会治理模式的一次创新，不仅提升了政府社会治理水平和能力，而且提供了一个智慧应用、主动防控和综合管理的诚信社会模板，有助于推动政府实现更科学的决策、更高效的政府服务、更精准的社会治理以及建设系统化的社会诚信系统。通过"智信禅城"平台，人们运用手机绑定相应的区块链应用服务软件并认证之后，可在线办理多种事项，如身份证明和证件档案的办理，

---

① 王毛路、陆静怡：《区块链技术及其在政府治理中的应用研究》，《电子政务》2018年第2期。

并通过快递或网络在线获取办理结果，真正实现服务于民的目标，推动政务服务向零距离、高质量和高效率跨越，为公众提供了安全、快捷的自助式政务服务。

2. 构建无边界的政务业务协同

新时期，政府的职能及其信息服务协作机制都发生了改变，社会对政务服务也提出了更高标准的要求。为更好地履行公共服务、市场监管和社会管理等职责，提升其应对处理突发事件的水平，整合各个领域信息，实现业务协同是非常必要的。"智信禅城"是一项在新一代信息技术环境下创造、采集、开发、利用、分析和传播业务信息资源的系统工程，不仅是运用区块链等先进信息技术简单地对政府职能进行技术改造，而且是政府管理方式革新，是从根本上提高政府的治理水平，包括决策方式、管理行为、工作流程、组织结构、运行模式等的改革和调整。"智信禅城"的建立，革新了原有在不同部门审批、部门内部审批的制度设计，提供全科式政务服务，构建出无边界的业务协同，通过部门数据信息互通互认，初步实现了前台受理业务、后台协同办理业务的目标，从根本上缓解了政府各部门之间信息难共享、业务难协同、系统难互通的矛盾。

3. 畅通政府与群众的沟通桥梁

"智信禅城"运用区块链技术打造基础平台，横向打通区域之间、部门之间、个人之间的数据"隔膜"，促进信息的融合贯通，形成跨地区、跨平台、跨部门，开放共享、安全可信的城市数据集聚。群众在办事过程中留下的信息数据在"智信禅城"平台上汇集，最终形成一个真实可靠的、不断更新的数据库，有助于政府实时了解群众的信息，为实现高效、明确、有针对性的政务服务提供科学依据。"智信禅城"在政府和群众之间搭建起一座沟通的桥梁，政府可以真实、全面、实时地获取企业和群众的信息，企业和群众也能更好地了解政府的服务。这种双向沟通实现了政府、企业与个人之间的互助式共建，增加了群众表达诉求的方式，提升和完善了政府公共服务，实现了多赢。

4. 为构建信用社会提供新路径

通过区块链构建一个低成本、高效率、少摩擦的社会新秩序，在部门、企业与个人之间搭建一种真实安全的信用关系，对社会治理有很大的促进作用。区块链塑造的全新信用方式有助于达成公民之间、公民与政府之间良好的合作秩序。① 依托区块链的优势，"智信禅城"利用自主安全可信的IMI数字身份服务平台，汇聚教育、文化和交通等各类公共和民生服务资源，形成了安全、开放、共享的城市块数据，为智慧城市的建设提供了可靠的数据支撑。在"智信禅城"平台上，人的身份通过数字标识，拥有政府或权威机构背书或认证，并且运用加密技术保证身份信息的安全。在没有个人授权的情况下，别人无法获取身份信息。借助"我是我"IMI身份认证平台、"我的数据我做主"个人数据空间、"自信+他信"的新型信用评价体系在内的可信生态体系，"智信禅城"在电子平台上实现了数据的共享和信用的传递，信用在价值互联网中不断拓展，进一步推动了社会治理的创新、民生服务的提升和数字经济的兴起。

（三）"智信禅城"面临的问题

1. 数据共享通道未完全打通

"智信禅城"建设过程中，省、市、区三级数据共享通道还未完全打通，部门之间资源难共享、业务难协同和系统难互通依然是痛点。目前，禅城区政府及相关部门的部分机房位置并不集中，分散在不同区域，数据硬件在区域之间和部门之间难以实现统一管理。全区统一的政府大数据运营管理平台及硬件整合中心还没有构建，"一门式"政务服务、区域化党建以及社会综合治理云平台等多个综合性、跨部门的硬件系统建设分散，资源未充分整合，造成了设备重复投资、利用不足和资源浪费等问题。同时，禅城区与省、市、区三级的基础设施未实现充分整合，数据的交换流通和硬件的共享

---

① 张毅、肖聪利、宁晓静：《区块链技术对政府治理创新的影响》，《电子政务》2016年第12期。

通道还需要进一步打通。

2. 信息壁垒有待进一步打破

数据和信息资源的汇聚融合程度直接决定了政府信息化建设水平的高低。目前，禅城区各部门的数据总量和范围有限，每个部门数据采集的方式、指标和渠道存在不同，造成数据格式不一致、数据重复采集的问题。跨部门的数据之间未产生逻辑关系，各种数据和信息资源之间未充分实现互联、互通和共享，各部门的服务并不全面，服务水平有待提升。同时，禅城区各部门沉淀的数据未能实现充分汇聚融合，信息壁垒的问题依然存在，数据库的条块结合水平还有待进一步提升。数据开发应用缺乏深度融合，存量数据也未充分纳入数据库，造成数据统而不通、拥而难用、汇而不慧，大数据的价值未被充分挖掘。

3. 创新人才及创新应用不足

创新型人才匮乏是禅城区发展"智信禅城"的一大瓶颈。禅城区在研究、开发、利用大数据、区块链等新一代信息技术的过程中，专业型、技能型人才依然短缺，大数据和区块链等技术的治理和应用能力需要进一步提升。目前，受资金投入、技术创新和人员管理等因素的制约，社会精细化管理水平不足，禅城区总面积154平方公里，分为122个网格，平均每个网格面积约1平方公里，网格面积偏大导致难以从粗放式社会治理转变为精细化社会治理。同时，禅城区还存在社会舆情日常监测水平不高、预警能力偏弱、大数据应用效果不佳、社会资源开发不合理等问题。

4. 社会参与度有待进一步提升

目前，大数据和区块链等技术参与社会治理尚属起步阶段，未深入人心，大数据和区块链等新一代信息技术的应用理念及意识有待树立和增强。特别是镇、街及村居的部分干部和群众没有充分理解大数据和区块链等新一代信息技术的发展趋势以及在政务服务中的作用，不利于推动社会治理更有效地开展，社区自治能力和社区治理水平还需要进一步提升。同时，大数据和区块链等新技术的应用范围还未拓展开，依然局限于政府相关职能部门，政府的宣传工作和社会参与度不足，社区居民还没有充分融入智信城市的建设过程中，政府与社会之间的合作有待进一步提升。

5. 诚信配套制度有待进一步加强

禅城区在智信城市建设过程中，诚信相关配套制度还不够健全，社区诚信体系建设、居民诚信档案的管理使用不够科学；社会失信违约现象没有完全纳入大数据诚信管理体系，个人信用的互联互查还未完全实现，众多违规违约行为依然存在，有待引起人们的重视。同时，各部门之间的信用信息系统未实现充分整合，部门间的信用信息"隔膜""孤岛"现象依然存在，很多部门的信用信息依然处于一种彼此分离的状态，不能互联互通和共建共享，不利于诚信配套制度的建设。

三 区块链在其他地区的应用实践

（一）国内典型实践

1. 贵阳：首倡主权区块链

随着大数据应用的不断扩展，政府数据资源的重要性逐渐引起人们的重视。长期以来，政府数据在共享开放过程中，权利关系不明确、相关法规缺乏等情况一直存在，数据分散、信息闭塞等现象屡见不鲜，信息数据资源的价值难以充分发挥。贵阳以"一网一目录一企五平台"[①] 为载体，通过构建全方位、立体化的政府数据共享开放管理体系，统一建设政府数据共享平台以及政府数据开放平台，用于汇聚、存储、共享、开放全市政府数据，成为全国第一个拿出政府数据共享开放总体解决方案，突破信息孤岛、打破数据条块分割、实现数据块上集聚的城市。但是，政府数据在共享开放过程中暴露出两个问题：一是缺乏数据共享开放监管平台作支撑，数据共享开放的监管力不足；二是数据关联风险大，可能导致大范围政府敏感信息泄露。

---

① "一网"即电子政务外网，"一目录"即政府数据资源全量目录，"一企"即贵阳块数据城市建设有限公司，"五平台"即"云上贵州"贵阳分平台、政府数据共享交换平台、政府数据开放平台、增值服务平台和数据安全监控平台。

因此，贵阳运用区块链技术，提出了主权区块链的构想，搭建政府数据共享开放网络模型，根据数据载体、数据受体以及数据拥有者三方的敏感程度，构建政府各职能部门的联盟链、政府面向民众的公有链和公安政法等涉密体系的私有链，形成政府数据共享开放的区块链"绳网"结构，打造合理、可信、公正的政府数据共享开放平台，保障政府部门之间的数据共享开放安全，确保了链与链之间数据关联的安全，为政府数据的使用和共享提供了安全保障，并为其他地区政府数据的共享开放提供了可行性参考经验。

2. 南京：电子证照共享平台

电子证照是一种新兴事物。基于区块链技术防篡改、可追溯等特点，将其应用于电子证照共享平台，可实现可信的电子证照功能。南京运用区块链技术打造全国首个电子证照共享平台，在证照办理查验一体化的移动政务服务平台上实现电子证照目录编制、数据采集、证照生成和证照应用的跨区域、跨系统、跨部门、跨层级的安全可信共享。整个办事过程全程在网上办理。用户首先在网上申报并提交相关材料，系统自动审核用户在电子证照共享平台中的信息，核验完成后即可在平台上流转办理，最后的审批结果通过快递传给用户或者在互联网端呈现。

基于区块链技术构建的电子证照共享平台明显优于传统的电子证照库。传统中心化的电子证照库在证照采集和运用过程中存在权利和责任不明确、数据容易被篡改等问题。运用区块链技术打造的电子证照共享平台具有去中心化、安全可靠、数据不被篡改等特点，并采用了激励机制鼓励数据相关方积极参与数据共享。电子证照共享平台的建立，在全省、全市范围内创新性地实现了跨区域的信息收集、检索和应用功能。区块链电子证照共享平台的建立，有效地缓解了"办证难、用证难"以及政府、企业之间证件查验的难题，市民可以更加安全快捷地对自己的证件进行管理，政府和企业也可以实现更高效、更可信的证件查验服务，不仅提高了政府的服务能力，更为人民的生活带来了便利。

3. 深圳：清洁能源互联共享

当前，能源行业正处于历史大变革时期，电力市场面临改革，售电市场

的开放力度急需加大，分布式发电发展迅猛，网上交易系统亟待完善，而区块链技术的特点正满足能源改革的要求。运用区块链技术打造一个去中心化的电力交易市场将有助于推动分布式能源的发展。为应对气候挑战和推动能源转型，深圳蛇口提出了全球第一个运用区块链技术打造的社区公益项目——能源区块链项目。在能源区块链项目中，通过运用区块链技术，能源互联网平台将汇聚蛇口南海意库分布式电站每日发出的电能。平台上有清洁能源和传统能源供用户选择，如果用户选择清洁能源，平台将通过区块链技术自动生成一个智能合约，实现用户与电站之间点对点直接交易，同时，全球权威认证机构TUV将为用户出具能证明其使用清洁能源电力的权威电子证书。

蛇口能源区块链项目将发电端和用电端通过智能合约链接起来，运用了区块链技术点对点交易、去中心化、真实记录等特点，不仅为社区提供了清洁能源，而且满足了家庭用电和环保相结合的需求。这种供给侧的创新让应对气候变化行动的普及更快速简便，是带动更多社会公众以实际行动参与气候变化行动的公益尝试，有利于推动其他地区运用新技术创新清洁能源的普及方式。

（二）国外典型实践

1. 日本：政府招标处理系统

招投标领域各环节中普遍存在信息不透明、运行不规范、资源不共享等问题。在日本传统的政府招标过程中，政府机构需要向私营部门从小型至大型的企业发出一系列的竞标邀请，招标过程非常烦琐，并且集中式系统的维护成本非常高、容易遭受网络攻击、数据可能会发生泄露的风险使政府之间的信息共享遇到阻碍。为解决这一系列问题，日本政府引入区块链技术，为政府招标测试区块链系统。在区块链招标处理系统中，所有的信息是透明的，可以随时回溯历史招标信息，形成一个全面且完善的诚信数据源，实现诚信档案的建立。区块链技术的加入将提高现有招标流程的效率，推动政府的招标系统变得更加安全，降低政府预算。

透明化和不可变更是区块链的核心特点。将区块链技术运用于招标系统,提高各端信息的透明度,让整个招投标流程的协作过程不用经过多个孤岛信息系统,直接参与作业,提高运作效率。通过智能合约保证了整个招标流程依法按照既定规则运转,有效避免中心化信息篡改问题,保证了整个招标流程的规范化、系统化、程序化。通过打破信息孤岛,政府部门可以直接地进行信息审核、监管,减少现阶段对多个系统进行监管的人员和时间成本,进而优化整个招标过程。

2. 瑞士:电子居民登记平台

为了满足数字社会日益增长的需求,建立一个针对在线用户的身份识别系统是十分必要的。瑞士楚格市发明了第一个基于区块链技术的电子居民登记平台。在电子居民登记平台上,市民可注册获取一个全球独一无二的标识符。通过扫描二维码的方式,在政府提供的身份网站中用新注册的身份识别码进行登录,经过网站确认,市民再输入身份证号码等个人数据。注册完成之后,经过政府相关工作人员的审核,如果身份证的相关信息和市民在网上注册的信息一致,就可获得电子居民登记平台提供的区块链ID。

数字身份的使用范围非常广泛,可用于社交媒体平台、银行业务办理、医疗保健服务机构等领域。瑞士楚格市开发的电子居民登记平台是一个里程碑式的事件,证明了政府能够运用区块链技术为公民发行数字身份,不仅为政府和公民在数字生活领域的互动提供了便利,而且有助于促进政府部门和公民之间相互信任的关系。

3. 乌克兰:区块链房地产平台

虽然区块链的应用逐渐从金融领域向外拓展,但其在金融交易过程中的支付结算仍然具有代表性。乌克兰首次将区块链技术应用于数字加密货币市场以外的领域,即通过去中心化的区块链房产公司向外国房产投资者提供不动产和物业。运用区块链和云计算等新一代信息技术构建的房地产交易平台将世界各地的房产卖家、买家、注册商和投资者连接在一起。房产交易可以直接在平台上进行,通过智能合约记录房地产交易的每一个步骤并自动执行交易,包括房产购买预约、房产购买合同签订、房产费用交付等,房产交易的速度和安全性获得极大提高。

房地产交易，特别是跨境房地产交易，需要在一个交易双方高度信任彼此的状态下开展。传统的跨境支付办理手续烦琐，包括本地开户银行、结算行和境外银行等多道手续。每个银行有不同的账务系统，且系统与系统之间相互分离，因此在跨境支付办理过程中，需要在多个银行之间寻找中介，在不同的系统中记录，在交易双方之间进行结算和对账，造成跨境支付办理周期长、手续费用高昂等问题。区块链技术包含了共识机制、分布式存储、公钥和私钥双向加密算法等大数据时代的集成创新，实现了技术手段解决双向信任的问题。将区块链技术引入跨境支付，不仅省去了中介代理环节，降低了办理成本，而且极大地提高了房地产交易的效率。

四 区块链政务应用的经验和启示

（一）探索区块链政务应用的模式创新

毫无疑问，技术手段的革新将对政府服务方式产生根本性影响，新技术将会贯穿政务工作的各个环节、各个方面。面对日益变化和复杂的治理环境和不断涌现的新情况，政府部门可以运用区块链技术打造一个更为高效的行政管理系统，不断优化政务服务机制，创新政府服务模式，拓展区块链技术在政府信息基础设施保护、政府政务信息公开、公民权利认定工作、政府税收监管等方面的应用，提升政府部门在市场监管、社会管理和公共服务等政府职能的效率和效力。同时，将区块链技术公开透明的特性拓展到政务工作上，推动政府向社会传递透明管理的信号，进一步落实社会监督，促进政府组织向更透明、更有效及更安全的方向发展。

（二）促进区块链与其他技术融合创新

近几年，大数据、云计算、移动互联网等科学技术取得快速进展，加快区块链与新一代信息技术在政务工作领域的融合创新，有助于推动政务工作的业务整合和流程创新，从而建立更科学、更高效、无缝隙的政务服务体系。利用大数据发展的契机,结合区块链技术的应用,理顺区域间、部门间的数据关系,推进基于大数据、区块链的电子政务平台,逐步形成业务协同和数据信息共享的格局,促进合理科学地开发利用政府信息资源。在区块链技术的基础上,充分发挥互联网的优势,应用新技术提高现有资源的使用效率,有效减少开展服务所需的各项成本,进一步加快构建新型政府服务模式,提升政府的服务水平和决策水平。结合云计算和区块链等技术,完善政府机房、政府网站、政府信息共享与业务协同以及电子政务管理机制,提高政府服务能力。

(三)建立以区块链为基础的安全防护体系

保护企业及个人信息数据的安全是创新政府服务方式、提高政府服务水平的重要保证之一,因此建立健全以区块链为基础的安全防护体系具有重要的现实意义。以实现数据安全为总体目标,以区块链为基础的安全防护体系可以防范批量数据泄露以及敏感信息非授权访问等风险,涵盖了数据安全组织管理、制度规程和技术手段,形成数据安全防护体系管理的闭环链条。组织管理层面,自上而下地建立完整而规范的数据安全管理组织架构,保证数据流通每个环节的安全管理工作。制度规程层面,以规范化的流程指导数据安全管理工作的具体落实,避免出现"无规可依"的情况,有效指导数据安全管理工作的具体落实。技术手段层面,区块链为数据的产生、收集、传输、存储、使用、销毁等环节提供技术保障,保证纸面上的管理制度要求在实际工作中取得实际的成效。

(四)发展以区块链为核心的监管科技

监管科技是将监管与新一代信息技术充分融合,实现监管方式创新和监管转型变革。作为监管科技中的一项重要技术,区块链有利于整合监管的基础设施,帮助监管当局提供实时可靠的数据信息,提升数据的透明度,减少信息基础设施的重复建设成本。区块链技术与监管系统的结合将有助于合理有效地利用监管资源、降低监管成本、提高监管的效率,给监管方式带来巨大的变革。利用区块链等新一代信息技术，加快构建一体化、高效、安全的监控业务综合平台，整合执法过程记录等多种信息资源，推进各职能部门监管信息的互联互通，提升监管信息的透明度，实现一个更安全、更及时、更稳定的监管体系。同时，充分发掘大数据、人工智能、数据挖掘等监管科技手段，不断完善监察系统，提升监察智能化水平，进一步提高监管效率。

（五）加快区块链跨界复合型人才培养

区块链跨界复合型人才是区块链政务应用建设与发展取得成功的关键。在政务领域，具备"区块链思维"并精通区块链技术的人才依然匮乏。针对缺乏区块链技术和相关行业复合型人才的痛点，政府部门应把专业人才队伍建设作为重要的保障措施，不断强化人才队伍建设，加大力度培养和引进区块链跨界复合型人才。鼓励学校开设区块链的相关教学课程，把区块链技术人才培养纳入高校教育的范畴，从技术、教学、研究三个方面进行布局，加强政府、企业和学校之间的合作力度，培养既懂理论又懂实践的区块链跨界复合型人才，构建稳定的人才梯队，实现人才的集聚。通过科研创新，培养一批实用型区块链技术人才，满足日益增长的区块链跨界复合型人才需求。同时，积极参与国内外区块链技术相关研讨会，了解区块链技术最新发展动向，加强与国内外区块链领域专家的合作交流，充分开发利用国内外相关人才资源，补齐区块链技术人才急缺的短板。

参考文献

王鹏、丁艺：《应用区块链技术促进政府治理模式创新》，《电子政务》2017年第4期。

张毅、肖聪利、宁晓静：《区块链技术对政府治理创新的影响》，《电子政务》2016年第12期。

宁家骏：《统筹规划、创新服务，扎实推进新时期电子政务建设》，《电子政务》2011年第11期。

王毛路、陆静怡:《区块链技术及其在政府治理中的应用研究》,《电子政务》2018年第2期。

程桂枝、于秀娟:《新技术环境下政务系统应用安全研究》,《科技管理研究》2014年第12期。

范杰:《佛山市禅城区全力打造智信城市》,《中国产经新闻》2017年7月6日。

邓磊:《禅城全国首探县区区块链政务应用》,《佛山日报》2017年6月23日。

姜红德:《区块链首创佛山"智慧+信用"城市》,搜狐网,http://www.sohu.com/a/158908563_743965,2017年7月10日。

B.17
鹰潭市窄带物联网试点城市建设实践

摘　要： 当前，万物互联时代渐行渐近，窄带物联网（NB-IoT）因其低功耗、广覆盖等优势已成为移动通信产业应对万物互联的一个重要抓手。鹰潭市积极拥抱物联网时代，紧紧抓住以NB-IoT为主的移动物联网研发、产业化和应用探索的关键窗口期，在国内率先启动窄带物联网试点城市建设。本文系统介绍了鹰潭市窄带物联网试点城市的建设实践，并对经验和问题进行了总结分析，进而提出对策建议，旨在为推动物联网发展和智慧城市建设提供借鉴和参考。

关键词： 鹰潭　窄带物联网　试点城市　智慧城市

一　鹰潭市窄带物联网试点城市建设的背景与意义

（一）窄带物联网概述

物联网，顾名思义是"物物相连的互联网"，它是在互联网基础上延伸扩展起来的网络，并用网络技术和智能设备，通过感知、识别及网络连接，在物与物之间进行通信和信息交换。随着通信业人口红利的不断消失，物联网被看成后移动互联网时代的下一个风口，而智慧城市建设等领域已成为物联网应用的最主要阵地。据预测，到2020年，全球将会有500亿个智能设备连接到物联网中，市场规模将超万亿美元，物联网正处在大规模爆发式增长的前夕。至2030年，物联网将为中国额外创造1.8万亿美元的累计GDP

增长。① 目前，世界各国纷纷对物联网进行战略布局，物联网已经是各国综合国力竞争的重要因素之一。中国自"十二五"以来已将物联网技术列为战略性新兴产业，并上升为国家的发展战略予以推进。

窄带物联网（简称 NB-IoT）是物联网的一个重要分支，是一种专为物联网而设计的窄带射频网络技术，支持低功耗设备在广域网的蜂窝数据连接。NB-IoT 构建于蜂窝网络，只消耗大约 180kHz 的带宽，可直接部署于 GSM 网络、UMTS 网络或 LTE 网络，以降低部署成本、实现平滑升级②。此外，据说 NB-IoT 设备电池寿命可以提高至少 10 年，同时还能提供非常全面的室内蜂窝数据连接覆盖③。因此，相比于蓝牙、Wi-Fi 等短距离通信技术，NB-IoT 具有功耗小、速率高、覆盖广、成本低、连接多和架构优等诸多优点。具有以上优势的窄带物联网，能够满足更多领域的应用场景需求，正被推广应用到更多城市的生产生活场景中，极大地方便了政府管理、企业生产、人民群众日常生活。未来，万物互联是必然趋势，而成熟的窄带物联网技术能真正为物联网的发展铺平规模化应用的道路。

（二）我国窄带物联网的现状及发展前景

NB-IoT 技术标准是由中国主导、全球达成共识的移动物联网国际标准，我国已在该领域的产品研发和应用推广走到了世界前列。当前，中国低功耗广域网络发展的重点便是 NB-IoT。2016 年 6 月，NB-IoT 标准已获得国际组织 3GPP 通过。为加快推动 NB-IoT 的创新和发展，2017 年 6 月，工业和信息化部发布了《关于全面推进移动物联网（NB-IoT）建设发展的通知》（工信厅通信函〔2017〕351 号），从国家政策层面上明确支持推进 NB-IoT 网络部署和拓展行业应用，其中在加快技术与标准研究、推广细分领域应用、逐步形成规模应用体系和优化政策环境等方面提出 14 条措施。该政策是我国

---

① 《三大运营商提速窄带物联网商用，万物互联万亿市场蓄势待发》，《通信信息报》2017 年 2 月 9 日。
② 《蜂窝上的万物互联：NB-IoT》，未来移动通讯论坛，2016 年 2 月 3 日。
③ 《华为携手沃达丰完成首个 NB-IoT 商用测试》，OFweek 光通讯网，2015 年 12 月 23 日。

在物联网产业发展上的重大专项顶层规划，这表明我国将在低功耗广域物联网的发展上大力推动和发展NB-IoT网络，这对我国物联网产业的快速健康发展具有重大意义。

5G（第五代移动通信技术）离我们越来越近，并将使万物智能互联成为可能，而NB-IoT被称作5G商用的前奏和基础，代表着未来的发展趋势。NB-IoT可将更低功耗、更低成本、更广覆盖的物联网设备连接到网络，对可穿戴设备、智能家居等物联网应用非常关键，并逐渐得到了业界认可和支持。相信在不久的将来，NB-IoT的应用场景将会出现在世界的每一个角落，为人类社会带来更高效、更便捷的互联服务。NB-IoT正在开启一个前所未有的广阔市场，将迎来高速的发展机遇。据权威机构估计，到2022年，NB-IoT将覆盖30%的物联网连接，连接设备将达到232亿个[1]。可以说，物联网真正大规模发展的历史机遇已悄然来临。

（三）鹰潭市窄带物联网试点城市建设的战略意义

2017年1月，江西省鹰潭市与中国移动、华为联合签订了《鹰潭窄带物联网（NB-IoT）试点城市全面合作框架协议》，标志着鹰潭市在全国率先建设NB-IoT试点城市的步伐正式启动。随后不久，鹰潭市又分别与中国电信、中国联通、中兴等公司签订"智慧新城"建设相关的战略合作协议，预示着鹰潭市将与物联网相关企业在NB-IoT技术研发、智慧应用、云计算等领域展开深度合作，凝聚多方力量共同推动"智慧新城"建设。此前，鹰潭市已是国家信息惠民、智慧城市和电信普遍服务三个国家级的试点城市。鹰潭市充分发挥NB-IoT全国试点城市的基础，并利用其良好的信息化发展环境和区位优势，前瞻性提出了"智慧新城"发展战略，并将NB-IoT应用推广作为城市发展目标，对推动鹰潭市经济社会全面发展，有效促进城市健康可持续发展，都具有十分重要的战略意义。

---

[1] 李佩娟：《NB-IoT商用进程加快 中国企业NB-IoT部署一览》，前瞻产业研究院，2017年5月18日。

NB-IoT 技术能够广泛适用到物联网各类需求场景中，其规模效应和产业集群极其显著。通过 NB-IoT 试点城市建设，鹰潭市将实现以物联网龙头企业带动传统制造企业向智能化制造企业转型升级，加速推动传统产业的融合升级，进而向其他产业链延伸，向省内外周边地区辐射，有效带动产业升级和产业融合。利用 NB-IoT 网络的全域覆盖、产业生态圈层丰富等特性，可以不断完善物联网产业生态体系，有助于鹰潭物联网产业城市集群的逐步形成。总而言之，鹰潭市在全国率先开展 NB-IoT 业务试点工作，不断探索物联网发展新模式，提升两化融合的示范影响力和信息产业的自主创新能力，为鹰潭市乃至江西省在抢抓物联网产业发展新机遇、发展新经济培育新动能中进行了积极的探索和实践。

二 鹰潭市窄带物联网试点城市建设的实践与成效

（一）"智慧新城"的战略布局

1."智慧新城"建设的工作思路

鹰潭市积极拥抱"互联网+"和物联网时代，战略性提出深入推进"智慧新城"建设决策部署，并结合地方实际，紧紧抓住以 NB-IoT 为主的移动物联网研发、产业化和应用探索的关键窗口期。围绕鹰潭"智慧新城"物联网建设的目标和定位，按照"新理念引领、新技术支撑，带来产业发展有新业态、政府管理服务有新手段、百姓生活有新体验"工作思路，坚持以窄带物联网为重要依托，构建"跨界融合、合作创新、开放共赢"的物联网产业生态圈，不断推动公共服务设施智能化、产业发展现代化、管理运行精细化和公众服务普惠化，努力将鹰潭建设成为国内极具特色的物联网产业技术研发、应用投资和创新创业的集聚地，以赋予整个城市全新的智慧和内涵，最终将鹰潭打造成"智慧互联、普惠共赢"的智慧城市。

围绕建设国内一流"智慧新城"的发展目标，鹰潭市出台了"智慧新

城"建设的工作方案,在产业转型、城市治理、惠民服务、创新发展等方面积极探索实践。一是以发展新业态推动产业转型升级,强化顶层设计,构建以信息化、智能化为主的发展新体系,聚焦"互联网+",培育以 NB-IoT 为牵引的发展新动能、改造提升传统动能,创新服务新模式,注重以大数据、人工智能、物联网、云计算等为代表的新一代信息技术重塑整个经济社会。二是以百姓生活新体验提升群众幸福感和获得感,将提升群众获得感和幸福感作为目标,不断优化政务服务,建成了四级互联互通的政务网络,打造横向到边纵向到底的惠民网,提升了惠民行动多元化的服务能力。三是以政府管理新手段提升服务效率和能力,扎实推进智慧党建项目,形成以党建地图为特色的党建管理新手段,并正在探索构建新型市场网格化监管模式。此外,在全力加快推进"智慧新城"建设的基础上,努力为全省、全国智慧城市建设乃至世界移动物联网产业发展,提供可推广、可复制的"鹰潭经验"。

2. "智慧新城"建设的实施阶段

2017 年以来,根据移动物联网研发产业化进展和应用发展形势,鹰潭明确制定了"三个阶段"的重点任务及工作目标,稳中有序地推进 NB-IoT 试点城市建设,不断推动鹰潭市"智慧新城"发展(见图 1)。

第一阶段 网络建设及应用演示(2017年3月至5月初):建设全域覆盖的鹰潭市窄带物联网网络,验证窄带物联网的技术性能;启动企业园窄带物联网建设,推动产业链与典型应用企业协同开发窄带物联网应用。围绕停车、抄表、路灯三个重点领域,开展窄带物联网应用示范演示

第二阶段 产业构建及特色应用(2017年5月至9月):集聚产业,形成多厂家系统、芯片、模组、应用产品和系统等供应链,构建公共支撑和服务平台,形成良好的产业和应用生态;优化完善网络,提高端到端解决方案的性能和用户体验;在城市建设治理、重点产业领域形成5个以上具有特色的应用示范

第三阶段 应用开发和推广期:(2017年10月至2018年底):验证窄带物联网应用端到端各环节的成熟度和标准化水平支撑形成相关国家或行业标准;形成高性能的鹰潭物联网云平台及大数据处理,数据资源集聚;形成基于窄带物联网业务10个以上的应用达到规模发展。总结梳理形成窄带物联网发展"鹰潭模板",向全国乃至全球推介

图 1 鹰潭布局智慧新城的三个阶段

资料来源:《领导决策信息》2017 年第 35 期。

（二）"智慧新城"的示范应用

鹰潭市为培育窄带物联网应用场景，着重聚焦重点场景，加快推进NB-IoT在多个领域开展物联网业务试点应用，一大批投入资金少、技术成熟度高、市民获得感强的惠民应用项目纷纷落地，初步实现了将鹰潭打造成全国性NB-IoT应用的标杆城市（见表1）。

表1 鹰潭NB-IoT示范应用情况

应用	市区	规模	应用情况
智能垃圾驿站	鹰潭	420个	全国首个全域采用物联网进行垃圾智能化处理
智能水表	鹰潭	400块	2017年底安装6万块
智慧停车	龙虎山景区	171个	全国首个NB-IoT智慧停车示范应用的5A级景区
智能路灯	信江新区	576盏	同时具备停车、井盖、垃圾、消防、水汽表及监测功能，成为全国首个NB-IoT综合应用行政区
智慧农业	余江县	水稻原种场	成为全国第一个NB-IoT农业应用的示范单位

资料来源：根据赛迪智库数据整理。

鹰潭市积极探索移动物联网应用体系，NB-IoT示范标杆应用推广迅速。截至目前，已形成了一批可向国内外复制、推广的应用案例。

1. 智慧消防

智慧消防是以新一代ICT技术为基础，实现对城市消防安全的监控、处置，降低火灾风险和提高灭火效率，达到减少火灾和快速消灭火灾的目的，使损失降到最低。2017年7月，全球首个NB-IoT智能烟感报警系统在鹰潭正式投入使用，破解了长期困扰政府和群众的火灾预警难题。基于NB-IoT技术的智能独立烟感报警系统可以24小时不间断地监控情况，在发生火情时，烟感探测器便会报警，同时触发周边报警器，将烟感位置传送到管理平台，快速定位报警地点，自动启动相应火灾监控点，并采集信息传输到平台为指挥提供参考依据。此外，报警系统还会第一时间通过语音电话通知业主、物管人员、社区管理人员和消防站，充分调动了基层社区群众力量参与火灾救援，从而减少出警频次，将火灾控制在萌发状态，大幅提高了消防作战效率。

2. 智能停车

城市、风景区等车流量大的地区停车问题给交通管理造成了很大的困扰，而NB-IoT技术可广泛应用到车辆通信、导航定位、远距离监控以及移动车辆的自动识别和管理等方面。基于NB-IoT的智能停车系统能有效解决停车难、乱停车的问题，该系统通过信息化技术对停车行为进行实时监控，及时收集车辆周边的车位信息，并通过引导或信息推送给用户，实时调度停车位的供求，并能远程预订和转租停车位，实现了对交通管理的科学引导和停车场资源的高效利用，降低停车位闲置率和降低运营成本。此外，通过公共交通设施智能停车场的建设，可有效提高停车物联网信息化程度，做到真正的信息惠民。截至2017年4月，鹰潭市龙虎山景区完成了171个NB-IoT智慧停车位改造。即便是停车场内无人管理值守，也能为用户提供线上车位预约、线上支付、自助停车等便捷服务体验，方便了对景区车辆的管理，也让广大的游客体验到景区智慧旅游的便利。

3. 智能抄表

智能抄表也是NB-IoT最重要的场景应用之一。由于水、电、气、热等公共行业涉及大量用户，如何实现这些行业的智慧供应、智慧管理，是城市管理部门面临的重大问题。人工抄表方式有着费时费力、抄表周期长等问题，智能抄表是运用信息感测、分析和整合各类数据，对各类能源的消费情况实行分类计量和统计分析，从而对城市的能源需求做出智能化响应。2017年4月，中国移动首个NB-IoT智能水表项目在鹰潭市正式投入使用，该项目由中国移动与江西三川智慧联合推出，三川智慧研发的NB-IoT型智能水表，可实现远程控制、智能抄表、水务管理，并可以依靠通信运营商网络无线远程传输数据，具有监测漏水、防止爆管和水质检测等功能，能够及时发现滴漏现象，减少响应时间，方便远程管理和控制，降低了安装维护成本，极大地提高了水务公司运营稳定性和城市用水效率。

4. 智慧路灯

基于NB-IoT等新一代通信技术构建的城市路灯管控系统，可以对城市道路中的每盏路灯实现远程集中控制和管理，通过智能化调光、降低功率、按需开关灯等方式，最大限度地降低路灯能耗。此外，还可通过智慧路灯管控系统对城市照明设施实现精细化管理，通过平台监控路灯运行状态，实现对路灯的开关控制，自动故障告警，大幅减少了人工巡检维护成本。2017年7月，全球首个NB-IoT智慧路灯规模化商用项目在鹰潭市信江新区投入运营，该项目由中国电信、华为等公司联合建设，覆盖信江新区所有道路共计2888盏路灯，其中一期项目包括和平路、余信贵大道等区域的576盏LED路灯①，可通过手机上APP对每盏路灯实现智能化控制，减少过度照明，真正达到节能减排的效果。

（三）"智慧新城"的建设成效

鹰潭市积极探索物联网的技术研发、产业应用和生态布局，按照制定的工作思路及任务目标，以新发展理念为基础，强化顶层设计，打造优质网络、完善产业生态、建设公共平台、开展示范应用。目前，鹰潭市已初步构筑了"全域网络+公共支撑平台+物联网产业+智慧应用+云计算+大数据"物联网全产业生态圈，物联网产业与各行各业正在加速融合发展，"智慧新城"建设已粗具雏形（见图2）。

鹰潭市已成为全国甚至全球最具先发优势和影响力的城市，移动物联网产业发展方面实现了"三个凸显"和"三个领跑"。

"鹰潭样板"品牌效应凸显。近年来，鹰潭市出台了《鹰潭市政务信息资源共享管理实施细则》《鹰潭市信息化项目管理暂行办法》《鹰潭智慧新城顶层规划设计思路及工作方案》等一系列政策文件，不断加强"智慧新城"建设和物联网产业发展的顶层设计工作，同时积极加强对外交流合作。来自中国工程院、国家发改委以及科技部等众多领导和专家院士亲临鹰潭调研和指导。鹰潭市还打造了一批可向国内外复制推广、具有"鹰潭模式"特色的智慧应用。

---

① 《规模化商用窄带物联网智慧照明项目落地鹰潭信江新区》，新华网，2017年6月5日。

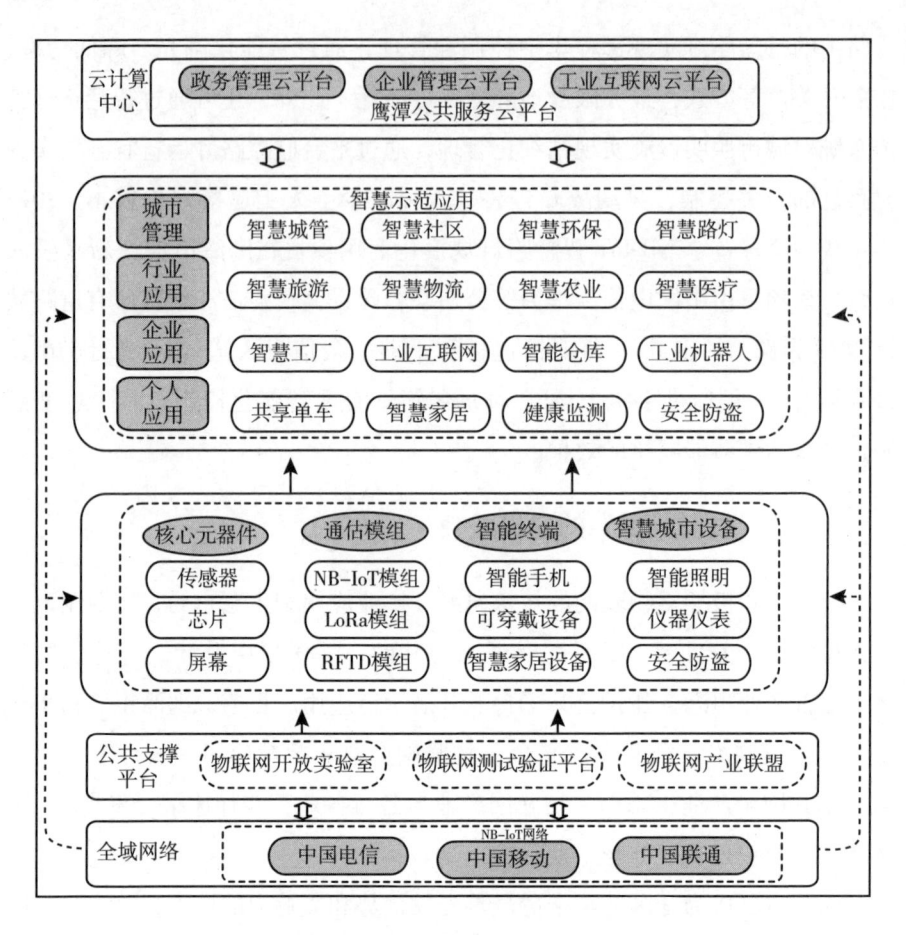

```
┌─────────────────────────────────────────────────────────────┐
│ 云计算  ┌─────────┐ ┌─────────┐ ┌───────────┐              │
│  中心   │政务管理云平台│ │企业管理云平台│ │工业互联网云平台│              │
│         └─────────┘ └─────────┘ └───────────┘              │
│         ┌─────────────────────────────────┐                │
│         │     鹰潭公共服务云平台          │                │
│         └─────────────────────────────────┘                │
│                    ⇕           ⇕                            │
│  ┌─────┐          智慧示范应用                              │
│  │城市 │  ┌─────┐ ┌─────┐ ┌─────┐ ┌─────┐                  │
│  │管理 │  │智慧城管│ │智慧社区│ │智慧环保│ │智慧路灯│                  │
│  └─────┘  └─────┘ └─────┘ └─────┘ └─────┘                  │
│  ┌─────┐  ┌─────┐ ┌─────┐ ┌─────┐ ┌─────┐                  │
│  │行业 │  │智慧旅游│ │智慧物流│ │智慧农业│ │智慧医疗│                  │
│  │应用 │  └─────┘ └─────┘ └─────┘ └─────┘                  │
│  └─────┘                                                    │
│  ┌─────┐  ┌─────┐ ┌──────┐ ┌─────┐ ┌──────┐                │
│  │企业 │  │智慧工厂│ │工业互联网│ │智能仓库│ │工业机器人│                │
│  │应用 │  └─────┘ └──────┘ └─────┘ └──────┘                │
│  └─────┘                                                    │
│  ┌─────┐  ┌─────┐ ┌─────┐ ┌─────┐ ┌─────┐                  │
│  │个人 │  │共享单车│ │智慧家居│ │健康监测│ │安全防盗│                  │
│  │应用 │  └─────┘ └─────┘ └─────┘ └─────┘                  │
│  └─────┘                                                    │
│             ⇑            ⇑                                  │
│         ┌──────┐ ┌──────┐ ┌──────┐ ┌────────┐              │
│         │核心元器件│ │通信模组│ │智能终端│ │智慧城市设备│              │
│         └──────┘ └──────┘ └──────┘ └────────┘              │
│         ┌─────┐ ┌────────┐ ┌──────┐ ┌──────┐               │
│         │传感器│ │NB-IoT模组│ │智能手机│ │智能照明│               │
│         └─────┘ └────────┘ └──────┘ └──────┘               │
│         ┌─────┐ ┌────────┐ ┌──────┐ ┌──────┐               │
│         │ 芯片 │ │LoRa模组 │ │可穿戴设备│ │仪器仪表│               │
│         └─────┘ └────────┘ └──────┘ └──────┘               │
│         ┌─────┐ ┌────────┐ ┌────────┐ ┌──────┐             │
│         │ 屏幕 │ │RFTD模组 │ │智慧家居设备│ │安全防盗│             │
│         └─────┘ └────────┘ └────────┘ └──────┘             │
│  ┌─────┐ ┌──────────┐ ┌──────────┐ ┌──────────┐            │
│  │公共支撑│ │物联网开放实验室│ │物联网测试验证平台│ │物联网产业联盟│            │
│  │ 平台 │ └──────────┘ └──────────┘ └──────────┘            │
│  └─────┘       ⇕           ⇕                                │
│  ┌─────┐             NB-IoT网络                             │
│  │全域网络│ ┌──────┐ ┌──────┐ ┌──────┐                      │
│  └─────┘ │中国电信│ │中国移动│ │中国联通│                      │
│         └──────┘ └──────┘ └──────┘                          │
└─────────────────────────────────────────────────────────────┘
```

图 2　鹰潭市"智慧新城"物联网应用与产业发展全景

资料来源：《领导决策信息》2017 年第 35 期。

传统产业转型升级成效凸显。随着鹰潭市大力推动物联网产业的发展，一大批本地企业积极采取新一代信息技术实现企业转型升级。据不完全统计，截至 2017 年 9 月，鹰潭全市共有 16 家本地物联网企业实现转型升级，包括 11 家生产型企业[①]。至 2017 年来，以三川智慧江铜贵溪冶炼厂、广信新材料等为代表的企业加快推动智能化改造，并被获批列入了国家和江西省

---

① 曹淑敏：《鹰潭市移动物联网发展和应用的有关情况》，江西省移动物联网发展战略新闻发布会，2017 年 9 月 1 日。

智能制造示范企业,以凯顺科技、智诚科技等为代表的本土企业积极采用信息技术,不断推动企业的转型和升级。

物联网产业集聚效应凸显。为打造特色鲜明的物联网产业集聚区,营造良好的物联网产业生态环境,鹰潭市结合本地发展实际,相继制定出台了《加快推进物联网产业发展的意见》《鹰潭市大力发展物联网及智能终端产业若干政策措施》等一系列支持物联网产业发展的政策文件。随着物联网产业的集聚效应不断凸显,包括中国三大通信运营商、中兴、华为以及浪潮集团等一批行业龙头企业也纷纷签约落地鹰潭。截至2017年12月,鹰潭市共引进了物联网产业项目50余个,以及新引进20余家物联网企业[1]。

NB-IoT网络建设全国领跑。据不完全统计,目前国内三大通信运营商已在鹰潭共建成并开通了近千个NB-IoT基站,鹰潭市实现全域覆盖NB-IoT网络,其基站覆盖率全国最高。同时,中国信息通信研究院发布的《鹰潭NB-IoT网络测试报告》显示,测试区域的覆盖率达到95%,网络速率和时延完全能够满足森林防火、地下车库和井盖等多种应用场景的业务需求[2]。因此,无论是鹰潭的NB-IoT网络覆盖深度还是网络质量已然实现全国领跑。

公共服务平台建设全国领跑。鹰潭市不断加强物联网产业生态体系建设,积极打造体系齐全、功能完备的公共服务平台,并不断提升物联网技术研发、产业发展和应用推广等公共服务能力。目前,鹰潭市已建成了一大批在国内领先的移动物联网产业公共服务平台,建成了物联网产业园和成立了移动物联网产业联盟,培育和聚集了一批国内领先的物联网相关企业和科研机构,初步形成了物联网产业生态链,让鹰潭成为具有强大磁力的物联网产业集聚地。

示范应用建设全国领跑。目前,鹰潭市信江新区打造了全国首个NB-IoT综合应用行政区,龙虎山成为全国首个应用NB-IoT示范项目的5A级景区,建成了基于NB-IoT技术和声波探测技术支撑的智能垃圾站,在全国率

---

[1] 《物联之城诞生记——探秘"智慧"鹰潭》,《中国经营报》2017年12月23日。
[2] 中国信通院:《鹰潭NB-IoT网络测试报告》,中国信息通信研究院官网,http://www.caict.ac.cn,2017年8月9日。

先实现了对城乡垃圾智能化处理。此外，依托鹰潭市完善的基础设施，具有鹰潭特色的邓家埠智慧农业示范应用、森林火苗探测报警等多个"全国首个"物联网应用项目先后在鹰潭正式启动，形成了一批可向国内国外推广的应用案例。

三 鹰潭市窄带物联网试点城市建设的问题与启示

（一）现实挑战

1. 物联网与传统产业的融合度不高

鹰潭市所推动的"智慧新城"建设起步早，先发优势明显，并签约落户了一批国家级企业和研究机构，同时，以江西三川智慧、智诚科技等为代表的一批本土企业踊跃投身物联网加快转型升级步伐，为全市后续发展奠定了良好的基础。但是，鹰潭市的物联网产业与传统行业的融合力度依然还存在很多不足。比如，作为鹰潭支柱产业的铜基新材料产业，其短板环节依然明显，还未构建起上下游有机衔接高效协同的创新链和产业链，"铜+互联网"等产业融合还有很大的提升空间。同时，亟待加快促进制造业、旅游业、物流业、农业等行业的产业链融合发展和改造升级。此外，节能照明、微型元件、眼镜制造等一些传统制造行业信息化发展程度依然落后，急需加快运用新一代信息技术推动传统产业转型升级，使产业迈向网络化、数字化、智能化中高端产业行列。因此，鹰潭市要构建起集物联网研发、产业化和广泛应用的产业生态体系，仍然面临着挑战。

2. 产业基础薄弱，产业链有待完善

鹰潭市推动"智慧新城"建设和物联网产业的发展，整合一大批资源，先后签订了一批战略合作协议和重大合作项目，积极打造成为国内极具特色的物联网产业发展集聚地，目前已初步构建起了物联网产业生态体系，具备一定的先发优势。但物联网产业发展等方面仍存在着一些严峻的现实考验，首先体现为产业基础仍然相对较薄弱，缺少鹰潭本地的龙头企业，产业链也

不够完善，诸如基础设施的配套程度、应用系统集成及服务能力、芯片模组成熟度等多方面的影响因素，都在制约着鹰潭市移动物联网规模化应用和发展。其次是鹰潭市在移动物联网领域缺乏科研人才，导致技术资源薄弱。因此，以上多重因素造成了鹰潭市物联网产业链的发展相比其他发达国家还存在一定的差距，形成了物联网产业链中的上、中、下游企业不平衡发展，物联网技术的产品转化成本偏高、生产规模有限、产业能力较低，以及业务在运行过程中也不成熟等问题。

3. 物联网大数据缺乏有效共享

鹰潭市发挥 NB-IoT 全域覆盖的基础优势，并紧抓实施"宽带中国"战略契机，推动建设高速、开放、安全的新一代互联网基础设施，强化 NB-IoT 网络基础设施建设，建成了三级电子政务网络，并有序推进信息资源整合共享，实现了部分数据资源的有效对接。但是，对于志在打造全国一流"智慧新城"的鹰潭来说，数据共享过程中仍面临着巨大挑战，在物联网网络层面上，物联网互联互通少，"信息孤岛"现象依然严重，一方面是由于城市各信息系统间的标准问题，无法实现有效集成，导致数据资源的共享成本很高，进而形成数据孤岛；另一方面是从部门、地区之间的利益来看，各部门和机构不愿开放和共享数据资源，造成数据长期处于割裂状态，无法挖掘数据的深度价值。此外，顶层设计方面的物联网数据资源开放共享制度严重滞后，数据资源未能有效共享，这势必给鹰潭快速进行的物联网发展和"智慧新城"建设带来很大阻碍。

4. 物联网关键共性技术亟待突破

对于物联网产业来说，要使 NB-IoT 在传统产业中广泛应用和规模化发展，最重要的就是加强对物联网核心技术的研发和创新，努力降低 NB-IoT 产品的使用成本，保证其产品在市场上具备竞争优势。目前，鹰潭市部分企业在发展过程中已经广泛地运用 NB-IoT 技术，但在关键共性技术的先进性和成本方面与国际先进水平相比，还存在着很大的差距，体现出自主创新能力不足，物联网关键共性技术亟待突破。比如还没有研发出高性能、低功耗、低成本的集成芯片技术，产品附加值较低，以及通信模块的集成度、移

植性和功耗等方面技术还有待突破。因此，鹰潭市作为国内窄带物联网试点城市，还需把握国际物联网产业发展趋势，不断引进或借鉴国际上物联网的先进技术，对技术进行再创新。此外，还应从政策层面上，鼓励企业参与物联网研发与应用，支持物联网产业共性和支撑技术平台的建设，研发具有鹰潭自主知识产权的物联网标准体系和关键技术。

（二）经验借鉴

鹰潭市深化创新驱动发展，以 NB-IoT 发展为技术主线，推动产业结构调整，打造移动物联网先行示范区，构建极具特色的物联网产业集聚区，并在平台支撑、产业转型和应用牵引等方面积极探索，在全国率先启动了一大批国内领先的智慧应用项目。鹰潭市坚持先行先试，已为江西省乃至中国物联网产业发展积累了宝贵的经验。

网络先行。鹰潭市主动抢占 NB-IoT 标准发布的窗口期，率先启动窄带物联网试点城市建设实践，其所部署的网络在技术、速度、规模、服务等方面全国领先。目前，中国三大通信运营商在鹰潭建成开通的 NB-IoT 基站有近千个，让鹰潭实现了全球第一个建成三张 NB-IoT 全域网络覆盖的城市。

平台支撑。智慧城市的加快建设和物联网产业的加速发展，离不开功能完善的平台支撑。目前，鹰潭市积极建设在全国领先的移动物联网公共平台，并不断完善平台支撑体系，打造了移动物联网产业园区，成立了智慧新城及移动物联网展示中心和移动物联网创新创业孵化基地等公共平台，并联合江西省工信委等机构成立移动物联网产业联盟，培育和吸引了一大批国内物联网相关行业的龙头企业和科研机构集聚鹰潭。

应用牵引。创新还需应用牵引，鹰潭市积极推进 NB-IoT 在各行各业应用试点，抢占全国乃至全球应用的制高地。一是积极探索实现了多个全国首例应用，包括 NB-IoT 综合应用行政区、智能停车、智慧农业、智慧环境监测等应用。二是场景应用丰富多样，各种应用项目不断成熟，在城市管理、行业发展、企业转型、个人服务等方面开展实际试点应用场景。三是应用规模显著提升，成功将鹰潭打造成为全国首个全区域应用智能抄表的城市。

产业为基。不断引导本地企业积极采用物联网技术产业转型升级，加快本土企业智能化改造，并培育了一批国家、省级智能制造示范企业，一些企业通过物联网技术改造生产线，推动企业从传统制造企业向服务型企业转型发展。改善物联网产业发展生态环境，新引进物联网企业入驻鹰潭，新产业培育成效明显，并培育了一批在垂直领域应用和平台开发的国内龙头企业，打造物联网新技术、新业态、新模式和新产品，不断丰富和完善物联网产业生态体系。

政策保障。为加速形成鹰潭物联网全产业链发展新格局，鹰潭市制定出台了《加快推进物联网产业发展的意见》《智慧鹰潭建设行动计划》《鹰潭市大力发展物联网及智能终端产业若干政策措施》《鹰潭市全域发展引导基金设立与运作方案》及《鹰潭智慧新城顶层规划设计思路及工作方案》等多份政策文件，并积极争取国家和省级政策、项目和资金支持，吸引社会资本和人才引进，为智慧鹰潭的建设和促进物联网健康有序发展提供基础保障。

（三）路径选择

为抢抓发展关键"窗口期"，实现鹰潭市"到2020年构建良好物联网产业生态圈"的目标，鹰潭应结合本地的条件和环境，从以下几个方面入手，合理有序地推进"智慧新城"建设。

1. 基础设施先行，夯实发展基础

进一步加大物联网基础设施建设力度，继续优化NB-IoT网络覆盖，实现无盲区覆盖，促进鹰潭市城乡地区物联网协调发展，实现多重网络向更深度、广度覆盖。同时，积极运用新技术手段，加快建成全域覆盖鹰潭市的eMTC[①]网络，实现NB-IoT与eMTC网络协同发展。加快推动高速、开放、安全的新一代网络基础设施建设，着力推进光网络优化、无线提升、4G升级以及5G研发和商用。结合物联网和5G网络规划需求，保障通信管道、

---

① eMTC是物联网的应用场景，超可靠低时延，侧重点主要体现物与物之间的通信需求。

基站、机房等设施的建设用地、用电等需求，加强移动物联网网络架构研究，鼓励三大运营商等企业建设跨行业物联网接入和支撑平台；加快建设鹰潭智慧城市云平台，以及构建政务云平台等公共服务平台；加大数据中心、云计算中心等基础设施建设力度；加快物联网芯片、通信模块、基站等设备的升级和改造。统筹推进物联网产业核心园区规划，加快建设园区的高端写字楼、标准厂房等配套设施，多重利好吸引物联网企业入驻和投资。

2. 强化平台支撑，完善服务体系

依照国家级、省级公共平台建设标准要求，进一步夯实公共服务平台支撑能力，不断拓展和提升鹰潭物联网产业联盟、物联网研发中心等公共服务平台的功能，继续打造产学研一体化服务平台、载体建设，加快推进包括共性技术、产品研发、技术标准、应用评测等服务能力体系的建设。统筹协调推进鹰潭物联网产业公共服务体系建设，充分整合和利用各行业、各区域现有的物联网相关资源，探索建立多方参与、合作建设的公共服务平台，并推动平台发展市场化、专业化运营模式，形成资源共建共享、优势互补的公共服务平台体系。依托鹰潭已有的物联网研究中心、企业、大学科技园及创业园区等各类创新载体，整合和利用各类创新资源，支持建设物联网相关开源社区等公共创新平台，加速资源流动和共享开放机制建立。建立鹰潭物联网云平台，并汇聚政府、企业、个人等领域的数据资源，鼓励开展物联网大数据研发与应用。

3. 深化两化融合，推动产业升级

坚持以市场化为导向，以技术为核心推动力，深化"产学研"合作，加快应用以大数据、人工智能等新一代信息技术，着力优化调整产业结构，提升改造传统产业，推进企业两化融合。充分利用NB-IoT等技术，围绕集群化、高端化、特色化，全面提升改造"铜基新材料、大健康、绿色水工"三大鹰潭主导产业，全面实施对传统企业进行物联网化改造升级工程，推动产业集群式发展迈向中高端行列。支持和鼓励各地结合NB-IoT应用、创新创业和"智慧新城"推进工作，强化物联网行业与垂直行业的融合创新。加快推进物联网在工业中的应用，制定分地区的物联网工业应用实施指南，并结合物流、农业、能源、环保、养老等重要领域，组织实施物联网行业的重大应用示范工程，鼓励企业物联网集成创新和融合应用。推广NB-IoT在公共服务领域中的应用，结合"智慧新城"建设需求，加快发展物联网技术在城市管理、社会治理等领域的应用，不断提升公共服务水平。

4. 依托规模应用，加快服务创新

结合鹰潭地方发展实际和发展方向，以NB-IoT发展为技术主线，构建特色物联网产业，打造智慧示范应用，加快将鹰潭打造成为国内外极具特色的物联网产业发展集聚区。围绕产业集聚带，开展有鹰潭地方特色的物联网应用示范，拓展基于物联网应用的新技术、新模式和新业态，重点围绕城市管理、环境监测、节能环保等领域打造国内领先标杆应用。推动物联网在旅游服务业、智能制造业、现代物流业、医疗服务业、健康养老业等需求明显、前景广阔的重点服务业规模应用。推动物联网在传统行业的信息感知、企业决策和行业服务等环节的应用创新，全面提升大数据采集、数据处理和存储能力，推动传统业务模式和管理系统创新。支持发展基于NB-IoT的智慧物流，构建布局合理、技术先进、绿色高效的现代物流服务体系。鼓励社会资本投入物联网应用，推动商业模式创新，引导企业、用户、服务机构等实现多方共赢，提供可复制、可持续的成熟商业模式。

5. 优化产业布局，引导产业集聚

不断优化鹰潭市物联网产业规划布局，鼓励龙头企业加强物联网产业生态布局，支持提供第三方开发服务，从纵向上布局和完善物联网产业生态链，从横向上推动区域协同发展，破除政府、企业和不同区域之间的壁垒，构建产业发展的统筹互动、利益协调机制，实现各方资源有效联动，减少重复投资和资源浪费。扶持鹰潭本土特色和中小企业做强做大，带动物联网相关中小企业协同发展。加大产业环节培育、外部企业引进、创新能力提升等方面的引导力度。根据不同区域的信息化条件、产业基础以及市场需求，利用和整合有限有效的资源，培育物联网应用研发和运营企业，支持物联网核心共性技术和产业突破，形成具有鹰潭特色的产业集群，并辐射和带动周边地区物联网产业发展，同时加强与其他物联网产业集聚的省份区域交流合作，抓重点、有步骤地推进鹰潭市物联网产业的健康可持续发展。

参考文献

工业和信息化部：《关于全面推进移动物联网（NB-IoT）建设发展的通知》，中华人民共和国工业和信息化部官网，http：//www.miit.gov.cn，2017。

江西省政府办公厅：《江西省移动物联网发展规划（2017—2020年）》，江西省人民政府官网，http：//www.jiangxi.gov.cn，2018。

鹰潭市人民政府：《关于加快推进物联网产业发展的意见》，鹰潭市人民政府网站，http：//www.yingtan.gov.cn，2017。

王英敏：《NB-IoT发展现状研究》，《通讯世界》2017年第22期。

IUD中国领导决策案例研究中心：《鹰潭打造全国一流智慧新城》，《领导决策信息》2017年第35期。

翟鸿雁：《基于物联网关键技术的智慧城市研究》，《物联网技术》2015年第5期。

邓坚、陈艳芳：《基于NB-IoT网络的物联网技术及应用场景分析》，《江西通信科技》2017年第4期。

张晖、杨旻：《窄带物联网技术及行业发展趋势分析》，《经济研究导刊》2017年第32期。

朱禹涛：《物联网发展开启新浪潮——"鹰潭模式"驱动创新实践》，《人民邮电》2017年10月26日。

B.18
北京西长安街街道大数据社会治理创新模式

摘　要： 街道、社区是社会治理与公共服务的最前沿，是运用大数据技术解决群众困难的一线阵地。近年来，以北京市西城区西长安街街道为代表的基层政府积极探索新技术在促进社会治理创新和改善民生上的应用，建设了街道社会治理的大数据平台，促进管理工作与服务水平精细化、精准化与精致化，不仅满足了居民对美好生活的需求，同时也为基层治理创新探索了新思路。

关键词： 西长安街　街道大数据　共建共治共享　大数据社会治理

北京市西城区西长安街街道以治理体系和治理能力现代化基层破题为初心，依托新一代信息技术创新社会治理体系，提出"数聚"理念、打通业务系统平台，让"沉睡的数据"发挥更精准的治理效益。运用问题倒逼机制，在发现问题、解决问题中汇聚数据，形成了运用数据开展基层社会治理的范式。真正实现了让居民"少跑腿"、数据"多跑路"，为我国基层社会治理创新提供了非常有价值的借鉴和参考。

一　西长安街街道大数据社会治理创新的背景与意义

（一）顺应国家社会治理创新趋势

以大数据推动社会治理创新，是提升社会治理能力现代化的有效途径，是提高社会公共服务水平的重要抓手。习近平在党的十八届中共中央政治局第三十六次集体学习时指出,随着互联网特别是移动互联网发展,社会治理模式正在从单向管理转向双向互动,从线下转向线上线下融合,从单纯的政府监管向更加注重社会协同治理转变。要深刻认识互联网在国家管理和社会治理中的作用,要强化互联网思维,利用互联网扁平化、交互式、快捷性优势,推进政府决策科学化、社会治理精准化、公共服务高效化,用信息化手段更好感知社会态势、畅通沟通渠道、辅助决策施政。党的十九大报告将创新社会治理又提高到一个新的历史高度,把"现代社会治理格局基本形成,社会充满活力又和谐有序"作为2035年基本实现现代化的重要目标。

加快推进社会治理创新事关首都发展全局,特别是围绕疏解北京非首都功能、加快推进京津冀协同发展,在社会治理体制机制改革创新、社会服务体系完善、"大城市病"治理、社会协同参与、矛盾纠纷预防化解、虚拟社会治理、基层治理创新等方面,运用大数据推动社会治理创新发展具有重要的现实意义。为适应创新社会治理的新任务、新标准和新要求,北京市以社会治理体系和治理能力现代化建设为核心,出台了全国首个省级社会治理五年规划——《北京市"十三五"时期社会治理规划》,该规划是"十三五"时期北京市创新社会治理、深化社会体制改革、全面加强社会建设的发展蓝图和行动纲领。该规划提出要充分运用大数据与"互联网+"技术,加快推进社会治理创新,建立健全信息资源共享机制,扎实推进"网格化+"行动计划,实现社会服务更加精准、城市管理更加精细、社会治安防控更加精确。

中央和北京对社会治理创新的工作部署和要求,为西长安街运用大数据推动基层社会治理创新指明了明确的方向和具体的工作路径。随着我国大数据发展的政策环境和制度供给不断完善,大数据在促升级、强治理、惠民生方面的应用和效果日益深化。

(二)响应市区大数据工作部署

在京津冀大数据综合试验区建设全面启动后,京津冀三地共同发布了

《京津冀大数据综合试验区建设方案》，提出到2018年底，大数据要成为提升政府治理能力、推动产业升级的重要手段。京津冀区域内社会治理的精准性和有效性进一步提高。北京作为京津冀大数据核心示范区，应率先在数据资源管理、公共数据开放共享和大数据创新应用等方面进行探索试验。北京市西城区为贯彻落实北京市委、市政府提升社会治理体系和治理能力现代化建设的要求，2016年9月发布了《"十三五"时期智慧西城建设规划》，提出推进智慧政务体系建设，提高政府行政效能，推动电子政务应用由以内部流转为核心的管理业务应用向以市场监管、社会治理和公共服务为核心的互联网应用转变，充分利用社会化互联网服务资源拓展优化政务管理和服务，更好满足公众需求。2017年9月发布了《西城区关于推进大数据建设的实施意见》，坚持创新驱动原则，以解决群众反映强烈的问题为导向，推动大数据应用，创新公共安全、政府治理、城市运行、全响应社会治理等领域工作模式和体制机制，并从大数据工作体制机制、大数据标准规范和安全保障、大数据中心基础平台、大数据创新应用四个方面明确了推进大数据建设的主要任务。这都为大数据在西长安街街道的发展应用提供了组织保障和制度指引。

（三）解决街道现实困境的需要

随着城市管理体制改革的深化和城市管理重心的下移，街道社区在城市管理服务、凝聚居民群众、化解社会矛盾、构建和谐社区、推动城市经济社会发展中的作用越来越重要。西长安街街道地处首都政治核心区和功能核心区，是党中央、全国人大常委会、国务院的办公所在地，存在敏感部位多、流动人口多、老旧平房多的"三多"问题。在社会管理和发展转型阶段，在具体管理和服务中，存在群众诉求多样、社会矛盾多发、外来人口集聚、大城市病突出、工作统筹难、资源整合难等一系列问题。

面对各类社会风险隐患增多、社会矛盾叠加的严峻挑战，西长安街街道需统筹社会治安、城市管理、社会管理、社会服务工作，通过汇集包括共享单车、井盖分布等社会数据，针对城市管理的薄弱环节和突出问题精准发力，形成一整套系统高效的工作体系与工作机制。目前，西长安街借助大数据平台推进科学决策，构建起渣土堆积、井盖损坏、房屋漏雨、街面破损等十余项趋势预测模型，将问题解决在"爆发"之前。同时，通过移动数据平台的实时传输功能，定位街巷长、网格员的运动轨迹，合理引导划分应急、巡防任务，快速响应突发情况。

二 运用大数据实现社会治理创新的西长安街实践

西长安街街道结合工作实际，以北京市和西城区大数据发展建设要求为纲领，积极探索运用大数据实现社会治理创新路径。在其探索实践过程中，完善了大数据发展组织领导和工作规划等方面的制度安排，并以此为支撑，坚持以"红墙意识"和首位意识统领各项工作，率先打造升级版的基层社会治理大数据分析与应用平台。

（一）建设与数据治理相匹配的组织构架

党的十九大报告提出打造共建共治共享的社会治理格局，加强社会治理制度建设，完善党委领导、政府负责、社会协同、公众参与、法制保障的社会治理体制，提高社会治理社会化、法制化、智能化、专业化水平。西长安街街道在工作过程中，把运用大数据实现基层社会治理创新列为"一把手工程"，强化组织领导作用，创新体制机制建设。

在工作体制上，加大领导统筹力度，强化组织协调。街道于2016年正式组建数据中心工作领导小组。街道办事处书记、主任担任领导小组组长，统筹街道数据中心工作。副组长由街道副处级领导担任，辖区站队所等职能力量一把手会同街道20余个主要业务科室科长担任成员。领导小组设立常设机构即数据中心办公室，主管信息化的副主任分管负责，全响应办公室具体负责日常业务的运转（见表1）。

在工作推进机制上，完善工作调度机制，提供保障措施，推进工作落实。街道20个主要业务科室多次开展调度工作，在街道各类工作会上动员全体干部植入新时代大数据理念，号召各部门强化大数据运用于为民服务和城市管理的意识,共同开展全辖区网格信息化管理工作。以月为单位召开调度会、碰头会,给予数据中心常设办公室人员、经费、协调各方保障,助力提升工作。在业务中,力求打破思维局限,提高行政效能和便利群众,跳出原有数据局限寻求新的数据应用空间。

表1 数据中心职责分工

职务	职责
领导小组组长	明确街道数据中心发展方向,通过沟通与上级部门达成数据交换意向。负责动员街道全辖区配合街道数据中心开展信息化资源目录的梳理和数据的汇聚工作。树立在数据工作汇聚和应用方面取得重大进展的辖区部门典型,逐步形成可以复制的社会治理经验典型
领导小组副组长	按照街道数据中心领导小组提出的方向,动员科室、辖区职能部门,助力信息化资源目录的形成,业务数据的梳理和数据的应用
办公室	主管信息化的街道副主任担任。负责牵头全响应办公室作为数据中心常设办公室,开展数据中心日常工作。包括通过例会、调研,调动辖区科室按照街道数据中心建设要求,梳理数据,挖掘应用
办公室副主任	全响应办科长兼任数据管理工作负责人。负责带领全响应办公室梳理辖区数据资源情况,建立数据更新机制,建立数据安全管理机制,通过以信息化系统建设或政府购买服务等形式,将科室、部门的信息化需求,效能提升需求与街道掌握的数据相结合。做好与委办局、科信委等信息化相关部门的日常对接
成员	工委和行政办公室负责组织数据相关工作中各类会议、文件和沟通工作。 纪检监察负责对信息化项目建设立项、建设及效能发挥开展监督。 街道组织部、宣传部、武装部、综治办、维稳办、司法所、信访办、残联、计生办、社会办、民政科、劳动科、城管科、安办、住保办、公共服务科、西单办、西单中心、社保所、统计所、城管队等20余个科室,和西长安街派出所、西单派出所、大剧院派出所、工商所、食药所、房管所、卫生监督站指定专人根据各自主管业务梳理数据类别、数据指标解释、是否依托平台、与数据需求等情况。与街道数据中心办公室全响应办做好数据汇聚与应用工作对接

(二)确定基于"全响应"网格化网络的2.0规划路径

西城区作为北京市率先进行信息资源顶层设计的城区,在信息化建设和数据平台搭建方面规划实施较早。2013年通过"全响应"网格化平台建立起一个全面感知、快速传达、积极响应的社会服务管理体系。该体系涵盖了西城区所有街道，实现了全时空监控、全行业覆盖、全流程控制、全手段应对等高效能管理。在此背景下，西长安街街道建立了全响应办公室协调机制，并作为数据中心领导小组常设机构推进西长安街街道大数据建设。西长安街数据中心领导小组建立后，首先与近20家"互联网+"、大数据、信息化背景部门机构、公司、团体开展调研，其中不乏智库、军方团队、阿里、浪潮、贵州云数据链企业等等，学习大数据时代背景下新技术，接触新理念，交流新思路。紧密围绕街道"红墙意识"，探索网格信息化与当前时代背景和全市城市管理治理工作的交汇。厘清思路、汇聚人才、共谋方向，制定了街道层面运用数据汇聚助力基层社会治理的大数据发展方向，并设计了分步实施计划（见图1）。

1
2013~2015年末
逐步建立街道信息化基础

2
2016年8月至2017年3月
理清街道层面大数据架构

3
2017年4月至2018年
探索数据应用，开展数据服务

4
2018~2019年
探索智慧城市建设

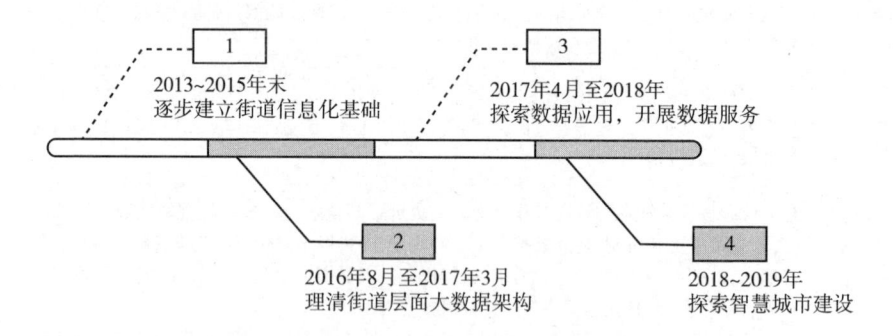

图1 西长安街街道运用大数据实现社会治理探索的规划路径

第一步：2013~2015年末，逐步建立街道信息化基础。通过信息资源普查形成街道各部门业务信息资源清单，并以此为基础依托政务网开展街道自有的数字红墙社会服务管理平台建设。构建2.5维GIS系统平台，并基于地理信息系统建立基础数据库，通过加载辖区人、地、物、事、组织等数据资源，助力网格社会服务管理创新工作。

第二步：2016年8月至2017年3月，理清街道层面大数据架构。通过数据工作推进会，以辖区网格化为依托，借助街道数字红墙社会服务管理平台建设，不断汇聚街道层面数据。

与西城区行政服务中心探讨建立"一窗式综合受理"模式，建立数据汇聚机制，以汇聚基层公共服务数据用于提升为民办事效率为目标，开展调研和试点。对街道5个社区公共服务站开展"一窗式综合受理"试点。对社区依托系统和不依托系统作为行政审批末端审核录入数据，开展公共服务数据建立的数据采集链路或机制，并以此补充完善数据中心以人口为核心的数据库结构。

第三步：2017年4月至2018年，探索数据应用，开展数据服务。建立街道信息化项目审批领导小组，严格信息化项目审批环节。建立以数据说话的工作机制和决策机制。

2017年做好主体系统数字红墙社会服务管理平台的等保备案和软件测评，计划于2018年提出申请将基于政务网平台汇聚的各类数据集中托管到区云平台，以确保各类政务数据安全。街道将在相关系统有计划地开展等级保护备案和软件测评后，托管到区信息中心的国际互联网云平台，寻求与政府相关为民服务互联网+数据的安全。

第四步：2018～2019年，探索智慧城市建设。围绕辖区民生关注热点，结合新技术升级原有微网格社会服务管理，更多地运用物联网服务于辖区民众和空气污染防范等领域，进一步挖掘业务数据共享助力工作效能提升。

（三）搭建"一平台两产品"大数据体系推动数据整合

社会管理数据资源较多，且广泛分散于各个部门和机构中，数据资源获取渠道复杂，因此，整合政务部门的数据资源，搭建大数据社会治理的统一数据资源整合平台尤为重要。西长安街街道以"一平台""两个产品"为核心，打造大数据服务2.0版，打通数据平台间的壁垒，将"政务网"上分散的数据合零为整，进而让"沉睡的数字"发挥更精准的治理效益，有效提升为群众服务的能力和水平，提升运用大数据推动基层社会治理的能力。

1. 一平台：数字红墙社会服务管理平台

"一平台"即基于政务网开发运行的数字红墙社会服务管理平台，也基于视频图像信息类、2.5维地理空间信息类、业务数据类"三类数据源"，是西长安街街道社会治理的大数据平台。平台架构由"一中心、三平台、四大应用系统"构成,即大数据中心、网格化管理平台、民生服务平台、互联网+政务服务平台、应急指挥系统、大数据分析系统、运行监控系统、绩效监察系统。整合辖区"人、地、事、物、组织"等基础数据和社会保障、就业服务、为老服务、爱心助残服务、人口计生服务等业务数据,以及科站队所的工作数据,开展大数据分析,实现在公共服务、应急响应、城市管理、辅助执法、风险管控等方面的积极应用。该平台可以最大限度复用以往街居公共服务办事数据,缩减过去烦琐的填表和数据录入过程,大大缩短居民等待时间,减少百姓前往政府办事次数,兑现"让信息多跑路,居民少跑腿"的承诺。

2. 两大产品:E动红墙APP和红墙长安公众号

"两大产品"即E动红墙APP和红墙长安公众号,构成基于政务网和互联网的两个网格化管理信息化应用子系统。E动红墙APP是西长安街街道在信息化办公的大趋势下,在2014年以信息化为抓手,搭建的一款电子政务交流平台。经三个阶段改进升级后,E动红墙APP集"我要办事""社区社工""考评系统""OA系统""工商管理""疏非治理""我有话说""生活圈""看新鲜事""菜价指数""参加活动""文明指数"十二大功能于一体(见表2),旨在延伸现有的民生信息发布平台。一方面,通过政务服务、信息公告及商家信息等内容实现便民服务。另一方面,通过随手拍照上报民意功能拓宽政务互动渠道,加大社会参与度,形成信息互通共享、行动协同联动的服务管理平台。"红墙长安"是西长安街街道注册和维护的微信公众号,可成为与辖区百姓便捷互动的有效通道。

表2 西长安街街道E动红墙APP主要模块及功能

序号	模块	主要功能
1	我要办事	为居民量身打造的办事服务模块,服务模块包含科室介绍、党群事务、民政事务、计生事务、社会事务、社保服务、便民服务、教育服务、房屋报修共九大类65项常用事项的办事信息,也有街道所有科室的职责与电话,支持关键字搜索与一键拨号,便于居民询问各类政策信息
2	社区社工	为居民监督社工为民服务而开发的评价模块。评价模块既可对社工日常工作进行满意度反馈,也可对社工工作提出意见,便于总结各类问题,开展专项社工职业素质培养

续表

序号	模块	主要功能
3	考评系统	为社工年度考核、民主测评而开发的模块。模块包含社区指导员、社区书记、社区站长、社工及居民代表对社工进行月评价考核。此模式最大限度保护评价人的信息,还原最真实有效的评价
4	OA 系统	辅助政府部门的日常信息化办公,极大地提高了政府部门的管理水平和工作效率。主要实现包括人员管理、会议管理、公文收发、财务管理、项目管理等完整的信息化办公功能
5	工商管理	用于归集、共享、预警各行政执法机关在依法履行职责过程中产生的企业监管信息的平台,平台的主要目的是转变监管理念,实现部门协同
6	疏非治理	利用楼门院长及时发现并上报外来人口,流管员得到第一手信息下户进行人员核实,疏解专员负责对外来人口进行劝解疏散,从而达到控制地区外来人口的数量及规模,疏非治理模块为地区安定和谐提供了信息化支持
7	我有话说	利用 E 动红墙应用系统的灵活性、广泛性、便利性等特点,从社区基层管理与服务的角度出发,开发与全响应数字红墙对接接口,将各口、各业务数据归集统一,实现多口上报,统一汇总,形成共享共用的大数据
8	生活圈	为百姓搭建一个智能社区服务平台,汇集了西长安街地区内餐饮、商场、娱乐、住宿等类别的商家信息,还为居民提供《北京通 – 养老助残卡》服务商信息
9	看新鲜事	汇集了街道新闻及长安时讯,及时将街道各类举报汇报给地区居民,使居民足不出户掌握街道的新鲜资讯
10	菜价指数	菜价指数模块反映百姓服务中心菜市场、府南菜市场、和平门菜市场、光明菜市场等菜市里的菜品价格近期指数,使居民的生活更方便直观,可足不出户查询菜价
11	参加活动	汇集了街道各类活动信息,也会定期公示有代表性的民意反馈情况,方便居民第一时间了解并及时参加活动,丰富多彩的活动,同时也为居民的生活带来了乐趣
12	文明指数	旨在发展和更系统的了解西长安街街道的文明水平,制定居民和出入人员的文明标准,实现文明指数采集和查看,有利于更充分更全面的了解西长安街的文明指数风向标和优缺点,从而根据不同的行为开展专项培训工作

资料来源:西长安街街道社会办。

三 创新成效

(一)社会管理精细化

西长安街街道通过构建大数据网格化监管体系,有效改进了粗放、模糊、经验式的管理模式，从细小处着手打造出精细化的管理体系。

在结构设计方面，西长安街实行了大、中、小、微的4级全响应管理模式。大网格即面向街道全区域建立的全范围管理模式，由街道工委办事处为统筹，各种专业力量为响应，辖区单位、人民群众积极参与的管理模式；中网格是针对辖区13个社区和西单商业街区建立以街道包片处级领导负总责，社区内各种专业力量积极响应，辖区单位、人民群众积极参与的管理模式；小网格是在中网格之下划分的71个社会服务管理网格（涵盖城市管理、综合治理和户籍人口管理等），实施"基础力量一员一格、专业力量一员多格、响应力量一格多员"的管理模式；微网格是以楼宇院落为基础单元，网格格长负总责，志愿者、积极分子参与的管理模式。

在数据管理方面，西长安街绘制出2.5维GIS地图，并对图内的每一处建筑都做了标记。这些标记包含四类基础信息，一是建筑物内居住的人员家庭情况；二是房屋自住、租赁和空置等居住情况；三是每个房间内的家庭人员构成情况；四是每个人员的基本信息，如姓名、年龄、学历、婚姻、身份证号等。

在保障机制方面，西长安街通过打造"三加强，一条质量控制闭环"，提升了基础数据采集能力水平。一方面，该街道加强了办事人员调度机制、终端配置与能力水平、微信QQ群搭建的沟通机制；另一方面通过质量控制闭环提升了所采集数据的质量水平。目前，辖区已组建了网格信息员92人，网格社工280人，楼门院长2000余人，形成社区网格员信息化录入，千名楼门院长负责搜集人员变动情况。

以真实案例来看，精细化管理确保了街道治理的时效性、准确性和治理范围的全覆盖。比如一次在西交民巷社区东新帘子胡同，有户空巢家庭的老人陷入手机诈骗中，正准备向犯罪集团转账，公安系统联系老人失效的情况下，立即通过电话和社区格长取得联系，然后社区书记和格长快速赶往现场干预，短时间内成功挽回了20多万元的损失。

（二）社会治理精准化

作为西城区率先以大数据理念推进基层社会治理的街道，西长安街的大数据建设与应用，可谓高起点规划，高标准落实，高质量推进，发挥了先行示范作用。

一是决策的精准化。西长安街借助 GIS 地图，对各类需求和问题进行更为直观的呈现，并通过构建多维度数据模型分析，支持决策的时效性和科学性。针对上学难的问题，西长安街将红墙社会服务管理平台实有人口和户籍人口数据与地理信息数据结合，以热力图等统计图表直观呈现辖区人口情况，辅助科学决策，预测未来两年内 0~3 岁幼儿入园需求、趋势和人数区间。面对辖区"千人大会"民众聚焦幼儿入托难问题，根据入托幼儿分布实际情况选址，与教委筹措建设新的幼儿园。

二是服务的精准化。西长安街在数字红墙上的基础上创建了政务服务模块，为群众提供一站式窗口服务，通过对政务数据关联应用，减少审批环节中重复多余的事项。比如申请"重度残疾人护理补贴"时，居民不用证明残疾人和低保身份，靠曾经申办过的数据沉积就能顺利提交申请，填写数据项减少 50%，受理时间缩减 39%。

三是监管的精准化。通过大数据可以预测城市问题密集出现的区域和时间，西长安街借此增加了多发地区的监察巡视工作，对破坏城市环境和景观的行为进行及时遏止。如贤孝里胡同游商烧烤店曾屡禁不止，街道相关部门在 2 日内利用移动网络布设监控，共享视频资源辅助执法部门监控执法，短时间予以成功取缔，结束了辖区城管部门 24 小时围追堵截靠人力地毯式开展执法的历史。此外，还在 2017 年助力大剧院周边黑车治理行动，取得较好的社会效益。

数字时代，经由对数据资源的关联分析，可有效实现科学决策、精准预测、便利服务以及全天候全区域监管，将社会管理作用的时间重心由事后前移至事前，作用的距离由最后的"一公里"压缩至"一米"。同时，西长安街的这些经验还可以由其他基层部门进一步学习创新，应用到排查违建、紧急救援、安全监管等更多领域。

（三）社会服务精致化

随着生活水平的提高，社会公众对社会服务的内容和质量提出了更高的需求。西长安街街道作为和百姓最贴近的基层单位，能够比其他级别的政府部门更能切身和直观地感受到人民群众的"痛点"。针对这些困扰和需求，西长安街借助大数据、人工智能等新技术，对传统的服务模式进行了全面升级。

在民生服务方面，西长安街通过对人口数据的分析监管，面向居民群众提供"极致服务"。如通过数字红墙管理系统，工作人员提前了解到可以申办老年证的人员情况，根据网格分布，给予信息提示提醒，根据需要还提供"送证上门"服务。目前这一服务已扩大到"四证三券"（四证是低保证、老年证、残疾证、残疾人一卡通；三券是理发券、洗浴券、煤气券）。安排网格员和街巷长开展"四证三券"上门行动，变"等民上门"为"送证上门"，提升街道居民的获得感。

在政务办理方面，西长安街街道研发了"街道综合业务受理平台"。将40项公共服务中的22项纳入平台，实施"一窗式"综合受理。以西交民巷社区为例，原来的5个工位减少到了2个，街道公共服务大厅的窗口由11个办事窗口减少为7个。通过启用"一窗式"综合受理模式和证照库数据复用，压缩业务办理时间。据测算，减少居民证照提交频次30%，压缩业务办理事件34%，减少填报数据项46%。以清洁能源核定业务办理为例，从以往的6分钟变为2分钟。

在法律执行方面，西长安街与工商局合作，将企业诚信监管系统植入街道执法人员的E动红墙APP中，多个执法部门工作人员通过登录APP的联合执法模块，可以获知其他部门的执法情况，形成执法信息共享。原来9个"大盖帽"难管一个小商小贩，现在通过执法信息叠加，各执法部门可以通过线上联合执法，一家发现问题，多家去配合，共同实施重拳打击非法经营的七小门店，在治理开墙打洞、疏非控人专项行动中发挥了积极的作用。

经由红墙平台、APP、微信号的收集整理，西长安街已积累沉淀了丰富的数据资源，通过在应用场景上的创新探索，让数据说话、管理、决策和创新成为现实，真正激活了"沉睡的数据"，为社会的生活提供了更为丰富而便利的服务，进一步满足了城市居民对美好生活的需求。

四 深化大数据应用，提升基层社会治理体系与治理能力的建议

从网格化监管体系到数字红墙社会服务管理平台，再到 E 动红墙 APP 与公众号，西长安街街道的实践经验为众多基层部门展示了大数据用于社会治理的丰富场景。同时，我们还应意识到数字时代下基层社会治理创新的可能性还不止于此，面对不断提高的经济社会发展水平和人民对美好生活的向往，基层政府应加强学习应用大数据，跟进树立新思维、挖掘新资源、对接新平台、拓展新模式，在保障和改善民生方面有更大作为。

（一）树立新思维，由经验决策变为数据决策

街道社区是数据获取、分析和应用的一线阵地，是运用大数据促进保障和改善民生的试验田，因此需要基层部门善于运用数据思维，提升带动政府决策科学化，具体包括以下几点建议。

一是学会运用科学的决策模式，要减少以往"拍脑袋"和"看个人"的经验决策，学习"用数据说话"和"用数据决策"。二是关注的重点由知识转移到数据。以往问题的解决依赖着知识的提炼和运用，解决问题的办法是"发现问题—抽样调查—运用相应知识解决问题"，然而大数据时代为问题解决的路径提供了新思路，即"数据反映问题—对全域数据分析—依据算法调配资源解决问题"。三是调度的对象由复杂的"人、地、物、事、组织"抽象简化为数据，并纳入统一的开放平台，增强社区管理的精准化与高效化。

（二）挖掘新资源，逐步实现数据的自治理

数据是万物的镜像反映，基层治理无外乎是对人、地、物、事、组织的管理，如果能将这些要素抽象为数据化的呈现，借助新一代信息技术，则能够实现以上数据资源的高效调配。在未来，仅靠数据分析、人工决策

的治理方式仍然是不够的，而是应该经由信息化、数据化、自流程化、融合化的步骤，进而实现数据分析、数据决策、数据调配资源的智能化治理模式。

第一步是信息化，即充分运用互联网、云计算和大数据技术，推动数据实现自动化采集、网络化传输、标准化处理和可视化运用。第二步是数据化，将社会资源数据化进行再分配和重组，例如针对全北京市的公房，可以做一个统计进行数据化，对这些资源进行配置，可以把房子租给附近的企业，政府可以根据企业税收给予相应的补贴，这样能够缓解交通拥堵，实现职住平衡，从根本上解决交通拥堵问题。第三步是自流程化，淘汰以往用人的思维去分析数据，改用数据技术去分析人的行为，把握人的规律，预测人的未来，实现数据的自动采集、自动分析、自动存储、自动推送，初步实现数据的自流程化。第四步是融合化，在技术、政府、线上线下、服务管理等不同层面，充分实现数据资源的跨界、融合、开放、共享，实现数据资源的解构与重构进一步产生新的潜在价值。

（三）对接新平台，构建五大系统完善社会治理体系

根据规划，中国即将在2018年建成全国统一的数据开放共享平台，这意味着以往的条块分割、孤岛林立的体制问题将在一定程度上得到解决。平台是数据聚集、反应、作用的空间场地，因此经由平台化的关联融合才能是海量数据资源发挥更多的潜在价值。打造大数据社会治理分析与应用创新平台，关键是要系统设计好决策、管理、服务、防控、评价五大系统，进一步建设完善数字化的社会治理体系。

一是街道的决策系统，将数据资源和模型计算用于支持决策中的问题识别、信息收集、对策生成、方案评估、追中反馈等流程，通过决策系统来实现科学决策功能；二是街道的管理系统，作为政府的派驻机构，街道应进一步理清自身的职能、构架及目标定位，并借助数据实现管理的透明化、流程化、标准化；三是街道的服务系统，结合区域定位和职责，为政府、企业、群众等不同对象提供相应的个性、准确的服务；四是街道的防控系统，包括

对各种风险点的预警、预案、预测、预防；五是街道的评价系统，为所有的社会治理成效、区域发展情况等进行考核评价的功能。

（四）拓展新模式，建设基层社会协同治理体系

数字社会中，新的社会公共产品层出不穷，公共服务的供给模式也产生了一系列变化。一方面，数据资源化带动了生产力生产水平的提升，公共服务产品供给方在单一的政府部门基础上，发展为更多的企业、组织和个人参与公共服务的供给中来；另一方面，技术的革新又将增强基层政府对治理过程的有效监控和调度，私营部门和社会团体的公共产品生产过程能够得到有效管理，以上这些都为社会协同治理体系的建立提供了可能。

其中，重点是要建立完善社会协同治理运行网络。在组织构架方面，应充分保障党的统一领导、基层政府统一负责、社会公众积极参与的协同机制；在交流沟通方面，要建立上下互通、多元及时的交流机制，疏通具体的意见和利益诉求的表达渠道；在监察监督方面，要落实各类政务和事务的公开，规范协同治理行为，提升社会协同的有效性。

参考文献

习近平：《在中共中央政治局就实施网络强国战略第三十六次集体学习讲话》，中国政府网，2016。

习近平：《在中国共产党第十九次全国代表大会上的报告》，中国政府网，2017。

中共北京市委办公厅、北京市人民政府办公厅：《北京市"十三五"时期社会治理规划》，北京市人民政府网站，2016。

北京市西城区科技和信息化委员会：《"十三五"时期智慧西城建设规划》，北京市西城区科技和信息化委员会网站，2016。

北京市西城区委、北京市西城区人民政府：《西城区关于推进大数据建设的实施意见》，北京市西城区人民政府网站，2017。

附　录
Appendix

B.19
大数据发展总览

本文对近一年来大数据发展情况进行梳理和完善，为研究分析大数据提供相应的参考依据。

国家战略

随着数据的与日俱增及其背后所隐藏的巨大价值，大数据正在成为信息时代发展的新潮流。各国近几年已经根据自身的大数据技术基础、市场基础、数据文化氛围，进行相应的大数据发展规划及相关政策的制定（见表1、表2）。

表1　世界各国大数据战略事件总览

地区	时间	战略事件
中国	2012年5月	召开以"网络数据科学与工程——一门新兴的交叉学科？"为主题的第424次香山科学会议
	2012年10月	中国计算机学会大数据专家委员会成立

续表

地区	时间	战略事件
中国	2012年12月	中关村大数据产业联盟成立
	2015年6月	国务院办公厅印发《关于运用大数据加强对市场主体服务和监管的若干意见》
	2015年9月	国务院印发《促进大数据发展行动纲要》
	2016年4月	促进大数据发展部际联席会议召开第一次会议
	2017年12月	中央政治局就实施国家大数据战略进行第二次集体学习
欧盟	2010年7月	德国发布《思想·创新·增长——德国2020高技术战略》
	2010年11月	德国发布《德国ICT战略:数字德国2015》
	2012年6月	英国政府发布《开放数据白皮书》
	2013年2月	法国发布《数字化路线图》
	2013年7月	欧盟推出《数据价值链战略计划》
	2013年10月	英国发布《英国数据能力发展战略规划》
	2013年11月	法国政府出台《八国集团开放数据宪章行动计划》
	2014年3月	欧盟议会通过了《个人数据保护规定》
	2014年5月	法国公布《开放数据发布指南》
	2014年8月	德国政府推出《数字议程2014—2017》
	2016年3月	英国设立政府数字服务咨询委员会
	2016年4月	欧盟议会通过《一般数据保护法案》,将于2018年5月25日生效
	2017年3月	英国政府正式出台《英国数字化战略》
美国	2009年	美国启动Data.gov网站
	2010年11月	美国政府发布《受控非密信息》13556号总统令
	2012年3月	美国政府发布《大数据研究和发展计划》
	2013年3月	美国发布《2012年美国信息共享与安全保证国家战略》
	2014年5月	美国总统行政办公室公布《大数据:把握机遇,守护价值》白皮书
	2015年6月	美国发布《受控非密信息保护指南》
	2016年2月	美国成立网络安全促进委员会
	2016年5月	美国发布《联邦大数据研究与开发战略计划》
日本	2013年6月	日本公布"创建最尖端IT国家宣言"
	2016年4月	日本发布利用人工智能(AI)和机器人等最新技术促进经济增长的"新产业结构蓝图"中期方案
澳大利亚	2013年5月	澳大利亚政府发布《国家云计算战略》
	2013年8月	澳大利亚政府信息管理办公室发布《公共服务大数据战略》
新加坡	2014年	新加坡政府发布《智慧国家2025计划》
	2015年8月	新加坡政府发布《2025资讯通信媒体发展蓝图》

注：以上为不完全统计，统计截止时间为2018年3月。
资料来源：根据政府公开资料整理。

表2 2017年以来新公布的大数据及相关领域政策文件

发文日期	发文单位	文件名称
2017年1月17日	工业和信息化部	信息通信行业发展规划(2016—2020年)
2017年1月17日	工业和信息化部	大数据产业发展规划(2016—2020年)
2017年5月18日	国务院办公厅	政务信息系统整合共享实施方案
2017年7月3日	国家发改委等	关于促进分享经济发展的指导性意见
2017年7月8日	国务院	新一代人工智能发展规划
2017年8月11日	工业和信息化部	工业控制系统信息安全防护能力评估工作管理办法
2017年10月13日	国务院办公厅	关于积极推进供应链创新与应用的指导意见
2017年10月31日	工业和信息化部	高端智能再制造行动计划(2018—2020年)
2017年11月19日	国务院	关于深化"互联网+先进制造业"发展工业互联网的指导意见
2017年11月23日	国务院办公厅	关于创建"中国制造2025"国家级示范区的通知
2017年11月26日	中共中央办公厅	推进互联网协议第六版(IPv6)规模部署行动计划
2017年12月14日	工业和信息化部	促进新一代人工智能产业发展三年行动计划(2018—2020年)
2017年12月29日	国家信标委等	信息安全技术个人信息安全规范
2018年1月31日	国务院	关于全面加强基础科学研究的若干意见

注：以上为不完全统计，统计时间为2017年1月至2018年3月。
资料来源：根据政府公开资料整理。

大数据发展

2017年，我国在大数据发展上取得一定程度的进步，数据开放共享呈现新格局，大数据融合应用进程加速，产业集聚程度进一步提高，为做大做强数字经济、带动传统产业转型升级提供了新动力。通过对监测事件的统计情况来看，北京、贵州、上海、浙江等地的大数据发展处于领先位置，各省份的发展水平存在一定的差距（见图1）。

政策体系

通过梳理有关大数据的政策法规发现，中央、各部委以及各省份对于大数据的政策指导范围逐渐向各细分领域延伸，物联网、云计算、人工智能与大数据的关系越走越近（见图2、表3、表4）。

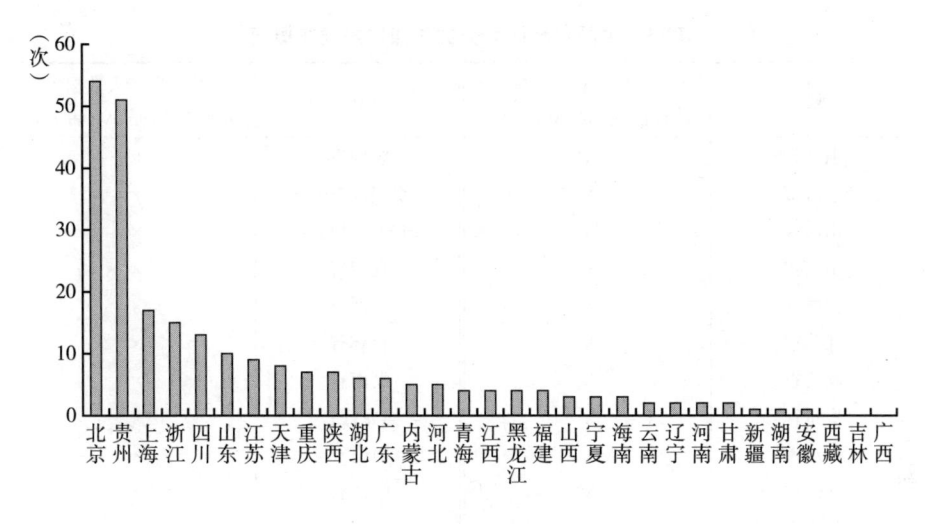

图 1　中国大数据事件次数统计

注：选取具有一定影响力事件进行统计，统计截止时间为 2018 年 3 月。

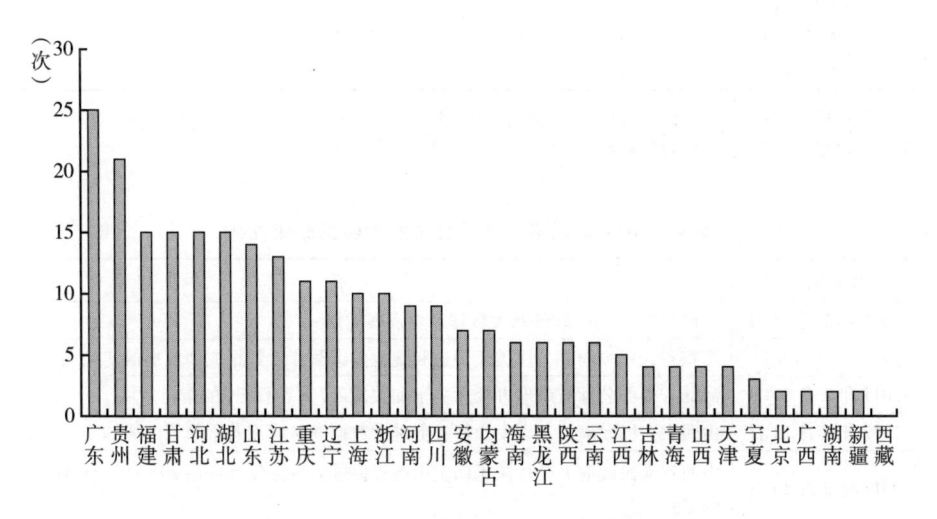

图 2　中国各地区大数据政策发布次数统计

注：以上为不完全统计，统计截止时间为 2018 年 3 月。
资料来源：根据公开资料整理。

表3　中国各地区大数据法律法规发布概况

地区	是否发布大数据法律法规(是:√,否×)	地区	是否发布大数据法律法规(是:√,否×)
浙江省	√	陕西省	×
上海市	√	宁夏回族自治区	×
山西省	√	内蒙古自治区	×
山东省	√	辽宁省	×
青海省	√	江西省	×
江苏省	√	吉林省	×
湖北省	√	湖南省	×
贵州省	√	黑龙江省	×
福建省	√	河南省	×
安徽省	√	河北省	×
重庆市	×	海南省	×
云南省	×	广西壮族自治区	×
新疆维吾尔自治区	×	广东省	×
西藏自治区	×	甘肃省	×
天津市	×	北京市	×
四川省	×		

注：以上为不完全统计，统计截止时间为2018年3月。
资料来源：根据公开资料整理。

表4　2017年以来各地区公布的大数据政策文本

发布时间	文件名称
2017年1月17日	安徽省"十三五"软件和大数据产业发展规划
2017年2月8日	广东省人民政府办公厅关于促进和规范健康医疗大数据应用发展的实施意见
2017年2月24日	河北省委办公厅省政府办公厅关于加快发展"大智移云"的指导意见
2017年3月13日	山西省人民政府关于印发山西省促进大数据发展应用若干政策的通知
2017年3月30日	山西省人民政府办公厅关于印发山西省促进大数据发展应用2017年行动计划的通知
2017年3月31日	海南省2017年促进大数据发展工作要点
2017年4月6日	广东省人民政府办公厅关于印发珠江三角洲国家大数据综合试验区建设实施方案的通知
2017年4月8日	河南省人民政府关于印发河南省推进国家大数据综合试验区建设实施方案的通知
2017年5月8日	青海省人民政府办公厅关于促进和规范健康医疗大数据应用发展的实施意见

续表

发布时间	文件名称
2017年5月11日	天津市人民政府办公厅关于印发天津市运用大数据加强对市场主体服务和监管实施方案的通知
2017年5月24日	贵州省大数据发展领导小组关于印发《大数据＋产业深度融合2017年行动计划》的通知
2017年6月23日	云南省人民政府办公厅关于重点行业和领域大数据开放开发工作的指导意见
2017年6月29日	内蒙古自治区人民政府办公厅关于印发2017年自治区大数据发展工作要点的通知
2017年7月5日	江西省人民政府办公厅关于印发江西省大数据发展行动计划的通知
2017年7月7日	沈阳市人民政府办公厅关于印发沈阳市2017年建设国家大数据综合试验区实施方案的通知
2017年7月18日	贵州省政府办公厅下发关于促进和规范健康医疗大数据应用发展的实施意见
2017年7月20日	山东省人民政府办公厅关于贯彻国办发〔2016〕47号文件促进和规范健康医疗大数据应用发展的实施意见
2017年9月8日	贵州省发展农业大数据助推脱贫攻坚三年行动方案(2017—2019年)
2017年10月25日	甘肃省工业和信息化委员会 甘肃省发展和改革委员会 中共甘肃省委网络安全和信息化领导小组办公室关于印发甘肃省促进大数据发展三年行动计划(2017—2019年)的通知
2017年12月4日	关于促进山东省大数据产业加快发展的意见
2017年12月5日	山东省人民政府办公厅关于成立省电子政务和大数据发展专项小组的通知
2017年12月19日	陕西省促进和规范健康医疗大数据应用发展实施方案
2018年1月4日	四川省发展和改革委员会 四川省经济和信息化委员会中共四川省委网络安全和信息化领导小组办公室关于印发四川省促进大数据发展工作方案的通知
2018年3月22日	广东省正式出台《广东省深化"互联网＋先进制造业"发展工业互联网的实施方案》和《广东省支持企业"上云上平台"加快发展工业互联网的若干扶持政策》

注：以上为不完全统计，统计时间为2017年1月至2018年3月。
资料来源：根据公开资料整理。

管理机制

大数据越来越多地被应用到政府日常管理中，全国多地已成立专门的大数据管理机构，负责研究拟订并组织实施大数据战略、规划和政策措施，引导和推动大数据研究和应用等方面工作（见表5、表6）。

表5　中国各地区大数据管理机构成立概况

地区	是否成立大数据管理机构(是:√,否:×)	地区	是否成立大数据管理机构(是:√,否:×)
内蒙古自治区	√	天津市	×
辽宁省	√	河北省	×
江苏省	√	山西省	×
浙江省	√	吉林省	×
安徽省	√	黑龙江省	×
山东省	√	上海市	×
河南省	√	福建省	×
湖北省	√	江西省	×
广东省	√	湖南省	×
四川省	√	广西壮族自治区	×
贵州省	√	海南省	×
云南省	√	重庆市	×
陕西省	√	西藏自治区	×
甘肃省	√	青海省	×
宁夏回族自治区	√	新疆维吾尔自治区	×
北京市	×		

注：以上为不完全统计，统计截止时间为2018年3月。
资料来源：根据公开资料整理。

表6　2017年以来各地区新成立的大数据管理机构

地区	大数据管理机构	成立时间
浙江省	杭州市数据资源管理局	2017年1月
湖北省	武汉市大数据管理局	2017年5月
广东省	阳江市大数据发展局	2017年6月
宁夏回族自治区	中卫市云计算和大数据发展服务局	2017年6月
河南省	禹州市大数据管理与发展促进局	2017年6月
甘肃省	酒泉市大数据管理局	2017年8月
浙江省	义乌市数据管理中心	2018年1月
广东省	深圳市龙岗区大数据管理局	2018年1月
江苏省	徐州市大数据管理局	2018年1月
云南省	昆明市大数据管理局	2018年3月

注：以上为不完全统计，统计时间为2017年1月至2018年3月。
资料来源：根据公开资料整理。

区域布局

自中国八大国家大数据综合试验区设立以来,各地区纷纷围绕综合试验区的发展前景出台相应政策措施。据公开媒体披露,目前,京津冀、珠江三角洲、河南、沈阳和内蒙古这5个地区已发布国家大数据综合试验区建设实施相关政策(见表7)。

表7 目前已公布的综合试验区建设实施的相关政策文本

地区	文件名称	发布时间
内蒙古	内蒙古国家大数据综合试验区建设实施方案	2016年11月4日
京津冀	京津冀大数据综合试验区建设方案	2016年12月22日
珠江三角洲	广东省人民政府办公厅关于印发珠江三角洲国家大数据综合试验区建设实施方案的通知	2017年4月6日
河南	河南省人民政府关于印发河南省推进国家大数据综合试验区建设实施方案的通知	2017年4月8日
沈阳	沈阳市人民政府办公厅关于印发沈阳市2017年建设国家大数据综合试验区实施方案的通知	2017年7月7日

注:以上为不完全统计,统计时间为2016年10月至2018年3月。
资料来源:根据公开资料整理。

开放平台

政府数据开放旨在促进政府治理和服务能力的提升,提高公共数据资源的开发利用水平。随着数据治理理念的逐渐渗透,我国数据开放平台数量逐渐增加(见表8)。

表8 各地区政府数据开放平台

地区	政府数据开放平台	成立时间
北京市	北京市政务数据资源网	2012年10月
上海市	上海市政府数据服务网	2014年6月
浙江省	浙江政务服务网	2014年6月

续表

地区	政府数据开放平台	成立时间
江苏省	无锡政府数据服务网	2014年7月
湖北省	武汉市政务公开数据服务网	2015年4月
浙江省	海曙区数据开放平台	2015年6月
山东省	青岛市政府数据开放网	2015年9月
宁夏回族自治区	宁夏电子政务公共云平台	2015年12月
重庆市	重庆市政府大数据平台	2015年
贵州省	贵州省政府数据开放平台	2016年9月
广东省	广州市政府数据统一开放平台	2016年10月
广东省	开放广东	2016年10月
广东省	深圳市政府数据开放平台	2016年11月
黑龙江省	哈尔滨市政府数据开放平台	2016年12月
广东省	数据东莞	2016年
贵州省	贵阳市政府数据开放平台	2017年1月
广东省	福田数据开放平台	2017年8月
江西省	江西省政府数据开放网站	2018年1月
山东省	济南市政府数据开放平台	2018年1月

注：以上为不完全统计，统计截止时间为2018年3月。
资料来源：根据公开资料整理。

交易平台

随着国家对大数据的推进力度进一步加大，各地为进一步发挥数据资源的增值作用，保护数据资源生产者、维护者的积极性，纷纷试点数据交易所的建设，推动形成数据资产交易市场。目前，我国广东、北京、贵州等地区建立了大数据交易平台（见表9、表10）。

表9 中国各地区大数据交易平台成立概况

地区	是否成立大数据交易平台(是:√,否:×)	地区	是否成立大数据交易平台(是:√,否:×)
北京市	√	黑龙江省	×
河北省	√	安徽省	×
吉林省	√	福建省	×

续表

地区	是否成立大数据交易平台(是:√,否:×)	地区	是否成立大数据交易平台(是:√,否:×)
上海市	√	江西省	×
江苏省	√	山东省	×
浙江省	√	湖南省	×
河南省	√	广西壮族自治区	×
湖北省	√	海南省	×
广东省	√	四川省	×
重庆市	√	云南省	×
贵州省	√	西藏自治区	×
陕西省	√	甘肃省	×
天津市	×	青海省	×
山西省	×	宁夏回族自治区	×
内蒙古自治区	×	新疆维吾尔自治区	×
辽宁省	×		

注：以上为不完全统计，统计截止时间为2018年3月。
资料来源：根据公开资料整理。

表10 各地区大数据交易平台

地区	大数据交易平台	成立时间
北京市	中关村数海大数据交易平台	2014年6月
北京市	北京大数据交易服务平台	2014年12月
贵州省	贵阳大数据交易所	2015年4月
贵州省	贵阳现代农业大数据交易中心	2015年5月
湖北省	东湖大数据交易所	2015年7月
湖北省	长江大数据交易所	2015年7月
陕西省	陕西省大数据交易所	2015年8月
陕西省	陕西"西咸新区大数据交易所"	2015年8月
湖北省	华中大数据交易所	2015年11月
江苏省	华东江苏大数据交易平台	2015年12月
河北省	河北京津冀数据交易中心	2015年12月
上海市	上海大数据交易中心	2016年1月
吉林省	浪潮四平大数据交易所	2016年4月
广东省	广州数据交易平台"广数Data hub"	2016年6月
浙江省	杭州钱塘大数据交易中心	2016年6月

续表

地区	大数据交易平台	成立时间
河南省	汝州市大数据交易所	2016年7月
山东省	青岛大数据交易中心	2017年4月
云南省	云南省物流联盟大数据交易中心	2017年7月
河南省	河南平原大数据交易中心	2017年11月

注：以上为不完全统计，统计截止时间为2018年3月。
资料来源：根据公开资料整理。

产业联盟

各地区积极引导建设以企业为主体，科研机构、高等院校、用户单位等共同参与的大数据产业联盟（见表11）。

表11 2017年以来新成立的大数据产业联盟

地区	大数据产业联盟	成立时间
北京市	国家大数据创新联盟	2017年5月
安徽省	合肥市大数据产业创新战略联盟	2017年6月
江西省	南昌大数据及信息技术产业联盟	2017年6月
贵州省	贵州大数据政产学研用联盟	2017年8月
安徽省	安徽省大数据产业联盟	2017年9月
宁夏回族自治区	银川大数据产业创新联盟	2017年9月
江苏省	长三角大数据产业联盟	2017年11月
江苏省	昆山市大数据产业联盟	2017年11月
北京市	工业大数据产业应用联盟	2017年12月
海南省	海南省大数据产业联盟	2017年12月
广东省	广东省空间规划大数据产业技术创新联盟	2017年12月
江西省	上饶市大数据技术与产业联盟	2018年3月

注：以上为不完全统计，统计时间为2017年1月至2018年3月。
资料来源：根据公开资料整理。

B.20
大数据大事记

2017年

2017年5月27日 贵阳区块链创新基金正式成立。该基金用于支持大数据及区块链相关企业发展，加快推进贵阳区块链发展和应用工作，是我国目前规模最大的区块链产业基金。

2017年6月5日 首届南昌国际区块链技术应用大会在湾里先锋军民融合创新小镇举行，会上进行了先锋区块链技术与应用研发中心授牌仪式，标志着国内首家区块链技术与应用研发中心在南昌市正式成立。

2017年6月7日 贵阳市人民政府办公厅印发《关于支持区块链发展和应用的若干政策措施（试行）》，从主体支持、平台支持、创新支持、金融支持、人才支持等方面制定政策措施落实区块链发展和应用，鼓励区块链相关企业或机构进行区块链应用创新，并给予重点倾斜支持及现金补助奖励。

2017年6月12日 最高人民检察院印发《检察大数据行动指南（2017—2020年）》。全国检察机关将依托大数据及智能语音等前沿科技，统筹利用以司法办案数据为核心的检察数据资源，建立检察大数据总体架构，营造大数据应用良好生态，打造"智慧检务"。

2017年6月13日 四川省国土资源厅与西南交通大学签署战略合作协议，双方将共建四川省国土资源大数据中心，以不动产登记信息为抓手，实现数据共享与分析，为国土管理提供决策思路。

2017年6月13日 宁波云医院在信息社会世界峰会（WSIS）上成功斩获全

球信息化领域最高级别奖项——2017年信息社会世界峰会WSIS"eHealth" Champion大奖。这是2017年我国唯一获此殊荣的项目。

2017年6月15日 "工业大数据应用技术国家工程实验室"揭牌仪式在工业互联网高峰论坛开幕式后举行，这标志着工业大数据应用技术国家工程实验室正式落户成都，是我国目前唯一一家工业大数据研究及产业化支撑机构。

2017年6月15日 北京交通发展研究院与中国电信在北京联合举办"数聚城市，云翼出行"城市交通出行大数据产品发布会。发布会上，双方签署了战略合作协议，成立城市与交通大数据联合实验室，合力打造未来交通大数据生态圈。

2017年6月16日 贵阳·贵安国家级互联网骨干直联点建成开通，贵阳·贵安正式跻身于全国13大互联网顶层节点，彻底改变了贵州省互联网流量经北上广及重庆绕转的格局，在贵州信息通信发展史上具有里程碑意义。

2017年6月16日 贵阳市交通委员会"数据铁笼"大数据平台正式上线。贵阳市交通堵点数据，将实时推送至"数据铁笼"大数据平台上，形成交通治堵综合考评的工作机制。

2017年6月18日 福建农林大学举办协同创新平台揭牌暨社会服务签约仪式。会上宣布国内首家农林大数据研究院成立。

2017年6月26日 中央全面深化改革领导小组第三十六次会议审议通过了《关于设立杭州互联网法院的方案》，批准设立杭州互联网法院，中国首家互联网法院将落户杭州。

2017年6月26日 据《贵州日报》报道，全国首个"生态损益大数据平台"项目日前落户贵阳市观山湖区。将在2018年正式投入使用，届时将成为全国第一个通过IT工具实时协同、具备系统性生态管理能力的动态管理平台，为生态系统管理提供可量化、可监管、可预测的一整套工作机制与体系。

2017年6月27日 中国国家大数据（贵州）综合试验区印度推介会在

班加罗尔举行。会上双方表示将携手实现优势互补、共同发展、合作共赢，开创大数据时代美好未来。

2017年6月29～30日 首届世界智能大会在天津成功举办。此次大会以"迈向大智能时代"为主题，深入对话和交流，共享产业创新合作成就，探讨智能科技前沿趋势，展望智能科技产业发展，谋划智能社会未来愿景。

2017年6月30日 据光明网报道，日前，经报请宁夏回族自治区编委批准，中卫市编委印发了《中卫市云计算和大数据发展服务局机构编制方案》，标志着该市云计算和大数据发展服务局正式设立，这是除成都、沈阳、广州、兰州等省会城市外的全国首家地级市大数据管理机构。

2017年7月 爱沙尼亚政府与卢森堡签署相关协议。将在卢森堡设立世界首座数据大使馆，于2018年初正式启用。

2017年7月3日 国家发展改革委、中央网信办、工业和信息化部、人力资源社会保障部、税务总局、工商总局、质检总局、国家统计局等八部门联合印发《关于促进分享经济发展的指导性意见》，为支持和引导分享经济健康有序发展提供了政策遵循。

2017年7月7日 工业和信息化部、国资委、国家标准委联合印发《关于深入推进信息化和工业化融合管理体系的指导意见》，明确了系统推进两化融合管理体系标准建设和推广工作的指导思想、工作目标、重点任务和保障措施。

2017年7月7日 沈阳市人民政府办公厅印发《2017年沈阳市建设国家大数据综合试验区实施方案》。以探索形成若干可复制、能推广的标志性成果为目标，明确了建设区域云中心、开展大数据流通试验、壮大3个大数据产业集聚区、构建工业互联网生态体系、探索建设智慧城市群等一系列创新性举措。

2017年7月11日 杭州市人民政府办公厅印发《"数字杭州"（"新型智慧杭州"一期）发展规划》，此《规划》明确，杭州将在"数字中国""数字浙江2.0"建设的基础上，使数字杭州编织的"网"更广。

2017年7月12日 云上贵州公司正式成为苹果公司在中国大陆运营

iCloud 服务的唯一合作伙伴，这是苹果公司在中国规划建设的第一个数据中心，全部采用绿色可再生能源供电，将成为中国第一个 100% 使用可再生能源的数据中心。

2017 年 7 月 12 日 河南省首个智慧环保大数据平台在汝州市落成。此平台数据可实现共享，气象、水利、交通、工信、农业、林业等部门都可以参考环境相关信息，形成汝州市生态环境信息数据库。

2017 年 7 月 13 日 内蒙古自治区大数据与云计算标准化技术委员会成立大会在呼和浩特市召开。

2017 年 7 月 20 日 国务院印发《新一代人工智能发展规划》，提出了面向 2030 年我国新一代人工智能发展的指导思想、战略目标、重点任务和保障措施，部署构筑我国人工智能发展的先发优势，加快建设创新型国家和世界科技强国。

2017 年 7 月 31 日 国家发展和改革委员会印发《"十三五"国家政务信息化工程建设规划》。此规划提出了"十三五"政务信息化发展的新要求，对国家重大政务信息化工程建设进行了系统性设计，标志着我国政务信息化迈入了创新发展的新阶段。

2017 年 8 月 11 日 工业和信息化部印发《工业控制系统信息安全防护能力评估工作管理办法》，旨在规范工控安全防护能力评估工作，切实提升工控安全防护水平。

2017 年 8 月 15 日 北京大学数字中国研究院与成都大旗软件有限公司就数字技术，金融与旅游产业密切互动、相生共赢的高端平台等多个方面达成深度战略合作协议，并在北京举行了"中国旅游大数据工程中心"成立签约仪式。

2017 年 8 月 18 日 国家大数据发展专家咨询委员会秘书处（国家信息中心）在北京召开专家评审会，贵州省制定的国内首个云工程评估规范《贵州省云工程综合评价指标体系》顺利通过评审。

2017 年 8 月 24 日 国家发展改革委印发《"十三五"国家政务信息化工程建设规划》，将大力加强统筹整合和共享共用，统筹构建一体整合大平台、共享共用大数据、协同联动大系统，推进解决互联互通难、信息共享难、业务协同难的问题，将"大平台、大数据、大系统"作为较长一个时期指导我国政务信息化建设的发展蓝图。

2017年8月24日 国务院发布《关于进一步扩大和升级信息消费持续释放内需潜力的指导意见》，部署进一步扩大和升级信息消费，充分释放内需潜力，壮大经济发展内生动力。

2017年8月25日 中国首个高校区块链研究实验室在北京成立。北邮区块链实验室由区块链通（北京）科技有限公司联合北京邮电大学成立，为国内专门面向区块链研究的高校实验室，全称"北邮－区块链通－联合实验室"。区块链技术如何在5G时代更好地获得应用，将是实验室今后主要的研究方向。

2017年8月26日 中国管理科学学会大数据管理专委会、国务院发展研究中心产业互联网课题组、社会科学文献出版社共同举办的《大数据应用蓝皮书：中国大数据应用发展报告No.1（2017）》发布会在北京举行。该书是国内首本研究大数据应用的蓝皮书。

2017年8月28日 全国首个"数字公民"试点在福州市鼓楼区启动，"数字公民"联合实验室同时揭牌。"数字公民"通过给每位公民一个数字身份，方便公民获取个性化、智慧化精准服务，有助于政府提高公共服务的精准度与实效性，推动社会治理向精细化、智慧化转变。

2017年8月29日 中国科学院计算机网络信息中心与用友集团旗下的北京用友政务软件有限公司宣布共同创立"管理大数据研究院"，旨在推进在管理信息化和大数据分析领域的前沿技术研发和战略合作。

2017年8月30日 贵阳市政府携手中国人工智能产业创新联盟、英特尔在北京正式签署《人工智能开放平台战略合作备忘录》，该备忘录是人工智能领域将企业和行业应用嫁接到地方平台的首次尝试。

2017年9月11日 银川大数据产业创新联盟揭牌仪式暨银川市大数据产业创新论坛在银川举行。银川大数据产业创新联盟，是全区首个大数据产业联盟。

2017 年 9 月 12 日　在攀枝花芒果品牌发布推介会上，神州土地发布了"攀枝花芒果大数据平台"。作为全国首个单品大数据平台，能够为其品牌的打造和价值提升提供有力支撑，在实现价值最大化的同时，还将以更精准的方式远销世界各地，成长为在全球有竞争力的品牌。

2017 年 9 月 13 日　中国种业大数据平台正式上线。该平台由农业部种子管理局、全国农业技术推广服务中心、农业部科技发展中心、中国农业科学院信息研究所共同打造。

2017 年 9 月 14 日　据昆明信息港报道，中国西部首个量子政务平台——昆明高新区量子政务网已建成运行。该平台在世界上首次采用了量子通信与可信计算技术，为下一步涉密信息和文件的处理、传输奠定了基础。实现了高新区各组成部门之间的不可窃听、不可破译、不可复制的高保密、高效率的网络通信，提高了高新区电子政务网络与信息安全防护水平。

2017 年 9 月 19 日　贵州省人民政府办公厅印发《贵州省发展农业大数据助推脱贫攻坚三年行动方案（2017—2019 年）》，旨在利用大数据助力大扶贫，建立全省农业产业脱贫攻坚大数据平台，为农业供给侧结构性改革、贫困县与对口帮扶城市产销对接和农产品"泉涌"提供数据基础，积极探索农业大数据助推脱贫攻坚的新路子。

2017 年 9 月 22 日　重庆市首个大数据智能研究院——重庆邮电大学大数据智能研究院正式揭牌成立。该研究院将聚焦国际前沿技术，开展大数据智能理论及应用技术研究，力争成为大数据智能领域的高水平研究平台。

2017 年 9 月 22 日　国家发展和改革委员会城市和小城镇改革发展中心在第三届中国智慧城市国际创新大会上首次发布了《中国城市治理智慧化水平评估报告》。此次评估主要依据国家新型城镇化发展规划相关政策文件，从城市治理角度对城市智慧化发展做出数据分析与研究。

2017 年 9 月 25 日　贵阳市"链上清镇·智惠城乡"诚信共享平台发布，该平台旨在运用身份链、数字钱包等技术，进一步提升清镇市诚信体系建设水平。

2017 年 9 月 26 日　江苏省政府办公厅出台《江苏省政务信息系统整合

共享工作实施方案》，以最大程度便企利民、让企业和群众少跑腿好办事不添堵为目标，江苏将加快建设全省统一的"大平台、大数据、大系统"。

2017年10月6日 所有欧盟成员国及欧洲自由贸易联盟国家在爱沙尼亚首都塔林举行的部长级会议上，签署《塔林电子政府宣言》，共同承诺将采取措施为公民提供高质量、以用户为中心的数字化公共服务，并为企业提供无缝的跨境公共服务。

2017年10月27日 医疗大数据应用技术国家工程实验室在北京解放军总医院成立。该实验室系国内首家医疗大数据应用创新研发平台。

2017年11月2日 教育大数据应用技术国家工程实验室在华中师范大学正式启动。该工程实验室是中国首个面向教育行业、专门从事教育大数据研究和应用创新的国家工程实验室，也是国家发展和改革委员会首次在教育行业设立的大数据实验室，主要涉及数据科技、数据科学与教育领域的融合。

2017年11月7日 提升政府治理能力大数据应用技术国家工程实验室在上海举办"2017~2018年度开放基金项目发布"发布会。作为全国首个大数据国家工程实验室开放基金项目，主要以"重点支持项目""开放创新研究及应用项目"和"政策理论研究项目"的形式予以资助。

2017年11月8日 由中国电子信息产业发展研究院联合区块链上下游企业以及高校、科研院等多家单位共同发起的非营利性的社会组织——中国区块链生态联盟正式成立，是目前国内首家获得行业主管部门认可的区块链生态联盟。

2017年11月9日 工业和信息化部印发《高端智能再制造行动计划（2018—2020年）》，提出到2020年，发布50项高端智能再制造管理、技术、装备及评价等标准；初步建立可复制推广的再制造产品应用市场化机制；推动建立100家高端智能再制造示范企业、技术研发中心、服务企业、信息服务平台、产业集聚区等，带动我国再制造产业规模达到2000亿元。

2017年11月13日 随着山西转型综合改革示范区管委会"智慧政务服务平台"建设合同（协议）的签署，标志着山西转型综合改革示范区管委会"智慧政务服务平台"建设正式启动。

2017年11月18日 乌干达驻华大使克里斯普斯·基永加宣布《乌干达区块链金融发展规划》启动。对于整个区块链行业发展来说,这是具有划时代意义的举措。乌干达区块链金融发展规划的出炉是全球首个主权国家政府布局区块链金融规划。同时,这也意味着主权国家的入场与认可。

2017年11月21日 国家发改委办公厅印发《关于组织实施2018年新一代信息基础设施建设工程的通知》。通知指出,加快推进"宽带中国"战略实施,有效支撑网络强国、数字中国建设和数字经济发展,2018年,国家发展改革委将继续组织实施新一代信息基础设建设工程。

2017年11月22日 贵阳市委、贵阳市人民政府出台《关于加快建成"中国数谷"的实施意见》。意见提出,到2020年,基本建成具有影响力的"中国数谷",贵阳成为全国大数据创新策源地。

2017年11月23日 国务院办公厅印发《关于创建"中国制造2025"国家级示范区的通知》,对"中国制造2025"国家级示范区创建工作进行全面部署。

2017年11月28日 我国首个大数据安全工程研究中心——贵州大数据安全工程研究中心在贵阳市经济技术开发区成立。该中心将围绕国家大数据技术安全战略需要,整合大数据安全技术领域资源,为推动我国大数据安全体系建设发挥重要作用。

2017年11月29日 第四届世界互联网大会承办工作委员会召开新闻发布会,宣布"智慧乌镇"物联网平台正式启用。

2017年11月30日 中国司法大数据服务网正式上线。主要提供专题深度研究、司法知识服务、涉诉信息服务、类案智能推送、智能诉讼评估、司法数据分析等六类服务。

2017年11月30日 苏州市政府门户网站政府数据开放平台上线试运行,共计开放138个数据集,涉及医疗健康、社会保障、食品药品安全、安全生产、价格监督、信用体系、城乡建设、社区治理、生态环保、政务服务、经济建设、教育科研等15个领域。这是苏州市首次面向社会集中、免费开放政府数据资源。

2017年12月 国家批复《贵州建设社会信用体系与大数据融合发展试点省实施方案》、《河南建设社会信用体系与大数据融合发展试点省实施方案》，贵州、河南成为全国首批获得批复的两个省份。

2017年12月4日 据搜狐网报道，日前江西省工业和信息化委员会批复上饶市工业和信息化委员会同意授予上饶高铁经济试验区江西省大数据产业基地称号，成为江西省唯一的省级大数据产业基地。

2017年12月13日 数字阿克苏地理空间数据服务平台建设项目通过审核，正式立项，这是新疆首个地区级地理空间大数据建设项目。

2017年12月13日 谷歌Cloud人工智能和机器学习首席科学家李飞飞在谷歌开发者大会上宣布，Google AI中国中心（Google AI China Center）于北京正式成立。

2017年12月14日 工业和信息化部印发了《促进新一代人工智能产业发展三年行动计划（2018—2020年）》，提出力争到2020年，实现"人工智能重点产品规模化发展、人工智能整体核心基础能力显著增强、智能制造深化发展、人工智能产业支撑体系基本建立"的目标。

2017年12月15日 由中国电力科学研究院有限公司组织建设的卫星大数据应用平台正式上线运行，成为国内首个面向电力行业的卫星大数据应用平台。

2017年12月17日 国家统计局与贵州省人民政府在京签署共办大数据统计学院战略合作协议。

2017年12月19日 国内首个数据安全规划——《杭州市数据安全保障体系规划（2018—2020）》顺利通过专家评审。

2017年12月20日 综合交通大数据应用技术国家工程实验室贵阳研发中心在贵阳货车帮科技有限公司智慧物流示范园揭牌。此实验室由国家发展改革委批准成立、是全国13个大数据国家工程实验室中唯一涉足交通领域的实验室。

2017年12月21日 哈尔滨工程大学电子政务建模仿真国家工程实验

室建设项目顺利通过工业和信息化部规划司专家组现场竣工验收，标志着学校第三个国家级实验室正式投入运行。

2017年12月21日 据中国信息产业网报道，俄罗斯最大银行Sberbank与政府合作，用区块链转移和保存文件，成为全球首个区块链真实应用案例，使得该国在技术实施方面领先全球。

2017年12月25日 国家信息中心与贵州省共同签署《国家电子政务云数据中心南方节点战略合作协议》，标志着国家电子政务云数据中心南方节点正式落户贵州，成为国家电子政务云数据中心体系（试点示范）建设项目第一个签约建设的国家级骨干节点，是南部地区唯一的国家级电子政务云骨干节点和政务数据汇聚基地。

2017年12月26日 新华社在成都发布中国第一个媒体人工智能平台——"媒体大脑"，向海内外媒体提供服务，探索大数据时代媒介形态和传播方式的未来。

2017年12月28日 内蒙古自治区人民政府办公厅印发《内蒙古自治区大数据发展总体规划（2017—2020年）》，提出到2020年，形成技术先进、共享开放、应用广泛、产业繁荣、保障有力的大数据发展格局，大数据及其相关产业产值超过1000亿元，年均复合增长率超过25%。

2017年12月29日 工业和信息化部印发《工业控制系统信息安全行动计划（2018—2020年）》，提出到2020年，全系统工控安全管理工作体系基本建立，全社会工控安全意识明显增强。建成全国在线监测网络，应急资源库，仿真测试、信息共享、信息通报平台（一网一库三平台），态势感知、安全防护、应急处置能力显著提升。

2018年

2018年1月8日 中国首个新能源大数据创新平台——青海新能源大数据创新平台正式运营。该平台具备功率预测、设备健康管理、电站运营托管、金融服务等多项线上技术服务能力，将立足于为政府、企业提供覆盖新能源规划、设计、建设等全产业链服务。

2018年1月16日 中国信息通信研究院打造的"共享单车监管平台"正式发布并面向政府部门和企业开放,这是全国首个共享单车大数据管理平台。该平台将帮助各地政府部门全面提升共享单车智能化、精细化管理能力,促进共享单车行业健康有序发展。

2018年1月17日 广东省唯一工业互联网产业示范基地在黄埔区广州开发区正式启动。标志着广东省在互联网、大数据、人工智能和实体经济深度融合上跨出一大步。

2018年1月17日 《河北省信息化发展"十三五"规划》公布,提到河北省将与京津共同建设大数据产业综合试验区,主要涉及河北省的石家庄、张家口、廊坊、承德、秦皇岛5市,其中石家庄将在金融、健康、教育和电子商务等领域开展大数据应用示范。

2018年1月18日 在贵州贵安新区举行的政产学研大数据融合应用(贵州)研讨会上,由贵州省政府与中国知网联合打造的"贵州大数据智库平台"正式发布。这一平台将推进政府管理和社会治理模式创新。

2018年1月18日 我国首个气候大数据服务平台"气候通"在北京发布并启用。"气候通"包括气候网格、气候资源、气候灾害、气候风险、气候变化、气候大数据和气候智库7大模块,针对不同需求提供可视化气候信息。

2018年1月18日 由国家信息中心"一带一路"外贸大数据研究所自主研发的"全球贸易观察"(Global Trade Flow)大数据系统(2.0版)在辽宁大连上线。该系统可提供全球129个国家和地区货物贸易进出口数据,并能实时在线查询分析数据变化。

2018年1月19日 由上海海关与中国远洋海运集团有限公司和上海国际港务(集团)股份有限公司合作的跨境贸易管理大数据平台建设正式启动。

2018年1月22日 内蒙古大数据产业联合会在呼和浩特市成立。联合会首个重点项目"航天牧兰全农产业链O2O大数据云平台"于当日正式对外发布。

2018年1月25日 在ITU-TSG20（国际电信联盟物联网和智慧城市研究组）WP1全会上，中国信息通信研究院与中国联通联合主导的《IoT requirements for Edge computing》国际标准项目成功立项，这是ITU-T在物联网领域的首个边缘计算立项。

2018年1月25日 "杭州旅游数据在线"正式上线，该平台是全国首个旅游大数据公共服务平台，由杭州旅游委员会与中国旅游研究院合作建设的杭州旅游经济实验室打造。

2018年1月29日 陕西省电子政务2.0正式开通上线，为建立健全陕西电子政务工作统筹推进机制、提高基础设施集约化水平、促进政务信息资源共享、推动"互联网+政务服务"、推进电子文件在重点领域规范应用提供了重要支撑，为国家开展电子政务综合试点方案提供了陕西方案和陕西模式。

2018年1月31日 国务院印发《关于全面加强基础科学研究的若干意见》，对全面加强基础科学研究做出部署。

2018年2月7日 贵州省人民政府正式印发了《贵州省实施"万企融合"大行动 打好"数字经济"攻坚战方案》，全面部署贵州省大数据与实体经济深度融合。

2018年2月9日 黑龙江省人民政府办公厅印发《黑龙江省人工智能产业三年专项行动计划（2018—2020年）》专项行动计划，将加强人工智能创新能力建设、推动人工智能产业化、优化产业发展生态环境。

2018年2月11日 重庆市正式开通党风政风监督大数据平台，为全市监督执纪工作插上了科技的翅膀。

2018年2月13日 据搜狐网报道，日前，中国正式启动了卫星物联网计划，这个由中科院西安光学精密机械研究所投资孵化企业九天微星领衔的计划，标志着我国开始了商业航天模式的新探索。

2018年2月22日 中科院量子信息与量子科技创新研究院与阿里云宣布，在超导量子计算方向发布11比特的云接入超导量子计算服务。这是继

IBM后全球第二家向公众提供10比特以上量子计算云服务的系统。该服务已在量子计算云平台上线，在云端实现了经典计算仿真环境与真实量子处理器的完整后端体验。

2018年2月22日　上海市在徐汇区尝试优化营商环境的新途径，启用"人工智能首席服务官"新"岗位"，推出政府服务的"智能模式"，在政务服务中应用人工智能技术提升服务水平。

2018年2月26日　中国移动在世界移动通信大会上首次发布了5G核心网预商用产品样机测试成果，宣布将在政府的指导下建设世界上规模最大的5G试验网，并正式公布了2018年5G规模实验计划。

2018年2月27日　在西班牙巴塞罗那举行的世界移动通信大会上，中国移动、美国AT&T、德国电信、日本NTT DOCOMO以及法国Orange等五家电信运营企业宣布联合成立ORAN联盟，旨在将下一代无线通信网络的开放性提升到新的水平。

2018年3月1日　美国专利和商标局（USPTO）公布了美国零售巨头沃尔玛（Walmart）对其"智能包裹"系统的专利申请。

2018年3月1日　成都市经信委、市新经济委、市发改委、市科技局、市大数据和电子政务办联合印发《成都市推进数字经济发展实施方案》。它的出台，标志着成都将在数字经济领域多举措发力，培育催生新的经济增长点，奋力促进产业转型、消费升级和民生改善。

2018年3月1日　美国战略和国际研究中心（CSIS）发布了《美国机器智能国家战略》，针对机器智能（MI）在国防、教育、医疗保健和经济方面的应用提出了指导原则。

2018年3月3日　由内蒙古和林格尔新区管委会和国信优易数据有限公司共同发起成立的全国首个官方授权的数据资产评估中心——内蒙古（和林格尔新区）数据资产评估中心在北京揭牌并举行新闻发布会。该中心的成立将填补内蒙古自治区数据资产评估领域的空白，为内蒙古自治区、我国北方地区数据资产的流通、开发和使用奠定了基础。

2018年3月6日　贵阳市创建"人像大数据"系统，全面提升政府社会治理能力，提高智慧城市管理水平。

2018年3月6日 南京大学正式成立人工智能学院。该学院的成立旨在顺应国家的科技发展战略，契合产业的发展需要，充分发挥南京大学在人工智能方向上学科发展和人才培养优势，形成高端人才积聚效应，探索智能产业产学研合作的新模式，为促进中国在新一轮国际竞争中处于优势地位做出重要贡献。

2018年3月6日 承德市政府与北京热力集团、北京供销大数据集团签署战略合作协议，共同建设"承德市智慧供热云服务平台项目"。这一项目将建立全国首个供热行业大数据中心，打造全国首个基于供热大数据的行业监管省级平台，以及搭建全国首个供热行业大数据模型。

2018年3月9日 据华龙网－重庆日报报道，重庆建设精准扶贫大数据平台，为扶贫工作提供矢量电子地图、影像电子地图等基础数据及18个深度贫困乡镇的基础地理数据及规划数据。

2018年3月13日 中科曙光研发的TPCxT－BB在TPC官网发布，是全球大数据查询速度最快、性价比最高的服务器，标志着曙光服务器在产品成熟度、服务器国际标准化进程中迈出了具有里程碑意义的一步。

2018年3月14日 国家工商行政管理总局宣布全国12315互联网平台二期正式上线，意味着阿里巴巴此前与浙江工商等监管部门合作试点的互联网＋消保地方经验升级推至全国。12315平台二期将正式开通企业自行纠纷处理机制，基于实人认证等技术引入，让消费者登录通道更畅通，维权更便捷。

2018年3月15日 中国人民大学启动大数据区块链与监管科技实验室，帮助政府加强风险管控。

2018年3月19日 国网陕西省电力公司"基于大数据平台及全业务统一数据中心分析域建设成果"已完成7个大数据应用"示范项目"场景数据需求编制、设计需求编制、应用部署方案编制，为保障国家电网公司"互联网＋"智慧能源示范项目建设在陕西高效推进奠定了坚实基础。

2018年3月22日 银川市人民政府办公厅正式印发了《银川市城市数

据共享开放管理办法》，自 2018 年 4 月 22 日起施行。《办法》共六章 33 条，率先提出并明确了"城市数据"概念，还将编制城市数据资源目录。

2018 年 3 月 22 日　广东省召开关于加快发展工业互联网实施方案和扶持政策新闻发布会，正式出台《广东省深化"互联网＋先进制造业"发展工业互联网的实施方案》和《广东省支持企业"上云上平台"加快发展工业互联网的若干扶持政策》。作为全国首个发布工业互联网地方政策的省份，广东省旨在加快建设和发展工业互联网，促进制造业进一步降本提质增效。

2018 年 3 月 26 日　据中国信息通信研究院报道，工业和信息化部通信发展司首次公布《全国数据中心应用发展指引（2017）》，其中包括全国数据中心建设发展情况、分区域数据中心应用发展指引、用户选择数据中心指引三大部分，供各区域开展数据中心建设规划、用户科学合理选择数据中心做参考。

2018 年 3 月 30 日　天津首个 5G 基站在中国移动 5G 联合创新中心天津开放实验室开通，天津作为全国第一批 5G 应用示范城市，首个 5G 基站的开通标志着 5G 技术在天津的测试环境搭建及规模组网建设进入关键期。

2018 年 4 月 2 日　国务院办公厅印发《科学数据管理办法》，进一步加强和规范科学数据管理，保障科学数据安全，提高开放共享水平，更好地为国家科技创新、经济社会发展和国家安全提供支撑。

2018 年 4 月 2 日　据《科技日报》报道，在重庆市重大科技专项"智能健康风电机组管理系统"的支持下，中国海装 LiGa 大数据平台基本建成，将实现对风电系统的远程运维、气候资源管理、预测性维护三大应用。

2018 年 4 月 3 日　中国高校人工智能人才国际培养计划启动仪式暨 2018 高校教师人工智能培训班开班典礼在北京大学英杰交流中心举行，会上宣布中国首个高校人工智能人才国际培养计划启动。

2018 年 5 月 26～28 日　2018 年数字中国智库论坛在贵阳举行，同时发布了由大数据战略重点实验室完成的《块数据 4.0：人工智能时代的激活数据学》《大数据蓝皮书：中国大数据发展报告 No.2》《中国数谷》。

Abstract

Big data are the new stage of information technology development. Global data represent the trend of explosive growth and mass aggregation, and have delivered a significant influence on economic development, social governance, national administration and people's life in the context of the convergence and fusion of information technologies with production and life as well as rapid penetration of the Internet. On December 8, 2017, the Political Bureau of the Central Committee of the Communist Party of China made an arrangement for implementing the national big data strategy and accelerating the construction of digital China according to China's actual conditions during the second collective seminar on the implementation of the national big data strategy. The construction of digital China has become the core objective of implementing the national big data strategy and an important indicator that will reshape the national competitive strength. *Annual Report on Development of Big Data in China* No. 2 investigates and analyzes construction and outlook of digital China, optimization and assessment of the big data development index, protection and legislation of data right, and application and practice of big data, and explores the route to construct digital China from the perspective of both theory and practice.

Part 1 of this book is the general report, which judges that China has entered the development and rise period of innovation and application of big data. Since 2017, the legal and policy environment for big data has been optimized, the breakthrough has been made in the opening and sharing of government affair data, new industries, new business formats and new modes have continuously emerged, the infrastructure level has been constantly improved, the technical innovation has achieved great progress and preliminary progress has been made in human resource development, which has created a good beginning for the implementation of the national big data strategy. In future, China should also accelerate the pace to develop the "three-in-one" comprehensive system integrating digital economy, digital government and digital society, further construct digital China, better serve economic development, social development and improvement of people's life and reshape national competitive strengths.

Part 2 is the chapter about the data evaluation of indexes. By fully assessing some new environments and requirements for big data development, we have inherited and optimized the index and designed the Big Data Development Index 2.0 while keeping three assessment dimensions unchanged for big data, including government purpose, commercial purpose and civil purpose. On this basis, we have performed comprehensive assessment and systematic analysis on dynamic and static development of big data in different provinces and major cities, and provided our suggestions on regional big data development.

Besides, the law and policy chapter researches the policy system, implementation roadmap and development mechanism pertaining to the national big data strategy and big data development in major cities as well as regional big data industry distribution, discussesthe legislative ideas about data right, data right system and data right law, and probes into the composition and application of the standard system for big data. The surveys combs the theoretical and practical system of activation data science, the theoretical framework and research methodology for big data encyclopedia, the measures for propelling the fusion between big data and real economy, and international experience and reference relating to the supervision of cross-border data flow. The case studies focuses on big data practices of Guiyang, Hangzhou, Chancheng of Foshan, Yingtan of Jiangxi, Xichang'anjie Sub-district of Xicheng District of Beijing and other cities, and systematically generalizes a number of cases, including the reform of the trial-oriented criminal procedure system boosted with big data, construction of "Urban Brain", application of block chain technology to government affairs, pilot construction of narrowband Internet of things and innovative social governance mode with big data at the sub-district level, in order to provide beneficial experience that can be duplicated, borrowed and promoted for local big data development.

Keywords: National Big Data Strategy; Digital China; Big Data Development Index; Data Right Law

Contents

I General Report

B. 1 Construction of Digital China and Outlook　　　　　　　／001

    Abstract: Data are the fundamental strategic resource and innovative engine that will dominate the future. Global data represent the trend of explosive growth and mass aggregation, and have further delivered a significant influence on economic development, national administration, social development and people's life in the context of the convergence and fusion of new-generation information technologies with production and life as well as rapid penetration of the Internet. We mustn't miss the new historic opportunity. China has implemented the national big data strategy with foresight and entered the development and rising period for innovation and application of big data. In the next step, China should focus on digital economy, digital government and digital society, expedite the construction of digital China, better serve economic development, social development and improvement of people's life and reshape national competitive strengths.

    Keywords: National Big Data Strategy; Digital Economy; Digital Government; Digital Society

II Evaluation of Indexes

B. 2 Big Data Development Index 2.0 / 024

Abstract: The Big Data Development Index comprehensively assesses dynamic and static development of big data in one region. Big data development faces some new development environments and requirements in the new time, and factors influencing big data development change without cease. This makes it necessary to revise the indicator system to adapt to these changes. As a heritance and optimization of the Big Data Development Index 1.0, the Big Data Development Index 2.0 is a refinement of the earlier index and contains some innovative elements of indicator design and assessment methodology, while keeping three dimensions unchanged, namely, government purpose, commercial purpose and civil purpose.

Keywords: Big Data Development Index; Indicator Revision; Indicator Type

B. 3 Analysis Report on Big Data Development Indexes of
Chinese Provinces in 2017 / 037

Abstract: This report has assessed the big data development situations of 31 provinces, municipalities and autonomous regions of China in 2017, which is conducted on the basis of revision of the Big Data Development Index 2.0, and then compared the results with those in 2016. The results have found an increase in the scores of different regions for the index to varying degrees but a still obvious disparity among different provinces. The eastern region has displayed outstanding advantages in big data development, and Guangdong and Beijing still rank the top two; the western region has presented a significant internal disparity, and includes

Guizhou and Chongqing that rank among the top 10, Ningxia that has risen the fastest by ranking, and some regions that lag behind in the ranking; and the central region and the northeast region have performed relatively poor, and presented a medium and low-level equilibrium. The regional development of big data has tended to gradually evolve from one-way dominance to balance.

Keywords: Provincial Big Data Development Index; Governmental Purpose; Commercial Purpose; Civil Purpose

B. 4 Analysis Report on Big Data Development Indexes of Chinese Major Cities in 2017 / 052

Abstract: This report has assessed the status quo and potential of big data development in major cities of China in 2017, which is conducted on the basis of the revised Big Data Development Index 2.0, and then compared the results with those in 2016. The results have found that China remains at the preliminary stage of big data development, and big data development mainly depends on application to government affairs and commercial purposes and presents a low-level equilibrium. Moreover, the governments' dominant role and disparity of development are obvious, and commercial values of big data play an increasingly important role in promoting big data development in the cities. Finally, this report provides differential suggestions for the cities at different development stages and with different performances from the perspective of roles and potentials of big data values for government purposes, commercial purposes and civil purposes, in order to provide suggestions for the cities in big data development in the new time.

Keywords: Big Data Development Indexes of Major Cities; Governmental Purpose; Commercial Purpose; Civil Purpose

III Policy and Laws

B. 5 The Research on Policies Concerning Implementation of

   National Big Data Strategy / 067

Abstract: We can develop a more comprehensive, accurate understanding of the connotations and significances of the national big data strategy by reviewing the development trend and implementation roadmap of big data and related policies, and accurately assessing similarities and dissimilarities between Chinese and foreign big data development strategies. This report combs Chinese and foreign policy documents concerning big data in terms of strategic objectives, specific contents and implementation roadmaps. On this basis, we will perform a horizontal and longitudinal comparative analysis on big data strategies of major countries or regions in the world, and put forward corresponding suggestions.

Keywords: Big Data; National Big Data Strategy; Policy System

B. 6 Comparative Study on Big Data Development Policies of

   Major Cities / 085

Abstract: Big data are a new force driving the urban economic transformation and development, a new opportunity reshaping urban competitive strengths and a new way to enhance the government's governance capacity. At present, related major cities of China have established comprehensive big data development strategies, deepened the big data industry and application through reform and innovation and improved the government's public service level and social governance capacity. This report combs the policy documents published by 31 major cities, and mainly investigates their similarities and dissimilarities in opening and sharing of government data, innovation of big data industry, application of big data to the government's public services and other areas by combining quantitative research, qualitative research and systematic comparative analysis. On this basis, we will provide corresponding suggestions.

Keywords: Big Data Policy; Public Service; Social Governance; Urban Development

B.7 The Research on Planning and Distribution of China's Regional Big Data Industry / 100

Abstract: At present, China's big data industry has entered a fast development stage. In support of the national big data strategy, the local governments of different provinces and major cities have successively made a big number of policies related to big data, and in particular, they have established the development planning for the big data industry, which has provided a policy basis and laid a foundation for accelerating rapid growth of the industry. In this report, we will comb policy documents of 31 provinces (autonomous regions and municipalities) relating to the big data industry and objectively identify the status quo and problems of China's regional big data industry. Moreover, we will explore key issues in depth and provide corresponding countermeasures to propel a steady, healthy development of China's big data industry more scientifically and effectively.

Keywords: Big Data Industry; Regional Development; Planning Distribution

B.8 The Research on Construction of Standard System for Big Data / 121

Abstract: As big data applications are getting deeper and deeper, big data standardization is now covering a broader range of objects and a more complex variety of contents. The lack of related standards harms industry development in multiple aspects, including serious impact on mutual fusion and interconnection of data, formation of information islands, reduction of data utilization rate and weakening of data values, thereby hindering industry development. According to the general requirements for the development of the big data standard system specified by the "Outline of Big Data Development Action", this report will discuss the composition and application areas of the big data standard system and research the practices of typical regions in developing the standard system to propel the faster establishment of the Chinese standard system for big data and drive the development of the big data industry in order.

Keywords: Big Data; Standardization; Standard System; Local Practices

B. 9 Data Right, Data Right System and Data Right Law / 135

Abstract: Data right is of immeasurable implication for common life of the mankind. In this report, we will discuss the legal basis of the data right and prove the basis for the philosophical appropriateness of the data right through a comparison with human rights and property rights, so as to demonstrate the possibility, necessity and inevitability of establishing the data right system. Currently, the *General Provisions of Civil Laws*, *the Network Security Law* and other laws still describe the "data right" in an ambiguous and discrete manner and don't establish the data right system and uniform legal framework. In this report, we will preliminarily propose the basic assumption for the data right system. On this basis, we will envisage the legislative framework for the "Data Right Law" in order to accelerate the legislative process of data right and construct a new order of digital civilization.

Keywords: Data Right; Data Right System; Data Right Law

Ⅳ Surveys

B. 10 Activation Data Science and Big Data Solutions　　　/ 158

Abstract: In the big data time, data present the trend of explosive growth and mass aggregation, and the mankind's ability to accumulate data is far higher than the ability to analyze and process data. Data congestion, distortion, security and other problems come one after another, which has aggravated the uncertainty and unpredictability of the society and prevented mankind from perceiving and transforming the world. To this end, this report, based on the application practices of complex theory and block data theory, innovatively proposes the theoretical and practical system for activation data science, and systematically explores its theoretical foundation, principle of operation and application model. The activation data science is the mass data storage, processing and utilization solution that fully exerts the human-machine mass intelligence as the core and combines data science, life science, social science, intelligence science and other disciplines. The appearance of activation data science is of great theoretical and realistic significance to solve the trouble of mass data, eliminate perspective barriers and terminate future data congestion.

Keywords: Data Congestion; Complex Theory; Block Data Theory; Activation Data Science

B. 11 Theoretical Framework and Research Methodology of Big Data Encyclopedia　　　/ 178

Abstract: Big data keep evolving without cease and new application requirements and practical issues emerge. In this context, all circles of the society pay growing attention to the basic research on big data. As a general work on certain discipline of knowledge, the encyclopedia is an important carrier that is used to conduct and propel the basic research. In this sense, the compilation of the *Big Data Encyclopedia* and the theoretical framework which it defines will be one of the important indicators that measure China's big data development level. With a focus on the theoretical framework, this report will mainly interpret its research strategy and methodology and parse the formation and basis of the theoretical framework in depth to provide a valuable reference for development of the big data discipline system.

Keywords: Big Data; Encyclopedia; Theoretical Framework

B. 12 The Research on the Roadmap for Integrative Development of Big Data and Real Economy / 193

Abstract: Currently, data are the important forces that propel social and economic development together with land, technology, human resources, capital and other factors. Moreover, they are now a key factor that can increase the productivity of all factors. A new economic pattern with the connotation of profound integrative development of big data and real economy is now taking shape and deeply influencing the formation of the modern economic system. At present, the Chinese economy remains at a critical stage with the transition of economic development drives from the old to the new. Therefore, if we propel big data and the real economy to integrate with each other in depth and make full use of the big data concept and technology to transform traditional drives and incubate new ones, this will satisfy the objective needs of China's economic and social development in the new time, play an important role in promoting real economy development through innovation and embrace a vast prospect in this regard.

Keywords: Big Data; Real Economy; Integrative Development

B.13　Supervision of Cross-border Data Flow in America,
　　　 Russia and the EU: From an International Perspective　　/ 209

Abstract: Cross-border data flow is now already normal and makes a rising contribution to the global economic growth in the context of global digital economy development. Cross-border data flow is important to propel international economic and trade development and also a major area of data security administration in different countries. China is now the world's second largest economy, and more and more Chinese enterprises have started "going global", which is inspired by the development prospect envisaged by the "Belt and Road" Initiative. In this context, implementing effective supervision of cross-border data flow will be a realistic need to develop foreign trade, protect personal privacies and safeguard the sovereignty. This report will research major practices of America, Russia and the EU for supervision of cross-border data flow over past years and core issues faced by international supervision, and abstract beneficial elements from their practices, which will be of great realistic significance for China to establish appropriate supervision mode and to propel the two-way cross-border data flow in order.

Keywords: Cross-border Data Flow; Supervision Mode; Digital Economy; International Perspective

V　Cases Studies

B.14　Guiyang Cityuses big data to boost the reform of the
　　　 trial-oriented criminal procedure system　　/ 225

Abstract: At the Fourth Plenary Session of the Eighteenth Central Committee of the Communist Party of China, it proposed to "carry forward the reform of the trial-oriented litigation system and ensure that factual evidences of the litigation cases which are investigated and reviewed can be tested by laws". In this context, it will deliver a significant and far-reaching influence to carry forward the reform of the trial-oriented criminal procedure system. In recent years, Guiyang has upgraded working concepts and pioneered ahead of other cities. It is the first city that has introduced big data and other technologies to boost the reform of the trial-oriented criminal procedure system and explored a new way to integrate the application of modern technologies and the reform of the judicial system. This report will analyze the big data case processing system of the political and legal sectors of Guiyang City that has propelled the reform of the trial-oriented criminal procedure system, summarized the city's experience in introducing big data to carry forward the reform, and provide scientific and reasonable suggestions to address difficulties and challenges of China's reform of the judicial system.

Keywords: Guiyang; Big Data; Trial-oriented; Criminal Procedure; System Reform

B.15　Hangzhou Mode of "Urban Brain"　　　　　　　　　　／240

Abstract: From the perspective of big historical view, every technological innovation will definitely gestate a new urban civilization, and global cities are now evolving towards a new style of intelligence, security and harmony today in the data time. In recent years, China has actively explored application scenarios of big data, cloud computing, artificial intelligence and other new technologies in urban governance and regional development. A cluster of cities represented by Hangzhou have first initiated the "Urban Brain" project. They have used new-generation information technologies to solve congestion, pollution, crime, disaster and other problems that have long hindered urban development, which has made certain progress. Their practices are expected to generate advanced experience that can be duplicated and widely used.

Keywords: Urban Brain; Hangzhou; Urban Disease; Digital Transformation

B.16　Chancheng District of Foshan City: Application of
　　　　Block Chain Technology to Government Affairs　　　/ 255

Abstract: McKinsey's research has found that block chain is the core technology that is the most likely to trigger the fifth round of a subversive revolutionary tide, following steamer, power, information and Internet technology. In this context, Chancheng District of Foshan City has applied the block chain technology to combine urban construction administration and construction of the credit system and provide a sample for construction of a new intelligent city. This document will analyze in depth the district's concrete methods to build "Chancheng of Intelligence and Credit" with the block chain technology and review its experience in exploring the application of the technology to government affairs. Moreover, we will also compare its practices with domestic and foreign leading cases of block chain applications to enlighten other regions in the construction of cities of intelligence and credit.

Keywords: Block Chain; Chancheng of Intelligence and Credit; City of Intelligence and Credit; Credit Society; Application of Block Chain to Government Affairs

B.17　Yingtan City's Practice in Construction of Pilot City
　　　　of Narrowband Internet of Things　　　/ 272

Abstract: The Internet-of-things time is drawing near now, and the narrowband Internet of things (NB-IoT) is becoming an important weapon which the mobile communication industry uses to deal with the Internet of things for its advantages, such as low power consumption and broad coverage. Yingtan City has actively embraced the Internet-of-things time and firmly seized the key period for research, industrialization and application of the mobile Internet of things, mainly NB-IoT, and taken the lead to start building a NB-IoT pilot city in China. This report systematically reviews the city's practices in building a NB-IoT pilot city, analyzes its experience and problems and gives corresponding suggestions to provide a reference and example for propelling the development of the Interment of things and construction of intelligent cities.

Keywords: Yingtan; NB-IoT; Pilot City; Intelligent City

B. 18 Big Data-based Innovative Social Governance Mode of Xichang'anjie Sub-district in Beijing / 289

Abstract: Sub-districts and communities are the very frontier of social governance and public service and the very foremost front that uses big data technology to solve difficulties of the people. In recent years, the governments at the basic level represented by Xichang'anjie Sub-district of Xicheng District in Beijing have explored the application of new technologies to promote the innovation of social governance and improve people's life, built the big data platform for social governance at the sub-district level, and promoted social administration and service to go lean, precise and exquisite. The platform has not only satisfied the public demand for a better life and also provided a new idea for the basic governments to explore governance innovation.

Keywords: Xichang'anjie Sub-district; Big Data of the Sub-district; Common Development; Governance and Sharing; Big Data-based Social Governance

IV Appendix

B. 19 General Situation of Big Data Development / 304

B. 20 Big Data Development Events / 315

社会科学文献出版社　　**皮书系列**

✤ 皮书起源 ✤

"皮书"起源于十七、十八世纪的英国，主要指官方或社会组织正式发表的重要文件或报告，多以"白皮书"命名。在中国，"皮书"这一概念被社会广泛接受，并被成功运作、发展成为一种全新的出版形态，则源于中国社会科学院社会科学文献出版社。

✤ 皮书定义 ✤

皮书是对中国与世界发展状况和热点问题进行年度监测，以专业的角度、专家的视野和实证研究方法，针对某一领域或区域现状与发展态势展开分析和预测，具备原创性、实证性、专业性、连续性、前沿性、时效性等特点的公开出版物，由一系列权威研究报告组成。

✤ 皮书作者 ✤

皮书系列的作者以中国社会科学院、著名高校、地方社会科学院的研究人员为主，多为国内一流研究机构的权威专家学者，他们的看法和观点代表了学界对中国与世界的现实和未来最高水平的解读与分析。

✤ 皮书荣誉 ✤

皮书系列已成为社会科学文献出版社的著名图书品牌和中国社会科学院的知名学术品牌。2016年，皮书系列正式列入"十三五"国家重点出版规划项目；2013~2018年，重点皮书列入中国社会科学院承担的国家哲学社会科学创新工程项目；2018年，59种院外皮书使用"中国社会科学院创新工程学术出版项目"标识。

中国皮书网

（网址：www.pishu.cn）

发布皮书研创资讯，传播皮书精彩内容
引领皮书出版潮流，打造皮书服务平台

栏目设置

关于皮书：何谓皮书、皮书分类、皮书大事记、皮书荣誉、
皮书出版第一人、皮书编辑部

最新资讯：通知公告、新闻动态、媒体聚焦、网站专题、视频直播、下载专区

皮书研创：皮书规范、皮书选题、皮书出版、皮书研究、研创团队

皮书评奖评价：指标体系、皮书评价、皮书评奖

互动专区：皮书说、社科数托邦、皮书微博、留言板

所获荣誉

2008年、2011年，中国皮书网均在全国新闻出版业网站荣誉评选中获得"最具商业价值网站"称号；

2012年，获得"出版业网站百强"称号。

网库合一

2014年，中国皮书网与皮书数据库端口合一，实现资源共享。

权威报告·一手数据·特色资源

皮书数据库
ANNUAL REPORT(YEARBOOK) DATABASE

当代中国经济与社会发展高端智库平台

所获荣誉

- 2016年，入选"'十三五'国家重点电子出版物出版规划骨干工程"
- 2015年，荣获"搜索中国正能量 点赞2015""创新中国科技创新奖"
- 2013年，荣获"中国出版政府奖·网络出版物奖"提名奖
- 连续多年荣获中国数字出版博览会"数字出版·优秀品牌"奖

成为会员

通过网址www.pishu.com.cn访问皮书数据库网站或下载皮书数据库APP，进行手机号码验证或邮箱验证即可成为皮书数据库会员。

会员福利

- 使用手机号码首次注册的会员，账号自动充值100元体验金，可直接购买和查看数据库内容（仅限PC端）。
- 已注册用户购书后可免费获赠100元皮书数据库充值卡。刮开充值卡涂层获取充值密码，登录并进入"会员中心"—"在线充值"—"充值卡充值"，充值成功后即可购买和查看数据库内容（仅限PC端）。
- 会员福利最终解释权归社会科学文献出版社所有。

卡号：894377859656
密码：

数据库服务热线：400-008-6695
数据库服务QQ：2475522410
数据库服务邮箱：database@ssap.cn
图书销售热线：010-59367070/7028
图书服务QQ：1265056568
图书服务邮箱：duzhe@ssap.cn

S 基本子库
SUB DATABASE

中国社会发展数据库（下设 12 个子库）

全面整合国内外中国社会发展研究成果，汇聚独家统计数据、深度分析报告，涉及社会、人口、政治、教育、法律等 12 个领域，为了解中国社会发展动态、跟踪社会核心热点、分析社会发展趋势提供一站式资源搜索和数据分析与挖掘服务。

中国经济发展数据库（下设 12 个子库）

基于"皮书系列"中涉及中国经济发展的研究资料构建，内容涵盖宏观经济、农业经济、工业经济、产业经济等 12 个重点经济领域，为实时掌控经济运行态势、把握经济发展规律、洞察经济形势、进行经济决策提供参考和依据。

中国行业发展数据库（下设 17 个子库）

以中国国民经济行业分类为依据，覆盖金融业、旅游、医疗卫生、交通运输、能源矿产等 100 多个行业，跟踪分析国民经济相关行业市场运行状况和政策导向，汇集行业发展前沿资讯，为投资、从业及各种经济决策提供理论基础和实践指导。

中国区域发展数据库（下设 6 个子库）

对中国特定区域内的经济、社会、文化等领域现状与发展情况进行深度分析和预测，研究层级至县及县以下行政区，涉及地区、区域经济体、城市、农村等不同维度。为地方经济社会宏观态势研究、发展经验研究、案例分析提供数据服务。

中国文化传媒数据库（下设 18 个子库）

汇聚文化传媒领域专家观点、热点资讯，梳理国内外中国文化发展相关学术研究成果、一手统计数据，涵盖文化产业、新闻传播、电影娱乐、文学艺术、群众文化等 18 个重点研究领域。为文化传媒研究提供相关数据、研究报告和综合分析服务。

世界经济与国际关系数据库（下设 6 个子库）

立足"皮书系列"世界经济、国际关系相关学术资源，整合世界经济、国际政治、世界文化与科技、全球性问题、国际组织与国际法、区域研究 6 大领域研究成果，为世界经济与国际关系研究提供全方位数据分析，为决策和形势研判提供参考。

法律声明

"皮书系列"(含蓝皮书、绿皮书、黄皮书)之品牌由社会科学文献出版社最早使用并持续至今,现已被中国图书市场所熟知。"皮书系列"的相关商标已在中华人民共和国国家工商行政管理总局商标局注册,如 LOGO( )、皮书、Pishu、经济蓝皮书、社会蓝皮书等。"皮书系列"图书的注册商标专用权及封面设计、版式设计的著作权均为社会科学文献出版社所有。未经社会科学文献出版社书面授权许可,任何使用与"皮书系列"图书注册商标、封面设计、版式设计相同或者近似的文字、图形或其组合的行为均系侵权行为。

经作者授权,本书的专有出版权及信息网络传播权等为社会科学文献出版社享有。未经社会科学文献出版社书面授权许可,任何就本书内容的复制、发行或以数字形式进行网络传播的行为均系侵权行为。

社会科学文献出版社将通过法律途径追究上述侵权行为的法律责任,维护自身合法权益。

欢迎社会各界人士对侵犯社会科学文献出版社上述权利的侵权行为进行举报。电话:010-59367121,电子邮箱:fawubu@ssap.cn。

社会科学文献出版社